宁波文物考古研究丛书 乙种第五号

"小白礁Ⅰ号"

——清代沉船遗址水下考古发掘报告

宁波市文物考古研究所
国家文物局水下文化遗产保护中心　　编著
象山县文物管理委员会办公室

科 学 出 版 社

北 京

内 容 简 介

"小白礁Ⅰ号"清代沉船遗址位于浙江省宁波市象山县石浦镇东南约26海里的北渔山岛小白礁北侧水下24米。该沉船遗址的发掘是国家水下文化遗产保护重点项目之一，也是浙江第一个水下考古发掘项目。该项目不仅因其众多珍贵的出水文物和"中西合璧"的船体构造为社会所关注，更因其先进的工作理念、科学的考古方法、创新的科技应用、超前的保护意识和多重的安全保障，被业界誉为"我国水下考古走向水下文化遗产保护的又一重要标识""我国水下考古的又一创新之作"，并荣获2011～2015年度"田野考古奖"三等奖。《"小白礁Ⅰ号"——清代沉船遗址水下考古发掘报告》一书，就是对该沉船遗址的考古经过与主要成果做的总结报告。

本书可供文物、考古、博物馆工作者以及海洋文化史、航海史、造船史、陶瓷史等相关研究人员和高校师生阅读参考。

图书在版编目（CIP）数据

"小白礁Ⅰ号"：清代沉船遗址水下考古发掘报告 / 宁波市文物考古研究所，国家文物局水下文化遗产保护中心，象山县文物管理委员会办公室编著.
—北京：科学出版社，2019.4
（宁波文物考古研究丛书.乙种；5）
ISBN 978-7-03-060996-0

Ⅰ.①小…　Ⅱ.①宁…②国…③象…　Ⅲ.①沉船–考古发掘–发掘报告–宁波–清代　Ⅳ.①K872.553

中国版本图书馆CIP数据核字（2019）第068240号

责任编辑：王琳玮 / 责任校对：邹慧卿
责任印制：肖　兴 / 封面设计：陈　敬

科 学 出 版 社 出版

北京东黄城根北街16号
邮政编码：100717
http://www.sciencep.com

中国科学院印刷厂 印刷
科学出版社发行　各地新华书店经销

*

2019年4月第 一 版　　　开本：787×1092　1/16
2019年4月第一次印刷　　　印张：14 3/4　插页：41
字数：350 000

定价：268.00元

（如有印装质量问题，我社负责调换）

"Xiaobaijiao I"

——The Underwater Archaeological Excavation Report of the Qing Dynasty Shipwreck

Ningbo Municipal Institute of Cultural Relics and Archaeology

National Center of Underwater Cultural Heritage

Cultural Heritage Management Committee Office of Xiangshan County

Science Press

Beijing

本报告出版得到
国家重点文物保护专项补助经费
资助

《"小白礁Ⅰ号"——清代沉船遗址水下考古发掘报告》执笔作者

前　言：林国聪　王光远

第一章：林国聪　史　伟　贺俊彦

第二章：林国聪　王光远　曾　瑾

第三章：王光远　金　涛　王亦晨

第四章：林国聪　金　涛　王光远　梁国庆

第五章：金　涛　赵　鹏　韩　飞　司久玉

第六章：林国聪　王光远　金　涛

总　序

南部的天台山，西部的会稽、四明两山以及北部的海岸线，在浙江的最东面围合成一个相对封闭的独立平原水系，余姚江和奉化江穿过各自狭长的山谷，在这一广袤的水网平原腹地交汇成甬江，流入茫茫东海。这一特殊的地理骨架，设定了宁波地域发展富有个性的方向。

距今7000年前，这里有了择水而栖、农耕渔猎的河姆渡人，产生了"饭稻羹鱼"的物质生活和"双鸟舁日"的精神家园。河姆渡人最终在浙东形成了于越民族。公元前473年（周元王三年），于越人建造了宁波历史上第一座城市句章。公元前221年（秦始皇二十六年），全国一统后开始在这里设县建置，秦汉人和他们的后裔在这片土地上繁衍生息并烙下了生存印记。公元621年（唐武德四年）设置鄞州，这是宁波历史上建州的开始。公元738年（唐开元二十六年）设置明州，至公元821年（唐长庆元年）因港口对外开放和海防军事要塞的需要，而将明州治所迁至三江口并营建子城，至唐末完成了周长18千米的罗城，由此在东海之滨奠定了古代宁波城市的空间形态。在明州城建于三江口之后的一千余年间，以上林湖贡瓷为代表的越窑青瓷的繁盛与运输，以它山堰为重点的一大批水利工程的疏浚与修筑，以与高句丽和日本为主要交往航向的"海上丝绸之路"的开辟与拓展，以象山县学为开端的教育制度的确立与兴盛，以保国寺为典型的建筑技术的隆兴，以天一阁为翘首的藏书文化的兴起与地方文献的修撰，以黄宗羲为宗师的清代浙东学派的开创，生动凸现出宁波地域文化的脉络架构。近代因鸦片战争而被迫开埠，宁波城市又印上了中西文化碰撞与融合的历史痕迹。众多丰厚的文物古迹、历史遗存伴随着宁波的发展走到了今天。1986年12月，宁波荣膺国家级历史文化名城称号。

历史虽然已经过去，但文化灵魂犹在，遗风依然。作为历史物化载体的文物和对文献拾遗补正的考古，承载着重新发现历史和诠释文化的新的使命。1932年宁波地域第一个专门化的官方文物机构——宁波古物陈列所的成立，标示着现代文物考古学科在宁波这块古老土地上的滥觞，但这一时期的主要工作还仅仅停留在金石收藏与展陈的初始阶段，具有真正现代科学意味的文物考古工作的拓荒，还要迟至20世纪50年代以后。实质性的突破来自于20世纪70年代河姆渡遗址的两次发掘，得以正式命名的"河姆渡文化"以其久远的历史和独特的内蕴，证明这里同样也是华夏文明的一处源头。嗣后30余年间，伴随着改革开放的强劲号角，宁波文物考古工作一如经济建设的快速推进，开始在这片民风绵长、物色丰饶的沃壤上悄然勃兴，开花结果：大批富于特色的历史建筑与街区、村镇的保护，成就了宁波古代文明的薪火传承；门类丰富的博物馆、陈列馆建设与藏品研究，搭建了现代文化与古代文明的互动平台；起讫千年、长盛不衰的海上交通的拓展和海交史迹的确认，不仅展示出宁波先民"铺桥为路""以舟作楫"的生活特质，同时也勾画出昔日港城与海外文化交流、商旅往来的历史图卷。继河姆渡遗址发掘之后，诸多史前时期聚落遗址的发掘与不同历史时期文物遗存的清理，清晰地揭示着宁波地域人地消长关系、生存能力和生产力水平；大量瓷窑遗址的发现与发掘，既佐证着东汉以来越窑青瓷的发轫与发展，更为宁波赢得了"海上陶瓷之路东方起点"的美誉；城市考古的揭幕与站在学科前沿的水下考古的启动，则让今人有幸阅读昔日宁波城市与港口的沧桑繁华。所有这些都是曾经生活在这块沃土上的先人慷慨赐予我们的厚重礼品。

江山秀丽，乃有学人宴集之典；才俊辈出，遂有文章极盛之会。对宁波地域历史文化的保护、发掘与课题的系统研究，无疑有着富于魅力的广阔前景。兹由宁波市文物考古研究所（文物保护管理所）推出的这套"宁波文物考古研究丛书"，荟历年文物考古之经络，总各代典章器物之精华，既有域内学者之耕耘，也不乏各地同仁之奉献，立意悠远，脉目清晰，图文并茂，博专共存。相信丛书的推出，必将厚德于历史之宁波，亦将裨益于宁波之今日。

是为序。

成岳冲

2006年9月于甬上

前　言

　　"书藏古今、港通天下"的宁波，自古以来就是我国重要的对外交通贸易口岸，也是中国大运河最南端的出海口和"海上丝绸之路"的始发港之一，拓展水下考古与水下文化遗产保护事业有着天然的"地缘优势"、丰富的"资源优势"和前瞻的"先发优势"[1]。得益于此，1998年11月我国首个水下考古工作站——中国历史博物馆水下考古宁波工作站（2008年7月升格为中国国家博物馆水下考古宁波基地，2014年6月因中国国家博物馆水下考古研究中心并入国家文物局水下文化遗产保护中心而自然撤销）、2010年7月我国首个国家水下文化遗产保护基地——宁波基地相继设立，这不仅为推进宁波水下考古与水下文化遗产保护事业搭建了工作平台，提供了机构保障，也为实施"小白礁Ⅰ号"沉船遗址水下考古项目打下了坚实基础，创造了良好条件。

　　"小白礁Ⅰ号"沉船遗址水下考古起始于"十一五"期间的浙江沿海水下文物普查。2006～2010年，经国家文物局批准，并受浙江省文物局委托，中国国家博物馆、宁波市文物考古研究所（中国国家博物馆水下考古宁波基地）与舟山、台州、温州等地文物部门合作，组织开展浙江沿海水下文物普查项目，共在宁波、舟山、台州、温州海域发现水下文物线索200余条，并对其中部分重要的水下文物线索实施了水下考古探测、探摸，最终确认水下文化遗存14处[2]，其中就包括后来被正式命名为"小白礁Ⅰ号"的清代沉船遗址。

　　"小白礁Ⅰ号"沉船遗址位于浙江省宁波市象山县石浦镇北渔山海域小白礁畔水下24米深处，于2008年10月首次发现；2009年6月，进行了重点调

---

　　[1]　王结华：《十年磨一剑　今朝破水出——"小白礁Ⅰ号"折射下的宁波水下考古》，《水下24米——浙江宁波象山"小白礁Ⅰ号"水下考古实录》，中国广播电视出版社，2014年；国家水下文化遗产保护宁波基地、宁波市文物考古研究所：《风雨兼程十六载——宁波水下考古的回顾与展望》，《中国文物报》2014年9月26日第5版。

　　[2]　中国国家博物馆水下考古研究中心、宁波市文物考古研究所：《2006～2010年度浙江沿海水下考古调查简报》，《南方文物》2012年第3期。

查和试掘[1]；2011年4月，国家文物局批复同意"小白礁Ⅰ号"水下考古发掘项目立项；2011年6~7月，结合当年举办的"国家水下文化遗产保护（考古）培训班"开展了遗址表面清理；2012年6~7月，基本完成船载文物的清理发掘[2]；2013年4月，国家文物局批复同意"小白礁Ⅰ号"船体现场保护与保护修复（Ⅰ期）项目立项；2014年5~7月，全面完成船体发掘与现场保护工作[3]。至此，历时近6年之久的水下考古工作圆满落幕，共计出水船体构件236件、文物标本1064件，主要包括青花瓷碗、豆、盘、碟、杯、勺、盖、灯盏，五彩瓷碗、罐、盖，紫砂壶，玉石印章，木质砚台底座，竹杆朱毫毛笔，清代"康熙通宝""雍正通宝""乾隆通宝""嘉庆通宝""道光通宝"，日本"宽永通宝"，越南"景兴通宝"，西班牙银币，宁波本地特产石板材等[4]。这些"重见天日"的珍贵出水文物，以及"小白礁Ⅰ号"沉船本身，都是源远流长、生生不息的"海上丝绸之路"在宁波持续辉煌的有力见证，具有十分重要的历史、科学和研究价值。

发掘情况表明，"小白礁Ⅰ号"为一艘沉没于清代道光年间（1821~1850年）的远洋木质商船，船体残长约20.35、宽约7.85米，虽经百年沧桑变幻，现仍保留龙骨、肋骨、船壳板、隔舱板、铺舱板、桅座等，造船用材主要产自东南亚一带；研究情况表明，"小白礁Ⅰ号"沉船既具有典型的中国古代造船工艺特征，也保留了一些国外的造船传统，可以说是中外造船技术相互融合的难得实证。

作为宁波市乃至浙江省首个正式获批立项的水下考古发掘项目和国家水下文化遗产保护重点项目之一，"小白礁Ⅰ号"沉船不仅因其众多珍贵的出水文物和"中西合璧"的船体构造为社会所关注，更因其先进的工作理念、

---

[1] 中国国家博物馆水下考古研究中心、宁波市文物考古研究所：《浙江宁波渔山小白礁一号沉船遗址调查与试掘》，《中国国家博物馆馆刊》2011年第11期。

[2] 宁波市文物考古研究所、国家文物局水下文化遗产保护中心：《浙江象山县"小白礁Ⅰ号"清代沉船遗址2012年发掘简报》，《考古》2015年第6期；国家文物局水下文化遗产保护中心、宁波市文物考古研究所编著：《水下24米——浙江宁波象山"小白礁Ⅰ号"水下考古实录》，中国广播电视出版社，2014年。

[3] 宁波市文物考古研究所、国家文物局水下文化遗产保护中心、象山县文物管理委员会办公室：《浙江象山县"小白礁Ⅰ号"清代沉船2014年发掘简报》，《考古》2018年第11期；宁波市文物考古研究所、国家文物局水下文化遗产保护中心：《我国水下考古的又一创新之作——浙江宁波象山"小白礁Ⅰ号"2014年度发掘》，《中国文物报》2014年8月29日第5版；林国聪、王结华：《"小白礁Ⅰ号"水下考古取得重要成果》，《浙江文物》2014年第4期。

[4] 宁波市文物考古研究所、象山县文物管理委员会办公室、国家文物局水下文化遗产保护中心编著：《渔山遗珠——宁波象山"小白礁Ⅰ号"出水文物精品图录》，宁波出版社，2015年。

科学的考古方法、创新的科技应用、超前的保护意识和多重的安全保障等为业界所称道，被誉为"我国水下考古走向水下文化遗产保护的又一重要标识"与"我国水下考古的又一创新之作"[1]，并因此荣获2011～2015年度"田野考古奖"三等奖。

回顾"小白礁Ⅰ号"沉船遗址的调查、试掘、发掘和保护、修复、展示历程，有许多值得总结的经验和做法。主要体现在以下几方面。

在组织架构上，既强化项目的整体管理，又强调一线专业人员的核心作用，上下联动，共促发展。以2014年为例，该年度工作在国家文物局的领导和浙江省文物局、宁波市文化广电新闻出版局的管理及象山县文化广电新闻出版局、象山县文物管理委员会办公室（国家水下文化遗产保护宁波基地象山工作站）、石浦镇人民政府、渔山村委会等的协助下，由国家文物局水下文化遗产保护中心、宁波市文物考古研究所（国家水下文化遗产保护宁波基地）共同组织开展。在项目实施前，成立了由相关单位领导组成的领导小组，主要负责指挥、决策、协调、监督等重要事项，以强化项目的整体管理；在项目实施中，实行项目领导小组决策、指挥下的领队负责制，并根据工作目标与业务职责，将全体人员分为考古发掘、现场保护、规程试行、信息资料、技术装备、后勤保障六个小组，各司其职，各负其责，分工协作，相互支持，从而确保了该年度工作的顺利完成。

在项目运作上，积极推动多学科的介入和多团队的合作。例如，在2014年度船体发掘与现场保护项目实施过程中，通过全国调派、公开招标、技术合作、委托服务等不同方式，来自国内外的20余名水下考古队员和10家合作单位的30余名技术人员齐聚宁波，会战渔山，突破了以往主要依靠文博系统自身力量开展水下考古的传统做法，减轻了核心队员的工作压力，获得了更多更好的学科支持和专业服务，保障了"小白礁Ⅰ号"沉船遗址水下考古工作的质量与水平。

在技术方法上，水下考古工作人员不断探索，大胆尝试，既参照借鉴田野考古和国际通则，又不生搬硬套《田野考古工作规程》与国外技术规范，走出了一条具有自身特色的水下考古之路。国家文物局还将"小白礁Ⅰ号"2014年度水下考古发掘作为检验和完善《水下考古工作规程》的试验项

---

[1]　宁波市文物考古研究所、国家文物局水下文化遗产保护中心：《我国水下考古的又一创新之作——浙江宁波象山"小白礁Ⅰ号"2014年度发掘》，《中国文物报》2014年8月29日第5版；林国聪、王结华：《"小白礁Ⅰ号"水下考古项目管理与创新》，《新技术·新方法·新思路——首届"水下考古·宁波论坛"文集》，科学出版社，2015年。

目，为其今后的颁布试行提供了宝贵的实践经验。

在科技应用上，"小白礁Ⅰ号"沉船遗址水下考古有着诸多创新之处：首次成功构建水上—水下监测指挥系统与水下考古现场三维展示系统；首次采用水下三维声呐设备Blue View BV5000辅助进行水底测绘；首次用三维虚拟技术复原沉船在海底的保存现状；联合研发出首个专用的出水文物数字化管理系统……以上现代科技手段的综合运用与创新融合，有力推进了"小白礁Ⅰ号"沉船遗址水下考古工作的按时、保质、高效完成，在某种程度上可以说是开创了我国水下考古工作的新模式。

在保护理念上，"小白礁Ⅰ号"沉船遗址水下考古发掘始终坚持发掘与保护并重，特别强调保护与展示并举。在启动2012年度发掘工作前，便同步编制了《水下考古发掘方案》和《现场文物保护方案》，并邀请水下考古、科技保护、古船研究等领域的知名专家对方案进行分析、探讨、修改、完善。2012年7月，船载文物发掘刚刚完成，即着手编制了《船体科技保护初步设想》，并于同年10月召开了专家论证会；会后，通过公开招标的方式，委托中国文化遗产研究院编制了《宁波"小白礁Ⅰ号"清代沉船现场保护与保护修复方案（Ⅰ期）》，并于2013年4月获国家文物局批复立项。2013年5月，因国家水下文化遗产保护宁波基地尚在工程建设中，考虑到发掘出水后的船体不能及时运送到基地专用的沉船修复展示室内实施保护修复，经报请国家文物局同意，原定于2013年度开展的船体发掘工作因保护需要顺延至2014年度实施。从2012年7月船载文物发掘结束至2014年5月船体发掘开始前，还专门雇请当地岛民在北渔山日夜值班守护，并借助宁波市海洋局在岛上布设的监控预警设备，实时观察"小白礁Ⅰ号"沉船遗址所在海域的异常情况；省、市两级海洋与文物执法部门还不定期地对"小白礁Ⅰ号"沉船遗址所在海域联合开展日常巡查，以确保其安全。2014年上半年，在完成保护设备、材料招标采购之后，才于5月正式启动船体发掘与现场保护工作，并于7月将发掘出水后的船体构件全部运至已基本建设成形的国家水下文化遗产保护宁波基地沉船修复展示室内开展科技保护修复，从而实现了从发掘现场保护到室内保护修复的平稳过渡和无缝对接。2014年10月16日，国家水下文化遗产保护宁波基地正式建成投用，设于基地内的"水下考古在中国"专题陈列也同步对外开放，"小白礁Ⅰ号"沉船遗址部分出水文物与发掘场景都在其中展出；基地内专门开辟的沉船修复展示室，既是"小白礁Ⅰ号"沉船船体保护修复的工作场所，也是"水下考古在中国"专题陈列的一个特别展厅，透过颇具科技含量的通电玻璃，即时向游客呈现船体科技保护修复的全过程，让公众共享水下考古与水下文化遗产保护成果[1]。

在安全保障上，成立了安全领导小组，制定了切实可行的应急预案与安全制度。在发掘现场专门配备了潜水专用减压舱和潜水医师，科学采取了以双瓶高氧、免减压轻潜为主的水下作业方式，有效提高了水下作业的安全性；还配备了2名专司潜水设备的技师，时刻保证潜水设备的状态良好与使用安全。将海上发掘平台科学合理划分功能区，让不同职责的人员在相应的功能区内开展各自的流程作业，人多事杂的发掘平台得以安全有序运行。同时，成功构建了集水上—水下监控摄像、水上—水下多向通信、水下照明、短基线技术等前沿科技于一身的水上—水下监测指挥系统，实现了对水上和水下动态情况的实时了解与全面掌控，能够第一时间向水上、水下人员发出安全预警和工作调度指令，有效保障了人员、文物、设备等的安全。

值得提出的还有，"小白礁Ⅰ号"沉船遗址水下考古期间，国内外数十家媒体进行了全方位、多角度、跟踪式的宣传报道。特别是2012年发掘时，在国家文物局和浙江省文物局高度重视与大力支持、宁波市委和市政府统筹谋划与指挥协调、象山县委和县政府积极配合与提供保障以及各级宣传、文化、广电、财政、通信、电力、交通、海洋、海事、气象等职能部门信息互通与分工协作下，中央电视台、宁波电视台连续多天推出多场《直击"小白礁Ⅰ号"水下考古》直播特别节目。其时，"小白礁Ⅰ号"沉船遗址水下考古与"神九"飞天、"蛟龙"入海同步直播，同台亮相，为社会各界和广大公众奉献上了一场精彩的文化盛宴，也成为宣传历史名城与港城宁波的又一张亮丽的文化名片。

"小白礁Ⅰ号"沉船遗址水下考古项目的成功运作，在一定程度上也折射出宁波水下考古与水下文化遗产保护事业的长足进步。"这些年来，宁波坚持水陆考古并进、保护展示并举，在机构建设、人才培养、业务开展、学术交流、展示宣传诸多方面进行了有益的、创新的探索，为我国的文物事业作出了积极的、重要的贡献。特别是在水下考古人才队伍建设方面，宁波培养了一批杰出的水下考古队员，其人才储备与业务能力位居全国前列，已然形成了'水下考古的宁波力量'，堪称是'水下考古的宁波帮'，值得全国学习，也应该向全国推广。"国家文物局党组副书记、副局长顾玉才，国

---

[1]　宁波市文物考古研究所、宁波中国港口博物馆、国家文物局水下文化遗产保护中心编著：《水下考古在中国——专题陈列图录》，宁波出版社，2015年。

家文物局原副局长童明康等领导均如是说。"宁波历来是领风气之先、出工作经验的地方。特别是在水下考古与水下文化遗产保护方面，无论是机构建设、人才培养还是业务拓展，宁波都走在了全国前列，创造了多项行之有效的'宁波经验'。"[1]曾兼任国家文物局水下文化遗产保护中心主任的国家文物局原副局长刘曙光如是说。"'小白礁Ⅰ号'水下考古不仅仅是在做项目，更是在探索水下考古的技术标准与规范流程，同时注重多学科协作与多团队合作，为我国即将颁布的《水下考古工作规程》提供了鲜活的实践案例与宝贵经验。"国家文物局水下文化遗产保护中心原主任、现中国文化遗产研究院院长柴晓明如是说……对于这些评价和赞誉，宁波当之无愧，"小白礁Ⅰ号"沉船遗址水下考古同样当之无愧。

　　更加重要的，"小白礁Ⅰ号"水下考古项目是"水下考古全国一盘棋"理念的贯彻。该项目的顺利实施与完美收官，离不开诸多机构的通力合作和全体人员的努力奋斗。让我们永远记住他们并向他们表示感谢。

　　相关机构如下。

　　领导单位：国家文物局。管理单位：浙江省文物局、宁波市文化广电旅游局。支持单位：宁波市人民政府、象山县人民政府。实施单位：国家文物局水下文化遗产保护中心、中国国家博物馆、宁波市文物考古研究所（国家水下文化遗产保护宁波基地）。协作单位：象山县文化和广电旅游体育局、象山县文物管理委员会办公室（国家水下文化遗产保护宁波基地象山工作站）、石浦镇人民政府、渔山村委会……合作单位：中国文化遗产研究院、中国科学院、北京大学、浙江大学、中山大学、武汉理工大学、交通部广州打捞局、上海劳雷工业有限公司、浙江满洋船务工程有限公司、武汉海达数云技术有限公司、北京国洋联合潜水运动有限公司……

　　相关人员如下。

　　各级领导：国家文物局原局长励小捷、单霁翔，副局长顾玉才、宋新潮、关强，原副局长童明康、刘曙光，文物保护与考古司司长闫亚林、副司长张磊，文物保护与考古司考古处处长张凌、副处长王铮，文物保护与考古司资源管理处副处长王彬，政策法规司副司长范伊然；中国文化遗产研究院院长柴晓明；国家文物局水下文化遗产保护中心原书记张威，副主任宋建忠（主持工作）、王大民，水下考古研究所所长姜波、技术总监孙键，办公室副主任赵嘉斌（主持工作），技术与装备处副主任李滨（主持工作）；浙江

　　[1]　陈青、何华军：《水下考古的宁波力量》，《宁波日报》2015年10月15日。

省文物局原局长鲍贤伦、陈瑶，副局长郑建华，原副局长吴志强，文物保护与考古处副处长许常丰（主持工作）；宁波市文化广电新闻出版局（现宁波市文化广电旅游局）局长张爱琴，原局长柴英、陈佳强、赵惠峰，副局长韩小寅，巡视员孟建耀，原副局长舒月明，文物与博物馆处处长李怿人，文物与博物馆处原处长徐建成、王玉琦；国家水下文化遗产保护宁波基地主任、宁波市文物考古研究所所长王结华，宁波市文物考古研究所原副所长王力军；象山县文化广电新闻出版局（现象山县文化和广电旅游体育局）原局长任先顺，副局长史济一，原副局长董云；象山县文物管理委员会办公室主任郑松才……工作人员：国家文物局水下文化遗产保护中心周春水、邓启江、孟原召、鄂杰、梁国庆、王亦晨、赵哲昊、朱砚山，辽宁省文物考古研究所冯雷，山东省水下考古研究中心司久玉，烟台市博物馆孙兆锋，蓬莱市文物管理局赵鹏，海军博物馆王鹏，南京博物院王茜，安徽省文物考古研究所张辉，吉安市博物馆曾瑾，福建博物院羊泽林，福州市文物考古工作队朱滨、张勇，泉州市博物馆张红兴，漳州市文物保护管理所阮永好，广东省文物考古研究所黎飞艳，海南省博物馆韩飞、蔡敷隆（现已离职）、黄康（现已离职），德国考古研究院欧亚考古研究所Dominic Hosner（禾多米），宁波市文物考古研究所（国家水下文化遗产保护宁波基地）林国聪、王光远、金涛、罗鹏、许超、雷少、李泽琛，象山县文物管理委员会办公室贺俊彦、史伟，舟山市文物保护考古所任记国，水下考古技师刘春健、甘慰元、陈建国、邱秀华、范开泰，以及各合作单位派驻现场业务人员。

　　在此，再次向上述单位和个人表示衷心谢忱！

目　　录

总序 ……………………………………………………………………………（ i ）

前言 …………………………………………………………………………（ iii ）

第一章　自然地理与历史沿革 ……………………………………………（ 1 ）

　第一节　自然地理 ………………………………………………………（ 1 ）

　　一、地理位置 …………………………………………………………（ 1 ）

　　二、地质地貌 …………………………………………………………（ 3 ）

　　三、土壤植被 …………………………………………………………（ 3 ）

　　四、气象水文 …………………………………………………………（ 4 ）

　　五、渔业资源 …………………………………………………………（ 5 ）

　第二节　历史沿革 ………………………………………………………（ 6 ）

　　一、象山历史沿革 ……………………………………………………（ 6 ）

　　二、石浦历史沿革 ……………………………………………………（ 7 ）

　　三、渔山列岛开发史 …………………………………………………（ 9 ）

第二章　水下考古调查与发掘 ……………………………………………（ 12 ）

　第一节　调查经过 ………………………………………………………（ 12 ）

　　一、普查发现 …………………………………………………………（ 12 ）

　　二、重点调查 …………………………………………………………（ 17 ）

　第二节　发掘经过 ………………………………………………………（ 18 ）

　　一、遗址表面清理 ……………………………………………………（ 18 ）

　　二、船载遗物发掘 ……………………………………………………（ 19 ）

　　三、沉船船体发掘 ……………………………………………………（ 23 ）

第三章　沉船遗迹 …………………………………………………………（ 31 ）

　第一节　埋藏环境 ………………………………………………………（ 31 ）

　第二节　遗址堆积 ………………………………………………………（ 35 ）

　第三节　船体遗迹 ………………………………………………………（ 36 ）

　第四节　器物分布 ………………………………………………………（ 36 ）

第四章　出水遗物…………………………………………………………（39）

　第一节　船体构件…………………………………………………………（39）

　　一、龙骨…………………………………………………………………（40）

　　二、肋骨及相关构件……………………………………………………（44）

　　三、船壳板………………………………………………………………（55）

　　四、舱室构件……………………………………………………………（70）

　　五、桅座…………………………………………………………………（81）

　第二节　出水器物…………………………………………………………（82）

　　一、青花瓷器……………………………………………………………（84）

　　二、五彩瓷器……………………………………………………………（113）

　　三、陶器…………………………………………………………………（118）

　　四、金属器………………………………………………………………（121）

　　五、其他…………………………………………………………………（129）

第五章　出水文物保护……………………………………………………（131）

　第一节　现场文物保护……………………………………………………（131）

　　一、保护经过……………………………………………………………（131）

　　二、保护情况……………………………………………………………（132）

　第二节　室内保护与展示…………………………………………………（144）

　　一、实验室保护修复……………………………………………………（144）

　　二、对外展示宣传………………………………………………………（148）

第六章　初步认识…………………………………………………………（150）

　第一节　沉船年代与性质…………………………………………………（150）

　第二节　沉没原因…………………………………………………………（151）

　第三节　始发港与目的地…………………………………………………（152）

　第四节　船体特征与工艺…………………………………………………（154）

　第五节　造船用材与建造地………………………………………………（155）

注释…………………………………………………………………………（156）

附表…………………………………………………………………………（162）

　宁波象山"小白礁 I 号"清代沉船出水船体构件一览表…………………（162）

附录…………………………………………………………………………（173）

　附录一　宁波象山"小白礁 I 号"清代沉船树种鉴定和用材分析………（173）

　附录二　宁波象山"小白礁 I 号"清代沉船复原研究初探………………（188）

Abstract……………………………………………………………………（203）

后记…………………………………………………………………………（205）

插图目录

图一　渔山列岛GEOEYE-1全色0.5米分辨率遥感影像 ················· （2）

图二　"小白礁Ⅰ号"沉船遗址历年工作 ·················· （12）

图三　《郑和航海图》中的"鱼山"航线图 ·················· （13）

图四　水下考古潜水探摸示意图 ·················· （15）

图五　"小白礁Ⅰ号"沉船遗址平、剖视及出水器物分布图
　　　（2008年普查草绘） ·················· （16）

图六　"小白礁Ⅰ号"沉船遗址平、剖面及部分遗物分布图
　　　（2009年调查实测） ·················· （插页）

图七　2014年船体发掘具体实施过程 ·················· （26）

图八　"小白礁Ⅰ号"沉船遗址平、剖面图（2012年发掘实测） ·········· （37）

图九　"小白礁Ⅰ号"沉船船体遗迹平、剖面图（2014年发掘实测） ······· （插页）

图一〇　艏龙骨 ·················· （41）

图一一　主龙骨 ·················· （42）

图一二　艉龙骨 ·················· （45）

图一三　龙骨搭接图 ·················· （45）

图一四　肋骨和相关构件平面分布图及船底肋骨后视图 ·········· （插页）

图一五　船底肋骨 ·················· （49）

图一六　舷侧肋骨 ·················· （52）

图一七　肋骨补强材、肋骨补强板 ·················· （53）

图一八　内层船壳板平面分布图 ·················· （56）

图一九　龙骨翼板 ·················· （57）

图二〇　内层船壳板 ·················· （59）

图二一　外层船壳板平面分布图 ·················· （66）

图二二　外层船壳板 ·················· （67）

图二三　龙骨与龙骨翼板连接方式示意图 ·················· （68）

图二四　舱室构件平面分布图 ·················· （71）

图二五　隔舱板………………………………………………………………（72）

图二六　隔舱板与压条、隔舱板扶强材的钉连………………………………（73）

图二七　铺舱板………………………………………………………………（75）

图二八　隔舱板补强材与顶杠位置示意图……………………………………（78）

图二九　部分舱室构件………………………………………………………（79）

图三〇　桅座…………………………………………………………………（81）

图三一　青花篆文方形印章式款……………………………………………（85）

图三二　缠枝花卉纹弧腹青花瓷碗（大碗）………………………………（86）

图三三　缠枝花卉纹弧腹青花瓷碗（中碗）………………………………（88）

图三四　缠枝花卉纹弧腹青花瓷碗（中小碗）……………………………（90）

图三五　缠枝花卉纹弧腹青花瓷碗（小碗）………………………………（92）

图三六　灵芝纹弧腹青花瓷碗………………………………………………（104）

图三七　斜腹青花瓷碗………………………………………………………（105）

图三八　青花瓷豆……………………………………………………………（107）

图三九　青花瓷盘、碟………………………………………………………（109）

图四〇　青花瓷杯、勺、盖、灯盏…………………………………………（111）

图四一　五彩瓷碗、罐………………………………………………………（114）

图四二　五彩瓷盖……………………………………………………………（116）

图四三　陶器…………………………………………………………………（118）

图四四　出水器物……………………………………………………………（120）

图四五　陶器…………………………………………………………………（121）

图四六　铜钱…………………………………………………………………（123）

图四七　铜制品………………………………………………………………（126）

图四八　锡制品………………………………………………………………（127）

图四九　铅、锌、银制品……………………………………………………（128）

图五〇　其他出水器物………………………………………………………（130）

图五一　"小白礁Ⅰ号"沉船出水船体构件现场保护流程图………………（140）

图五二　国家水下文化遗产保护宁波基地沉船修复展示室平面图…………（147）

图版目录

图版一　　宁波市地图上的渔山列岛

图版二　　渔山列岛岛礁分布图

图版三　　海蚀崖、五虎礁

图版四　　北渔山灯塔、渔村

图版五　　"小白礁Ⅰ号"沉船遗址位置示意图

图版六　　水下考古综合物探示意图

图版七　　海床表面的船材、石板

图版八　　成排成摞的青花瓷碗

图版九　　水下考古发掘分层示意图

图版一〇　2012年度"小白礁Ⅰ号"沉船遗址发掘

图版一一　2014年度"小白礁Ⅰ号"沉船遗址发掘

图版一二　三维声呐成像、三维激光扫描

图版一三　工作船锚定在"小白礁Ⅰ号"沉船遗址正上方

图版一四　"小白礁Ⅰ号"沉船遗址地势、器物上附着生物

图版一五　水下船体构件

图版一六　艏龙骨

图版一七　主龙骨

图版一八　艉龙骨

图版一九　船底肋骨（肋东8）

图版二〇　船底肋骨（肋东15）

图版二一　船底肋骨（肋东16）

图版二二　船底肋骨（肋东21）

图版二三　船底肋骨（肋东22）

图版二四　舷侧肋骨（肋西13，原编号为肋西11）

图版二五　舷侧肋骨（肋西20，原编号为肋西18）

图版二六　肋骨补强材、肋骨补强板及船体构件连接情况

图版二七　　内层船壳板（壳西4-3/3内嵌于壳西4-2/3）

图版二八　　内层船壳板（壳西4-3/3）

图版二九　　内层船壳板（壳西8-1/4）

图版三○　　内层船壳板（壳西10-2/4）

图版三一　　内层船壳板（壳东2-5/5）

图版三二　　外层船壳板（主龙骨下1-1/3）

图版三三　　外层船壳板（壳东下7-3/4）

图版三四　　船壳板连接方式

图版三五　　船壳板连接方式

图版三六　　隔舱板（隔1）

图版三七　　隔舱板（隔2）

图版三八　　隔舱板（隔3）

图版三九　　铺舱板（铺6、铺22、铺28）

图版四○　　隔舱板补强材

图版四一　　顶杠（原编名为"凸木"）

图版四二　　压条（压4，原编号为压5）

图版四三　　压条（压5，原编号为压6）

图版四四　　桅座

图版四五　　缠枝花卉纹弧腹青花瓷碗（大碗）

图版四六　　缠枝花卉纹弧腹青花瓷碗（中碗）

图版四七　　缠枝花卉纹弧腹青花瓷碗（中小碗）

图版四八　　缠枝花卉纹弧腹青花瓷碗（小碗）

图版四九　　灵芝纹弧腹青花瓷碗

图版五○　　斜腹青花瓷碗

图版五一　　斜腹青花瓷碗

图版五二　　青花瓷豆

图版五三　　青花瓷盘

图版五四　　青花瓷盘、碟

图版五五　　青花瓷杯

图版五六　　青花瓷勺、盖

图版五七　　青花瓷灯盏、五彩瓷碗

图版五八　　五彩瓷罐

图版五九　　五彩瓷罐、盖

图版六〇　　五彩瓷盖

图版六一　　五彩瓷盖

图版六二　　陶器

图版六三　　陶器

图版六四　　陶器

图版六五　　铜制品

图版六六　　锡、铅、锌制品

图版六七　　出水器物

图版六八　　出水器物

图版六九　　现场文物保护

图版七〇　　现场文物保护

图版七一　　现场文物保护

图版七二　　出水文物保护

图版七三　　"水下考古在中国"专题陈列

图版七四　　木材样品解剖特征

图版七五　　木材样品解剖特征

图版七六　　木材样品解剖特征

第一章 自然地理与历史沿革

第一节 自然地理

一、地理位置[1]

　　渔山列岛位于浙江省沿海中部，象山半岛东南，猫头洋东北，三门湾以东，隶属于宁波市象山县石浦镇，距石浦镇铜瓦门山47.5千米（约26海里），即东经122°13.5′～122°17.5′、北纬28°51.4′～28°56.4′，是著名的渔山渔场所在地，也是我国领海基点所在地（图一；图版一）。

　　渔山列岛由13岛41礁组成，呈东北—西南向排列，分布在南北长约7.5千米，东西宽约4.5千米的海域中。岛礁陆域总面积约2平方千米，其中面积大于500平方米的岛屿有28个，面积约1.603平方千米，滩地面积0.503平方千米，岸线约20.845千米。主要岛礁有北渔山岛、南渔山岛、五虎礁群岛、多伦礁、拦门大礁、坟碑礁、大白礁、小白礁、观音礁、鸡蛋礁、大礁等，其中北渔山岛和南渔山岛为主岛（图版二）。

　　北渔山岛位居渔山列岛中部，呈"丫"字形，长1300米，宽380米，岸线5200米，面积480000平方米。基岩海岸，曲折多湾，除西北岸较平缓外，均陡峭难登，尤其南岸海蚀崖极为发育，悬崖峭壁，势如刀刃，高七八十米，且多洞穴（海蚀洞）（图版三，1）。西南有一悬崖陷落地段，其上石梁横架，其内中空成壑（海蚀窗），长约130米，宽30～40米，高达50米，地貌上称之为海蚀拱桥，俗称仙人桥，浪激空壑，声如雷轰，涛沫腾空，气势磅礴，景色壮观。地势南高北低，坡度平缓，有二峰，东南端主峰海拔83.4米，中部副峰海拔64.6米。

　　南渔山岛地处渔山列岛西南部，雏鸡形，长1550米，宽560米，岸线5170米，面积880000平方米。基岩海岸，岬短湾浅，西北、西南海岸较平缓，东岸海蚀崖、海蚀沟很发育，崖壁高、险、陡。地势南北略高，中间稍低。有二峰，东南角主峰海拔127.2米，为渔山列岛最高峰；西北副峰海拔124.6米。

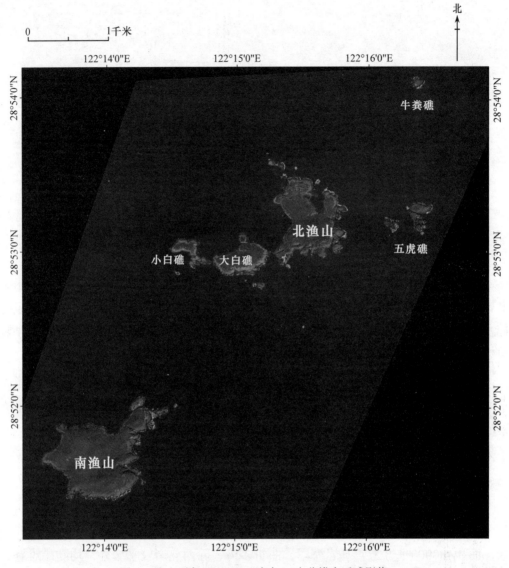

图一 渔山列岛GEOEYE-1全色0.5米分辨率遥感影像

五虎礁群岛地处北渔山岛以东，由11个岛礁组成，分布在南北长750米，东西宽500米的海域中，呈南北向排列，陆地总面积约为300000平方米，最高点海拔53.3米。五虎礁群岛是我国领海基点岛之一，因四岛一礁形如五虎卧疆，故有此称。岛岩由上白垩统塘上组集块角砾岩、角砾凝灰岩等构成，岛尖岸陡，其上长有少许草本植物（图版三，2）。

大白礁位于北渔山岛西南，东西向，长670米，宽290米，岸线2320米，陆域面积175909平方米，滩地面积123449平方米。地势平缓，有三峰，最高点海拔63.2米。岛岩由上白垩统塘上组集块角砾岩、角砾凝灰岩等构成，岛上草木茂盛。

小白礁位于北渔山岛西偏南，大白礁西侧，东与大白礁有礁滩相连，长470米，宽100米，岸线1320米，陆域面积50399平方米。地势较平缓，最高点海拔33.1米。岛岩由上白垩统塘上组集块角砾岩、角砾凝灰岩等构成，岛上有草木。

二、地质地貌[2]

渔山列岛基本上由基岩组成，岩石裸露。第四纪地层极不发育，仅在剥蚀面等局部缓坡、浅沟中零星分布残积黄、棕黄色含黏性土碎石，厚度小于5米。列岛位于小雄破火山东部外海域，岛上火山地层为第IV旋回塘上组，下部岩石以集块角砾岩为主，中部为含角砾岩屑玻屑凝灰岩，角砾凝灰岩，具层理结构，倾角较缓；上部为含角砾玻屑熔结凝灰岩、凝灰角砾岩，局部含集块。渔山列岛位于衢州—三门东西向构造带东端东侧海域，断裂构造发育。

陆域地貌 属侵蚀剥蚀低丘陵，海拔小于200米，最高的南渔山主峰127.4米。基岩裸露，山顶多较平缓、浑圆，在北渔山、南渔山等岛的山顶，分布高程为60~80米的四级（P_4）剥蚀面。山体坡度较大，一般为20°~30°，多为直线或微凸型坡。

岸滩地貌 全岛极大部分岸滩为基岩海岸和岩滩，仅在北渔山岛小岙湾内有小片沙砾质岸滩。

海域地貌 渔山列岛位于东海西部近似平行浙江沿岸的30米等深线外缘，除北渔山岛和大、小白礁西北部水深小于30米外，其他海域水深多为30~35米，仅北渔山岛南北两侧各有一片水深约40米的深水区。水下地形变化总趋势是由西北向东南倾斜，10、20、30米等深线绕岛礁呈环形分布，水深变化急剧，表明岛礁水下海床坡陡。水下地貌类型简单，主要为水下斜坡和水下缓坡。此外，还可分出水下洼地和高地。

三、土壤植被

渔山列岛陆域面积狭小，土地资源贫乏，以岩礁和荒草地为主，仅有少量土壤。土壤以红壤类为主，间有黄泥土、黄沙土。

渔山列岛除了岩礁和几个特别的岛屿外，大部分岛屿都有植被覆盖，但因气候环境恶劣，生境严酷，海岛植被总体上比较单调。北渔山岛坡地平缓，土层较厚，植被类型以灌木和草丛为主，常见种类有芒草、鸭嘴草、海桐和仙人掌等，珍稀植物有圆叶小石积、大叶胡颓子、多枝紫金牛等。南渔山岛山岙间禾草茂盛，多白茅、芒秆、杜鹃、葛藤等草本植物。其他岛屿土壤贫瘠，只有少许禾草和少量灌木。栖有兔、蛇、鼠、蛙及山鹰、海鸥等动物。

四、气象水文[3]

渔山列岛海域位于欧亚大陆东部的副热带季风气候区，属亚热带季风性湿润气候。由于受自然地带、季风环流、地形地貌和环境下垫面水体的综合影响，此地具有冬夏季风交替显著、年温适中、四季分明、夏热少酷暑、冬冷少严寒、光照较多、热量较优、雨量充沛、空气湿润等特点，在宁波诸海岛中海洋性气候最为显著。

气温　年均气温16.2℃，年较差21.2℃。累年气温平均8月最高，为27℃左右；1月最低，为5.4℃。最热月平均最高为30.6℃，最冷月平均最低为2.8℃，极端最高38℃，极端最低-5℃以下概率很小。

降水量　年均降水量1287毫米，最多1875毫米，最少937毫米。月均降水量6月份最多，达195毫米；1月份最少，仅57毫米。平均雨日142.2天。

风速　全年风速较大，平均可达5米/秒以上，呈双峰形分布，最大值出现在1月和7月。累计各月最大风速40米/秒，极大风速在57.9米/秒以上，以东北风为主。4～8月盛行西南风，9月至翌年3月盛行偏北风，季风气候特点明显。

雾日　年均雾日56天，最多69天，最少39天。雾日的月季分布70%集中在2～6月，4～5月达到高峰，5月平均雾日多达12天。7～11月为少雾期，其中以8月最少，仅为0.6天。

日照　年均日照为1999小时，日照充足。月均日照8月最多，达258小时，2月最少，为115小时。

相对湿度　年均相对湿度达80%，空气湿润。相对湿度月际分布6月最大，超过90%；12月最小，仅70%。

蒸发量　年均蒸发量1417毫米，8月最大，达到193毫米；2月最小，仅64毫米。

潮汐　渔山列岛地处东海中部半日潮海区，主要受太平洋半日潮波控制。潮波自南向北传播，高潮依次滞后，且两相邻高低潮不等现象不明显，涨落潮历时几乎相等。平均潮差为314厘米，最大潮差为476厘米，最高高潮面为212厘米，最低低潮面为-265厘米，平均高潮面为150厘米，平均低潮面为-164厘米，为正规半日浅海潮流区。涨潮流为西向，落潮流为东向，潮流呈旋转流运动形式，顺时针方向旋转，表层流速较大，最大流速产生在高潮后3~5小时。潮流垂直结构较为独特，在中层先发生转流，然后为表层和底层。涨、落潮流的流速比较接近，并随深度增加而递减，涨潮历时比落潮历时长，在1小时以上。余流夏季流向为北向，冬季流向为南向，表底层一致。流速冬季比夏季大，冬季表层流速达40厘米/秒，夏季约25厘米/秒。其垂直分布是表层较大（约25厘米/秒）、中层次之、底层最小（仅几厘米/秒）。

波浪　波浪受季风影响较大。冬季盛行偏北风，风浪以偏北向为主；夏季多偏南风，风浪以偏南向为主。

水温　渔山列岛的水温变化主要取决于太阳的辐射，其次是水系的影响，冬季受江浙沿岸流的影响，夏季则受台湾暖流水边缘的影响。冬季表层水温为9.1~9.8℃，平均为9.4℃，东高西低；夏季表层水温为28.2~28.8℃，平均为28.6℃，自西向东递减。水温的垂直分布为冬季表底层温差小于0.2℃/米；夏季表底层温差较大，表层高于底层，在岛屿的北面海域出现强温跃层，跃层深度在5~10米处，强度为1.52℃/米。

盐度　冬季盐度平面分布趋势一致，盐度都是由东南向西北方向递减，冬季表层盐度为28.82~30.3，平均盐度为29.99；夏季表层盐度为32.38~33.72，整个水域平均盐度为33.73。

含沙量　渔山列岛由于离岸较远，因而受近岸高含沙量水影响较小，加之水深较大，使得渔山列岛潮流及风浪等动力因素均不足以使本地底沙再悬浮。因而泥沙以外域来沙为主，分布于主要受含沙量均匀的沿岸流控制的区域。悬沙含量为宁波海岛中最低，冬季含沙量最高为0.09千克/立方米，夏季平均仅为0.01千克/立方米。

能见度　渔山列岛及邻近海域受台湾暖流控制，海水透明度较高，水下能见度较好。

五、渔业资源 [4]

渔山列岛岛礁星罗棋布，水道纵横交错，海岸蜿蜒曲折，不同形状的礁体，多样的洞穴、缝隙，好像天然的"人工鱼礁"，适宜各种鱼、贝、藻类的生长。盛产带鱼、大小黄鱼、鳗鱼、鲳鱼、鳓鱼、墨鱼、沙丁鱼、鲐鱼、鲹鱼、虾、蟹等；沿岸岩礁间栖有石斑鱼、真鲷、鮸鱼、海蜒等；潮间带野生贝、藻资源丰富，礁岩长有贻贝、羊栖菜、紫菜、石花菜、菊花螺、藤壶、青蚶、锈凹螺、牡蛎、龟足等。

同时，渔山列岛地处渔山渔场中心和台湾暖流与近岸流的交汇处，海水透明度较高，水质肥沃，饵料丰富，有利于各种鱼、虾、蟹、贝、藻的栖息、繁殖、索饵、生长，是海洋水产增养殖的优良场所。

渔山列岛及其邻近海域自然条件优越，海洋生物资源丰富，是宁波海域海洋资源最丰饶、生物多样性最丰富的海域之一，具有典型的海洋—海岛生态系统。

现为国家海洋特别保护区、国家海洋公园，被誉为海钓胜地、旅游天堂。

第二节　历史沿革

一、象山历史沿革

春秋时，象山为越国鄞地。

战国时楚灭越，一度属楚。

秦置鄞县。

汉为鄞县、回浦（后改章安）两县地。

晋时分属鄞县、宁海。

隋代为句章、临海两县所属。

唐初，分属鄞县与宁海，唐《钦定武英殿聚珍版丛书·第14册·元和郡县志》卷二十六载："神龙元年，监察御史崔皎奏于宁海东界海曲中象山东麓彭姥村置县。"[5]析台州宁海、越州鄞县地置象山县。神龙二年（706年）七月，象山正式建县，属台州，县治彭姥村，在今县城（丹城）西北。《中国方志丛书·华中地方·第五七三号·乾道四明图经》载："县有一山，其势壮负，雄压海垠，前后瞻望，屹如象形"[6]，因名象山，县由山得名，至今已1300多年。唐广德二年（764年），改属明州。

南宋绍熙五年（1194年），升明州为庆元府。

元又改庆元路，象山均为属县。

明初，仍复明州府。明洪武十四年（1381年），又改称宁波府，象山仍为属县。洪武二十年（1387年），昌国卫移至本县东门岛。洪武二十七年（1394年），以东门悬海，又移至后门山。

清沿明制，象山仍属宁波府。

民国元年（1912年），废宁波府，象山属会稽道。

县南之南田，明时为"封禁之地"。光绪元年（1875年），开禁。光绪四年（1878年），设招垦局。宣统元年（1909年），废局，置抚民厅，辖县南之八岛[7]。民国元年，废厅设南田县，治樊岙，亦属会稽道。同年四月，浙江省临时议会决议划象山县东溪岭以南地并入南田县；五月，迁治石浦。翌年三月，取消划并，还治樊岙。民国二十一年（1932年）十月，象山、南田两县改属浙江省第五监察专区。民国二十九年（1940年）七月，撤南田县，所属八岛与临海、宁海的近三门湾地域合建三门县，隶台州。民国三十一年（1942年），日军进犯，县城沦陷，县政府撤至宁海茶院，后回迁官山村与牌头村。民国三十四年（1945年）八月，抗日战争胜利，还治丹城。民国三十五年（1946年）八月，象山改属浙江省第六行政督察区。

1949年7月8日，象山解放，属浙江省第二专区，不久改称宁波专区。1952年4月，南田八岛由三门县划归象山。1954年4月，象山转隶舟山专区。1958年10月，宁海撤销建制，并入象山，县改属台州专区，县治初迁沥洋，后移宁海城关镇。1959年1月，台州专区撤销，象山回归宁波专区。1961年10月，宁海县恢复建置，象山还治原境，县治迁回丹城镇，仍属宁波专区。"文化大革命"期间一度称地区，象山隶属不变。1983年7月，宁波地、市合并，实行市管县体制，象山为其属县至今[8]。

二、石浦历史沿革

石浦古属台州宁海县。唐神龙二年（706年），象山立县，石浦即为属村。

宋属归仁乡后门保。

明属归仁乡三都。

清顺治十八年（1661年），居民内迁。康熙二十三年（1684年），展复，属归仁乡二十、二十一都。宣统二年（1910年），属昌石镇。民国元年（1912年），划归南田县，并移治石浦。翌年，复归象山县，南田县治还迁樊岙。民国十八年（1929年），析为南薰、西成、北平、东来四镇，东门、金平、南雅、星桥四乡，合檀头山、对面山、渔山三岛为三乡，属南田县。民国二十四年（1935年），合四镇为金山、东来两镇，合四乡为金雅、南星两乡。翌年，两镇合为石浦镇，两乡合为金星乡。民国二十九年，三山乡改为文山乡，属三门县。民国三十五年（1946年），东门乡并入石浦镇。

1949年7月，解放，属石浦区。1951年，析为石浦、延昌、东门、番头、横屿、金星六镇乡。1952年4月，三门县之南田区归属象山县，檀渔乡（即原文山乡）划归石浦区。1952年7月，对面山划归东门乡。1953年，石浦镇升为县直属镇，延昌划入城区。1956年，东门、檀渔两乡归石浦管辖，金星、横屿、番头三乡合为金星乡。翌年，划归石浦镇。1958年，析为石浦、东门、檀头山、番头、金星五大队，属石浦人民公社。1959年，石浦复为县直属镇，下辖东门、檀头山两大队，金星、番头称管理区。1961年，东门、檀头山、番头、金星改为公社，属石浦区。1972年，昌国公社五爱片9大队划归石浦镇。1975年，复归昌国公社。1983年，改东门、檀头山、番头、金星四公社为四乡。1984年，番头乡及昌国乡之五爱片十村并入石浦镇，里塘、上塘、中央塘三村六自然聚落划入城区，全镇面积从4.7平方千米增至33.46平方千米。1992年5月，撤区扩镇，金星、东门、檀头山三乡并入石浦镇，东门划入城区[9]。

此外，历史上石浦军事建制如下。

宋宝庆《四明志》载，南宋嘉定二年（1209年），象山设东门寨，置寨官1名，于定海拨水军60人更戍之……嘉定十四年（1221年），以寨兵扰民，奏罢[10]。

元至元二十年（1283年），置东门巡检司，设巡检司1员，兵20名，尉司兵25名[11]。

明洪武二十年（1387年），徙昌国卫于象山东门岛。同年，石浦巡检司迁至青山头，调昌国卫守御置前、后二所于石浦，筑城，有千户以下官员24员，统军2240名（裁至1421名）[12]。洪武二十七年（1394年），因东门悬海，昌国卫迁至石浦后门山，有指挥以下官员76员，率军4480名（后陆续裁至1500名），领石浦前、后所，爵溪所，钱仓所及舟山中中、中左二所。

明末清初，石浦将军张名振以石浦为基地，建立抗清大本营。后张苍水也以此为抗清基地，直至康熙二年（1663年）被捕。

清顺治三年（1646年），昌国卫改置昌石营，设守备1员，把总1员，下辖昌国卫、石浦所两陆汛。顺治十八年（1661年），为扼杀抗清力量，撤昌石营，居民悉迁内地[13]。康熙二十三年（1684年），展复，仍设官防守，重筑昌国卫城。雍正五年（1727年），添设外委千总1员、外委把总2员，有马战兵、步战兵、守战兵共500名，分驻昌国卫汛、石浦所汛及新置三海汛（内洋石浦汛、淡水门汛、外洋汛）。雍正八年（1730年），改为昌石水师营，设水师守备、千总、把总、外委等官员5员，统兵565名，战船6艘。雍正九年（1731年），改守备为都司金书，统辖千总、把总、外委等官员。乾隆十六年（1751年），从象协营拨入2员，后几度增减，有水陆兵585名。道光四年（1824年），从象协营拨入守备、把总各1员，兵100名，巡防南田。道光二十四年（1844年），都司署移于石浦，从象协营拨入兵200名[14]。光绪年间，有都司、守备、千总各1员，把总、外委各4员，兵存209名。

民国初，水师营改变为昌石镇警察分所，都司署改驻警备队。

三、渔山列岛开发史

渔山列岛明为海门汛地。明洪武二十年为防倭患，南田八岛与定海、玉环同被列为封禁之地[15]。作为南田八岛组成部分的渔山列岛此时是否有人居住不得而知。万历三年（1575年），台州、宁波的水师曾在渔山岛一带与倭寇作战。"看得南渔山坐居极东下洋，与昌国之金齿门、海门之东西矶相对，渺茫无际，凡倭之来也，必至此汲水窥觇，乘风流窜；其去也，则至此潜伏，候风归岛。实为倭夷出没之窟。及查先年有志立功将领如松海把总王有麟、昌国哨总杜德辉等，于万历三、四等年（1575、1576年），或追贼、或伏截，收功于此。"[16]

至少在明代后期（17世纪），就有人在渔山岛上搭厂暂居、捕捞鱼类了。据《海防纂要》载："沙民及渔民业海者，各船头目开报姓名，填写官旗船票，明开某处采捕，限日回销，止许驾使艚网、黄家塘白艕香挑渔喇小船，于近海生理，不得远出大洋。搭厂久居绝岛，若南渔山钓船辏集，经冬久泊，悉从严革。"[17]这是明代官员王在晋为防范倭寇海盗而提出的政策主张，从反面说明了当时有许多人远航到渔山捕鱼（"钓船辏集"），而且还在此"搭厂久居"，甚至"经冬久泊"（冬季正是在渔山渔场捕捞带鱼等鱼类的主要季节）[18]。

前清沿明旧制，然沿海居民往往群入垦土煎盐，久且奸莠丛集，杀人夺货无虚日[19]。顺治十六年（1659年），为平郑成功、张煌言抗清军，兵部尚书苏纳禁出洋采捕。顺治十八年（1661年），徙沿海居民入内地[20]。直至乾隆、嘉庆年间，始有闽南等地渔民陆续来此捕鱼定居。道光三年（1823年），重请封禁，徙民内迁[21]。道光四年（1824年），按巡哨章程巡防南田[22]。据此可知，渔山列岛应在巡防区域内，并进行常态化巡防。鸦片战争后，渔山列岛先后被英、美、日侵占，在英版海图有黑山列岛之称[23]。道光二十九年（1849年），陈双喜等在渔山列岛聚众起义，清水师往剿，昌石营都司王廷鳌和健跳营守备游击王大成被杀[24]。光绪元年（1875年），浙江巡抚杨昌濬奏请"南田八岛"开禁，十月获准，招民开垦，先后设南田招垦局、抚民厅[25]，作为"南田八岛"的渔山列岛也开禁招民。光绪二十一年（1895年），北渔山岛灯塔建成[26]，时称"远东第一大灯塔"，现为全国重点文物保护单位（图版四，1）。清光绪二十五年（1899年）刊发的《浙江沿海图说》载："今查此间有居民者凡三岛。南渔山二十余户，北渔山二十余户，白礁五户。皆闽人之捕鱼为业者，颇驯良。"[27]

民国元年（1912年），从象山析出南田县，渔山归属南田县。民国七年（1918年），南北渔山岛有居民69户，248人[28]。民国十八年（1929年），南、北渔山岛有居民48户，230人[29]。民国二十九年（1940年），南田撤县设区，划入三门县，渔山归入三门县。

1952年，渔山、南田等岛从三门县中划出，重归象山县管辖，时有居民70余户，280余人，分居南、北渔山岛[30]。1955年，渔山列岛解放，岛上居民悉被国民党带至台湾[31]。1958年，石浦渔民在北渔山岛定居建村，渔山列岛归属象山县石浦镇管辖。1960年，渔山列岛有居民59户，189人[32]。1986年，北渔山岛设立渔山列岛碑。翌年4月17日，举行地名揭碑仪式。2002年，渔山列岛有渔民104户，244人，机动渔船41只，辅助渔船24只，计4730吨，8056千瓦[33]。2008年，渔山村有居民107户，257人[34]。

如今，渔山列岛已成为海钓胜地、旅游天堂，并于2008、2012年先后获批成为国家海洋特别保护区、国家海洋公园。

渔山列岛现有的基础设施集中在北渔山岛和南渔山岛两个主岛，两主岛筑有简易盘山公路、码头，水源较丰，有水井、山塘多处。渔山列岛长期以来作为海防前沿，建有营房和海防设施，岛上现有道路、码头等设施均为部队建设遗留，或在此基础上修缮而成。北渔山岛岛民居沿小岙山坡而建，多数利用岛上石材建造，渔村风貌自然质朴（图版四，2）。新建的渔山列岛海洋特别保护区管理局大楼坐落在北渔山岛北面。

交通方面，北渔山岛西侧大岙底建有码头，可停泊百吨级船只，与石浦之间有不定期客船通航；北渔山岛北部小岙为一避风小海湾，口小腹大，筑有防风坝和简易码头，可泊小船。南渔山岛也建有简易码头。南、北渔山岛上均建有盘岛公路。

通讯方面，北渔山岛上建有中国移动地面接收站，移动通信网络已覆盖渔山所有海岛。

电力方面，北渔山岛用电主要依靠村委会自备的3台发电机循环发电，其供电容量分别为30、50、60千瓦，每天限时发电，游客接待宾馆自备发电机。

淡水方面，北渔山岛有部队遗留坑道井3处，利用基岩裂隙水作为水源，通过管道供应给当地村民和游客。南渔山岛筑有大蓄水池2个，机井、水潭多处，岛上淡水资源相对充足。

居住方面，北渔山岛现有10家简易宾馆和渔家乐，共有床位280余位，前者由部队的营房改造而成，后者则是居民住宅改建而成，类型单一，设施较为简陋，主要提供住宿及特色海鲜饮食服务。岛上渔村沿山岙而建，共有150余间（套），为岛上村民和外来务工者居住。

渔山列岛现存历史遗迹主要有北渔山灯塔和娘娘庙。

北渔山灯塔位于北渔山岛东南之巅，是渔山列岛的标志，由上海海关税务总司海务科花费5万关平银于光绪二十一年（1895年）建成。灯塔塔身呈圆台形，生铁所铸，塔高16.9米，直径4米，原置法国巴比尔公司所制特等镜，特等镜直径2.66米，高3.6米，重15吨，为当时世界特等镜之最。第二次世界大战期间，渔山列岛为日军侵占，1944年，美机轰炸日军时灯塔被损坏。民国三十六年（1947年），海关派技师史端昌等重修灯器。1955年，灯塔塔顶和灯器又在国民党逃跑时被破坏。1987年，上海航道局和温州航标区重修塔顶和重置灯器，翌年7月1日完成。现岛上灯塔为1985年交通部批准于原址重建，采用太阳能电池、氙灯和鼓形透镜，灯器是英国DRB-211884000C2密封式光束射器，灯光射程在25海里以上，其装置为国内领先。

娘娘庙位于北渔山岛大岙，始建于清代，1956年废弃。1989年，台湾富岗村民柯位林与其弟柯位方等十余人首次从台湾返回北渔山岛祭祖、祭庙，见庙废弃，遂捐款6万元修庙，1990年修成。娘娘庙占地面积约300平方米，庙宇三间，约100平方米，供奉如意娘娘、观音菩萨、财神菩萨。因神秘的木板浮海传说，原庙的如意娘娘坐身双手扶膝上一块20厘米×100厘米的特置木板。娘娘庙的祭祀时间是每年农历七月初六，为娘娘生日。从1990年修成至今，每年娘娘生日由该村徐七寿等负责组织祭祀活动。2008年，以北渔山如意娘娘信仰为主要载体的"石浦-富岗如意信俗"被列入国家级非物质文化遗产保护名录。

第二章　水下考古调查与发掘

"小白礁Ⅰ号"沉船遗址位于浙江省宁波市象山县石浦镇渔山列岛海域北渔山岛小白礁北侧水下24米（图版五）。该沉船于2008年10月在浙江省沿海水下文物普查中被发现。2009年6月，实施了重点调查和试掘[35]。2011年4月，国家文物局批复同意"小白礁Ⅰ号"水下考古发掘项目立项。2011年6～7月，结合首届"国家水下文化遗产保护（考古）培训班"对此开展了遗址表面清理工作。2012年5～7月，基本完成船载遗物的清理发掘[36]。2013年4月，国家文物局批复同意"小白礁Ⅰ号"船体现场保护与保护修复（Ⅰ期）项目立项。2014年5～7月，完成船体发掘与现场保护工作[37]。随后，发掘出水的船体构件和船载遗物被运至国家水下文化遗产保护宁波基地内边保护边展示，让公众共享水下考古与水下文化遗产保护成果[38]（图二）。

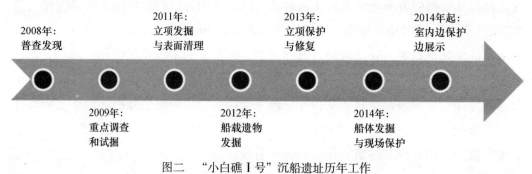

图二　"小白礁Ⅰ号"沉船遗址历年工作

第一节　调查经过

一、普查发现

2008年，根据国家文物局《关于开展浙江沿海水下文物普查工作的批复》（文物保函〔2008〕767号），受浙江省文物局委托，中国国家博物馆和宁波市文物考古研究所联合开展浙江省沿海水下文物普查。

首先，开展陆上调查，通过文献查寻和口碑调查相结合的方式寻找水下文化遗存线索，并将口碑资料、实物资料、文献资料、地理环境等方面的证据作为水下文物线索的初步认定标准[39]。其次，在水下文物线索所在的海域内，综合运用侧扫声呐、多波束测深系统、浅地层剖面仪和磁力仪等海洋探测仪器实施物探，探扫高精度的海底地形地貌平面声学影像、三维数字模型、剖面影像及磁异常等底质情况，寻找疑似水下遗存并精确定位（图版六）[40]。最后，由水下考古专业人员以疑似水下遗存的定位点为中心，潜入海底不断扩大范围探摸寻找，确认水下遗存存在与否；若发现水下遗存，则精确定位并进一步了解其文化内涵；若没有发现，则初步排除该水下文物线索。

（一）陆上调查

2008年4月，在前期的文献查寻中发现，渔山列岛海域至少在明代已经是我国远洋航线上的一个重要站点。成书于明代的《武备志》卷二百四十之《郑和航海图》中就绘有经过"鱼山"的航线图（图三）[41]。清朝康熙末年（18世纪初）的《两种海道针经·指南正法》也明确记载，渔山上有淡水，也有暗礁，过往船只要

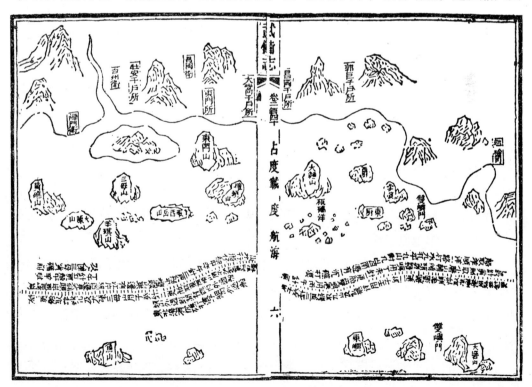

图三　《郑和航海图》中的"鱼山"航线图

避开[42]。《中国沿海灯塔志》载，渔山列岛海域暗礁多、风浪大、水流急，历来就是沉船事故的高发区域。1895年，清政府还专门在北渔山岛最高处建造了一座灯塔，然而，即便是灯塔建成投入使用后，渔山列岛海域还是有船难事故发生[43]。同时，渔山列岛深居东海之中，岛礁林立，渔业资源丰富，是著名的渔场，至少在明代后期（17世纪），就有宁波、台州、闽南等地渔民来渔山岛上搭厂暂居、捕捞鱼类[44]。此外，远离大陆、孤悬海外的渔山列岛，历来也是一个重要的海上军事据点。明代，倭寇经此频繁入侵浙江沿海，此地是海防前线与抗倭战场[45]。清代，此地又时常成为盗匪窝顿之所，是缉盗剿匪的前沿阵地，这在清代历史文献中多有提及[46]。

在文献查寻的基础上，走访了象山当地的海监、渔政、边防、海警、海军、方志办、渔民、潜水员以及从事航海、水下工程、海洋地质勘探等一切与海洋打交道的单位和个人。在访谈中获得了大量与水下文物线索有关的信息，尤其是在渔山海域捞贝壳的业余潜水员和捕鱼的船老大为我们提供了一些有价值的线索，择要列举如下。

牟永根在渔山列岛海域有十余年的潜水捞螺贝经历，曾在小白礁北面潜水时发现木船残骸，船体仅露出海床表面一小部分，他挑拣了数件圆形铜片与陶瓷片出水。

蒋和雨长期在渔山列岛海域潜水捞螺贝，曾在小白礁北面潜水捞螺贝时发现海床表面散布着各类青花瓷片。

刘和才、吴大毛等当地船老大长期在渔山列岛海域网捕作业，曾在小白礁北面捞到陶瓷残片。

（二）探测探摸

经过文献查寻、口碑调查与实地考察，上述沉船线索明确，亟待进一步开展水下考古调查工作予以确认。

2008年10月，在象山县文物管理委员会办公室的协助下，由中国国家博物馆和宁波市文物考古研究所领衔的浙江省沿海水下文物普查队来到北渔山岛开展调查，调查工作得到福州市文物考古工作队、荆州市博物馆、吉安市博物馆等单位的大力支持。

本次调查主要采取仪器探测和潜水探摸相结合的方法，先探测后探摸，具体分四个步骤进行。

首先，邀请线索主要提供人和当地知情人士当向导一同出海，请他们尽可能准确地指认出小白礁北侧沉船线索的大致位置。

其次，以指认的沉船线索位置为中心，在其周围实施综合物探，通过侧扫声呐获取海底表面的高精度声学影像，采用多波速测深系统精确建立海底地形地貌的三维数字模型，使用浅地层剖面探测海底堆积的剖面结构，使用磁力仪探测海底地磁异常情况，并据此发现了3处可疑的水下文物位置点。

再次，水下考古专业人员逐处在可疑的水下文物位置点下海潜水探摸，通过圆周搜索、直线搜索、矩形搜索等方式（图四）[47]，终于在海床表面发现了残破的船壳板（图版七，1）、整齐排列的石板材（图版七，2）以及散落的青花瓷、石质印章、银币等遗物。由于这是在小白礁周边海域发现的第一艘沉船，按照考古学命名惯例，取名为"小白礁I号"。

最后，以海床表面的沉船残骸和石板材为中心，在有限的工作时间内，尽可能地不断扩大水下搜索范围，并在遗址表面采集出水16件遗物，初步了解沉船遗址的埋藏环境、分布范围、保存状况、遗物类型等基本情况（图五）。

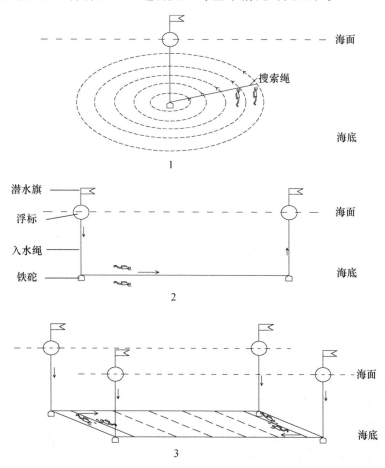

图四　水下考古潜水探摸示意图

1.圆周搜寻示意图　2.直线搜寻示意图　3.矩形搜寻示意图

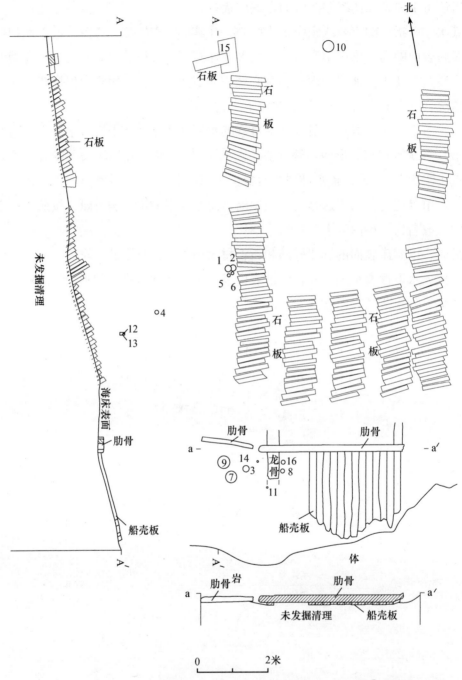

图五　"小白礁 I 号"沉船遗址平、剖视及出水器物分布图（2008年普查草绘）

1~3、8.青花瓷碗（2008NXXBW1：1、2008NXXBW1：2、2008NXXBW1：3、2008NXXBW1：8）

4.青花瓷盘（2008NXXBW1：4）　5、6.青花瓷豆（2008NXXBW1：5、2008NXXBW1：6）　7.青花瓷碟

（2008NXXBW1：7）　9、10.酱釉罐（2008NXXBW1：9、2008NXXBW1：10）　11.银币（2008NXXBW1：11）

12.印章（2008NXXBW1：12）　13.锡砚（2008NXXBW1：13）　14.铜盖（2008NXXBW1：14）　15.石板

（2008NXXBW1：15）　16.青花瓷灯盏（2008NXXBW1：16）

二、重点调查[48]

2009年，中国国家博物馆和宁波市文物考古研究所再次组队对遗址开展了重点调查和试掘，并得到了象山县文物管理委员会办公室的有力协助和安徽省文物考古研究所、福州市文物考古工作队、泉州市博物馆、漳州市文管办、吉安市博物馆、荆州市博物馆等单位的大力支持。

（一）工作目标

2009年度工作拟通过水下声呐探测和实地潜水探摸，进一步掌握"小白礁Ⅰ号"沉船遗址的文化内涵，评估其价值，为下一阶段是否开展水下考古发掘和水下文化遗产保护等提供可靠的依据。

具体目标有四：一是确认遗址分布范围、主体堆积、层位堆积等；二是确认船体主要构造、大小、方向、保存状况等；三是确认船载遗物的种类、数量、分布、保存状况等；四是了解沉船遗址所在海域的海况、水文环境等。

（二）技术路线

采用探沟法和局部试掘相结合的方法。

具体实施时分四个主要步骤。

首先，沿着已知遗址主体的中部肋骨清理出一条宽约1米的东西向探沟，以确认船体东西两侧的边界和现存宽度以及沉船遗址东西两侧的分布范围，同时了解船体构造、船载遗物和层位堆积等情况。

其次，沿船体现存宽度的中部清理出一条宽约1米的南北向探沟，以确认船体南北两侧的边界和现存长度以及沉船遗址南北两侧的分布范围，同时了解船体构造、船载遗物和层位堆积等情况。

再次，有选择地进行局部试掘，以进一步了解船体的主要构造、主要尺寸和保存状况以及船载遗物的种类、数量、分布、保存状况等。

最后，对沉船遗址暂时进行就地回填保护。

（三）主要收获

2009年度工作自2009年5月31日正式开始，至2009年6月30日结束，历时一个月，共计完成潜水探摸126人次，潜水时间3950分钟。

经调查，初步掌握了"小白礁 I 号"沉船遗址的分布范围、主体堆积、层位关系和船体的主要构造、尺寸大小、保存状况，以及船载遗物的主要种类、大概数量、大体分布等基本情况（图六）。值得一提的是，在南北向探沟的北端清理出一个舱位，发现了成排成摞的青花瓷碗和青花瓷杯，紧贴船底板和肋骨整齐码放，2 ~ 4层，共计300余件，这些青花瓷碗和青花瓷杯器型、大小、年代基本一致，且发亮如新，无使用痕迹，无疑是仍保持下沉前运载状态的原生堆积的船货（图版八）。

2009年度工作明确了"小白礁 I 号"沉船仅底部残存，埋藏较浅，主体集中，散布范围不大；船体主要构件清晰可辨，可复原程度较高；多数出水遗物器型规整、纹样精美、品相良好，文物价值较高，是一处具有较高历史、科学和艺术价值的水下文化遗存。

第二节　发掘经过

由于"小白礁 I 号"沉船浅埋于海床之下，甚至少部分船体还翘露于海床表面，如不及时进行抢救性发掘，沉船遗址特别是古船体将不可避免地遭受潮流的反复冲刷破坏、海底微生物的腐蚀侵害。同时，沉船遗址靠近岛礁，人员、船只往来频繁，有较高的遭受人为盗掘打捞的风险。2011年4月，国家文物局批复同意"小白礁 I 号"水下考古发掘项目立项。

一、遗址表面清理

2011年6 ~ 7月，由国家文物局主办、中国文化遗产研究院承办、宁波市文物考古研究所（国家水下文化遗产保护宁波基地）等单位协办的"国家水下文化遗产保护（考古）培训班"在宁波市象山县渔山列岛海域举办。为配合培训工作的开展，对"小白礁 I 号"沉船遗址表面进行了初步清理。

二、船载遗物发掘

2012年5～7月，开展了"小白礁Ⅰ号"船载遗物发掘工作。

（一）组织架构

2012年度发掘工作是在中国文化遗产研究院、浙江省文物局、宁波市文化广电新闻出版局的监督管理下，在中国国家博物馆综合考古部的合作参与和象山县文物管理委员会办公室（国家水下文化遗产保护宁波基地象山工作站）、象山县石浦镇人民政府等单位的协作配合下，由国家水下文化遗产保护中心（现国家文物局水下文化遗产保护中心）牵头组织，宁波市文物考古研究所（国家水下文化遗产保护宁波基地）具体实施，并调集全国水下考古及出水文物科技保护人员具体参与。

根据工作安排，各相关机构职责分工如下。

国家水下文化遗产保护中心（现国家文物局水下文化遗产保护中心）：负责全面组织和统筹安排。主要工作包括相关文件申报传达、发掘方案与应急预案审定、设备器材提供、发掘经费统筹以及调集全国水下考古专业人员与出水文物科技保护人员组建队伍、监督指导发掘过程等事宜。

宁波市文物考古研究所（国家水下文化遗产保护宁波基地）：具体实施发掘项目。主要工作包括联络协调、后勤保障、经费管理、草拟发掘方案与应急预案、发掘工作的具体实施与进度把握、发掘现场管理与出水文物现场保护、发掘资料整理与报告编写等事宜。

中国国家博物馆综合考古部：参与具体考古发掘工作，并负责提供设备、人员、技术、资金等方面的支持。

象山县文物管理委员会办公室（国家水下文化遗产保护宁波基地象山工作站）与石浦镇人民政府：协作配合发掘工作。主要工作包括提供相关的人员支持、地方联络协调与发掘后勤保障等。

（二）队伍组建

2012年发掘工作调集了来自北京市、山东省、安徽省、浙江省、江西省、福建省、海南省等省（自治区、直辖市）的水下考古与科技保护人员约30人，分为考古发掘组、文物信息组、现场保护组、技术装备组和后勤保障组等5个小组，每组设组长1名，具体负责组织落实本组成员完成相关工作，并收集本组的工作资料。各组分工合作，工作有交叉，可根据发掘进度和需要进行适度调配。

考古发掘组：主要负责布设基线、探方，逐层清理遗址，提取船载遗物、拆取船体以及测绘、拍照、录像和文字记录等发掘工作。

文物信息组：主要负责测绘出水船载遗物及船板的登记、统计、保管，对船载遗物及船板进行测绘、文字描述，制作船载遗物及出水船板登记表，收集、整理工地的文字、图纸和影像资料等工作。

现场保护组：主要负责完成对出水船载遗物及船板的现场保护工作，并负责完成出水船板的装箱工作，以及对各类鉴定检测样品的采集，检测样品包括陶瓷、船材、舱料、海水、海生物等。

技术装备组：主要负责工地各类设备与器材的日常维护与管理；负责改造工作船平面功能，搭建水面平台，制作水下探方框，布设水下三维框架、水下灯阵、水下通信系统、水下可视监控系统，组装抽泥机、水炮等工具；负责在发掘各个阶段的物探资料收集工作。

后勤保障组：主要负责与相关部门联络协调工作，食住安排、接送、接待、交通采购、票务等；负责应急医务工作。

（三）主要经过

2012年5月11日至6月3日，陆续完成前期物资采购、设备调运、交通车辆与作业船只租赁、人员集结、浮力平台制作、央视直播协调及水下考古发掘相关手续办理等各项准备工作；6月4日起，发掘工作正式进入潜水发掘阶段；7月11日，按计划顺利完成年度发掘任务。发掘期间共派员下水作业360人次，总潜水时间超过18000分钟，发掘面积约160平方米，陆续完成了遗址主体——沉船船体之上埋藏堆积的发掘清理、船载遗物的提取出水、出水文物的现场保护、鉴定检测样品的采集、船体保存状况的记录、船体暂时性回填保护等工作（图版九）[49]。

1. 技术规范

本次发掘严格参照《田野考古操作规程》，定永久基点、拉基线、布探方、自上而下逐层发掘，并注重现场文物保护，专业、规范地完成文字、测绘和影像等相关资料的采集、整理工作。发掘中主要采取高氧轻潜和KMB管供相结合的潜水方式，使用水下气压式抽砂设备（图版一〇，1）和高压水枪清理遗址埋藏堆积，并开创性地运用"水上—水下监测指挥平台"辅助发掘。

2. 具体实施

（1）埋藏堆积的发掘清理

在正式清理发掘工作开始前，首先，确定沉船遗址南部裸露龙骨的最南端为永久基点，作为水下拉基线、布探方和测绘等工作的参照点。其次，用粗绳附加皮尺拉设以永久基点为起点、与龙骨重叠的南北向基线（图版一〇，2），长约30米；东西向基线长约15米，垂直交叉于南北向基线12米处。再次，布设2米×2米的水下硬探方（用不锈钢管制作），所有探方以永久基点为起点、南北向基线为中轴，向基线东西两侧扩展布设，各探方按照相对于永久基点的方位顺序编号。最后，在完成上述工作后，对沉船遗址自上而下逐层发掘直至船体表面，并对发现的重要遗迹、遗物现象和主要发掘过程做好相应的文字、测绘、拍照和录像等记录工作。

（2）船载遗物的提取出水

小件船载遗物在完成必要的文字、测绘、拍照和录像等记录后，直接由水下工作人员用塑料小筐或网兜提取带出水。石板材由于体积较大、重量较沉、数量较多，使用定制的起吊框与搭载有起吊设备的"回"字形水面浮力平台在近乎垂直的状态下起吊出水。浮力平台为长方体，使用镀锌管和泡沫自制，平面6米×4米，中间留1.2米×1米的空隙，供起吊框上下。起吊框根据石板材的尺寸和重量制作成1米×1米×0.6米的长方体，使用钢板制作成镂空状，表面刷黄漆以防锈。

（3）水下样品的采集检测

与北京大学、浙江大学合作，采集了沉船遗址的水体、沉积物、微生物等样品（图版一〇，3），检测其理化参数等指标，分析遗址的埋藏环境，评估其对沉船遗迹、遗物的影响。同时，采集船材样品，鉴定其树种、用途与产地等。

（4）船体保存状况的记录评估

完成了对船体的形式结构、规模尺寸、木料用材、船板层数、腐朽程度等基本保存状况的全面记录与客观评估，为今后船体发掘和现场保护提供了客观依据和对策分析。

（5）遗址暂时性回填保护

遗址中的石板为扁薄状长方体，2012年度发掘仅起吊出水24块，余下大部分石板用于发掘结束前回填保护遗址（图版一〇，4），除了把水下石板平放覆盖在船体上以外，还采取了泥沙填缝、沙袋压顶等措施。

（四）技术创新

2012年度"小白礁 I 号"沉船遗址水下考古在技术装备与工作方法上有着诸多创新之处。

成功布设"水上—水下监测指挥系统"（图版一〇，5）。该系统集成了水上—水下多方通信、水上—水下监控摄像、水下照明灯阵、短基线技术等前沿科技，攻破了在水上—水下双向声音、多重画面和人工照明等互相结合、补充的技术难题，实现了对水上和水下工作情况的即时掌控，有利于同步指挥调度，大大提高了水上、水下工作的协调合作与应变部署，这在国内尚属首次。短基线技术也是首次运用于我国水下考古工作的实践中。

2012年度"小白礁 I 号"沉船遗址水下考古采取了以双瓶高氧（图版一〇，6）、免减压轻潜为主的水下作业方式，比使用压缩空气（含氧量21%）成倍增加了滞底潜水时间（表一），有效提高了工作人员在水下作业的安全性，明显降低了潜水的疲劳程度。同时，配备职业潜水台班，采用KMB管供水中减压的潜水方式，有力地推动了水下抽沙、搬运等工作的进度。

表一　空气及高氧免减压潜水滞底时间对比表

滞底时间/分钟　水深/米　含氧量/%	18	21	24	27
21	47	35	25	19
32	74	55	41	32
36	91	65	50	38
40	124	80	60	—

（五）央视直播

2012年度"小白礁 I 号"沉船遗址水下考古期间，国内外数十家媒体进行了全方位、多角度、跟踪式的宣传报道。尤其是在国家文物局和浙江省文物局高度重视与大力支持，宁波市委和市政府统筹谋划与指挥协调，象山县委和县政府积极配合与提供保障，各级宣传、文化、广电、财政、通信、电力、交通、海洋、海事、气象等职能部门信息互通与分工协作下，中央电视台、宁波电视台连续多天推出多场《直击"小白礁Ⅰ号"水下考古》直播特别节目，客观记录了"小白礁Ⅰ号"沉船遗址水下考古发掘的经过、方法、技术、设备、出水文物、现场文物保护及队员们的风采等基本情况，正面树立了水下考古作为一门学科应有的专业、规范、严谨、客观的科考形象。

三、沉船船体发掘

2014年5～7月，开展了"小白礁Ⅰ号"沉船船体发掘与现场文物保护工作。

（一）组织机构

2014年度工作是在浙江省文物局、宁波市文化广电新闻出版局的监督管理下，在象山县文物管理委员会办公室（国家水下文化遗产保护宁波基地象山工作站）、象山县石浦镇人民政府等单位的协作配合下，由国家文物局水下文化遗产保护中心、宁波市文物考古研究所（国家水下文化遗产保护宁波基地）共同组织开展的。

根据工作安排，各相关机构职责分工如下。

国家文物局水下文化遗产保护中心：负责全面统筹安排。主要工作包括相关文件申报传达、发掘方案与应急预案审定、设备器材调配、全国水下考古专业人员与出水文物科技保护人员调集、发掘过程指导等事宜。

宁波市文物考古研究所（国家水下文化遗产保护宁波基地）：负责具体组织实施。主要工作包括联络协调、后勤保障、经费落实、财务管理、队伍组建、发掘方案编制、应急预案编制，具体实施发掘工作、把握工作进度、管理发掘现场，以及出水文物现场保护、发掘资料整理与报告编写等事宜。

象山县文物管理委员会办公室（国家水下文化遗产保护宁波基地象山工作站）与石浦镇人民政府：负责协作配合发掘工作，主要工作包括提供相关的人员支持、地方联络协调与发掘后勤保障等。

（二）队伍组建

2014年，来自国内外的20多名水下考古队员和10家合作单位的30余名技术人员齐聚考古现场，全体工作人员分为6个工作小组，由各组组长具体负责组织落实本组成员完成相关工作，并收集本组的工作资料。各组分工合作，工作有交叉，可根据发掘进度和需要进行适度调配。

1. 项目负责人

林国聪：负责联络协调、组织实施、安排落实各项船体发掘与现场保护及相关工作，按照计划保质保量地达成项目目标。

2. 工作小组

（1）规程试行组

组长：梁国庆。

组员：全体人员。

主要负责结合本次船体发掘与现场保护实际情况，开展试行《水下考古工作规程》的各项事宜，并编写规程试行汇报材料。

（2）考古发掘组

组长：王光远。

组员：全体人员。

主要负责潜水安全，布设基线、探方，逐层清理遗址堆积，提取船载遗物，拆取船体，测量绘图、摄影摄像和文字记录等发掘工作。对接联系宁波市镇海满洋船务有限公司、广州打捞局（潜水台班）、武汉理工大学、上海劳雷工业有限公司（水下三维声呐扫描）、武汉海达数云技术有限公司（三维展示系统）等。

测量绘图：由罗鹏、周春水、张勇牵头，韩飞、甘才超、雷少、史伟、孙兆峰等参加，对接联系武汉理工大学、上海劳雷工业有限公司。

摄影摄像：由黎飞艳、韩飞牵头，许超、甘才超、禾多米等参加。对接联系武汉海达数云技术有限公司（三维展示系统、船材正射摄影）。

文字记录：由王光远牵头，包括总日记、日记、潜水记录，各组实施方案以及各合作单位实施方案、航海日志、各类记录等。

（3）现场保护组

组长：金涛。

组员：赵鹏、韩飞、司久玉、任记国、李泽琛等。

主要负责完成对船体板材与船载遗物的现场保护工作，包括登记建档、初步清洗、近景摄影、临时浸泡、现场保护、包装装箱、安全运输等工作，以及船材、舱料、海水、沉积物、微生物等各类鉴定检测样品的采集。对接联系广州打捞局、武汉海达数云技术有限公司（3D扫描）、中国科学院、浙江大学、中山大学等。

（4）文物信息组

组长：雷少。

组员：张勇、甘才超、史伟、孙兆峰等。

主要负责出水船体板材与船载遗物的编号、登记、统计、保管、文字描述，收集、整理工地的各类文字、图纸和影像资料等工作。对接联系武汉理工大学、各组组长及带头人。

（5）技术装备组

组长：司久玉。

组员：赵哲昊、刘春健、李泽琛、禾多米等。

主要负责工地各类设备与器材的造表登记、日常维护、定期保养、故障维修、零配件更换，以及气瓶配气、水上—水下监测指挥系统的安装调试等。对接联系北京国洋联合潜水运动有限公司。

（6）后勤保障组

组长：贺俊彦、俞立禾。

组员：王光远、金涛、罗鹏、许超、雷少、李泽琛等。

主要负责与相关部门联络协调，食宿、交通、接送、接待、采购、票务及应急医务等工作。

（三）主要经过

从2014年5月上旬起，开展前期准备工作，包括物资采购、设备调运、合作协议签订、考古工作船功能区规划设置、人员集结及相关手续办理等。5月21日，随着考古船启航，正式拉开了2014年度"小白礁Ⅰ号"沉船遗址水下考古工作的序幕。5月下旬至6月上旬，完成船体以上堆积层的逐层清理揭露工作；6月上旬至下旬，在完成水下测量绘图、水下摄影摄像、水下声呐三维扫描和相关文字记录等信息资料的基础上，开展船体结构的辨识、定名，对每块船材分门别类编号，并采集船材、舱料、水体、微生物、沉积物等鉴定检测样品；6月下旬至7月上旬，完成所有船材的逐块拆卸、起吊出水、登记建档、初步清洗、近景摄影、细部测绘、临时浸泡、现场保护、包装装箱、安全搬运等工作；7月12日，结束海上作业返航，在宁波市北仑区白峰满洋船厂码头开展装卸、运输、入库等收尾工作；7月20日，工作圆满结束。发掘期间，水下考古队累计下水作业达500余人次，总潜水时间超过27000分钟。

1. 发掘方式

采取逐块拆卸的方式发掘船体。

2. 技术规范

水下考古是田野考古从陆地向水域的延伸。水下考古与田野考古在学科理论、性质目的、技术要求等主要方面是基本一致的，但在具体的运作模式和工作方法上是有区别的。2014年度的"小白礁I号"沉船遗址水下考古试行《水下考古工作规程》，既参照借鉴田野考古方法和国际通则，又不生搬硬套《田野考古工作规程》与国外技术规范，因地制宜地采取合适的发掘方法，走出了一条具有自身特色的水下考古之路，为即将颁布的《水下考古工作规程》提供了实践经验。

3. 具体实施

2014年船体发掘具体实施过程先后历经八个主要工作步骤（图七）。

图七　2014年船体发掘具体实施过程

（1）船体以上堆积清理

沉船遗址在2012年度发掘结束前采取了石板覆盖、泥沙填缝、沙袋压顶的临时性回填保护。2014年的发掘依然沿用2012年确定的永久基点、水下基线和水下三维测绘系统，但考虑到架设水下硬探方所必备的立柱必须直接钉牢在船体上，势必会破坏船板，也不便于船板的拆卸出水，因此，我们从实际出发，依托船体本身纵横结构的特性，利用现有基线，采取分区发掘的方式，即在南北基线5米、10米和15米处垂直拉设东西向水平基线各1条，长度均为15米，将沉船遗址分成自南向北的8个区域进行发掘。发掘中，由广州打捞局配合考古队，采取高氧轻潜和KMB管供相结合的潜水方式，通过人工搬运、气压抽泥并辅以高压水炮冲刷的方法，将"小白礁Ⅰ号"沉船船体以上压顶的沙袋搬移，填缝的泥沙抽离，覆盖的石板起吊出水，全面清理临时性回填保护层和船体以上的埋藏堆积。对工作中发现的重要遗迹遗物现象和主要发掘过程做好相应的文字、测绘、拍照和录像等记录工作。

（2）船载遗物出水

小件船载遗物在完成必要的文字、测绘、拍照和录像等记录后，直接由水下工作人员用塑料小筐或网兜提取出水。石板材由于体积较大、重量较沉、数量较多，使用量身定制的起吊框配合起吊设备起吊出水（图版一一，1）。

（3）水下资料采集

揭开船体后，开展水下摄影摄像、水下测量绘图、水下声呐三维扫描和相关文字记录等信息资料的采集工作，在此基础上，开展船体结构的辨识、定名工作，对每块船材分门别类编号，并采集船材、舱料、水体、微生物、沉积物等鉴定检测样品。

为了客观全面地拍摄记录沉船遗址现况、各种遗物遗迹现象，记录水下发掘、现场保护及相关流程，并做好图片、影像资料收集、保存工作，考古队专门制定了"小白礁Ⅰ号"沉船遗址发掘摄影摄像工作方案。此次摄影摄像所用器材为佳能EOS 5D MarkⅡ全画幅单反相机、索尼PMW-EXIR数码摄像机，并配备了Sea&Sea水下闪光灯、Light & Motion sola 4000 Vidoe light 4000水下摄影照明灯。

水下测绘分两种，一种是人工实测（图版一一，2），依托永久基点测绘水下遗存平、剖面图，主要包括沉船总平面图、沿四条基线方向的剖面图、船体分层平面图、船体结构图、遗物分布图等，各测点数据的采集测量，主要是利用基线测量相对于基点的三维坐标数据，没有专门设置测绘控制点。草图测绘比例为1∶20，电脑制矢量图比例为1∶1，细节部分参照了摄影绘图法。另一种是仪器测绘，使用高精度声呐设备Blue View BV5000进行水下三维测绘，测量点云数据，生成三维数字模型，不需要依托永久基点。

采集的水下样品包括文物标本和环境标本两类。文物标本包括船体不同部位不同种类的船材样品、舱料、出水的陶瓷、金属等类的典型器物等；环境标本包括遗址表面不同位置和遗址上方不同深度的海水样品、地层和周边堆积的柱状沉积物（主要是泥沙和贝类等）样品以及船体不同部位上的各类附着物等。

（4）船体编号

"小白礁Ⅰ号"沉船船体南艉北艏浅埋于海床之下，地势南高北低，埋藏南浅北深，从南往北发掘推进较为便利，残存船体自上而下有隔舱板、铺舱板、舷侧肋骨、舱底肋骨、内层船壳板、龙骨、外层船壳板等不同构件。根据这种情况，对船体构件按照"自上而下、由外（东西两侧）及内（中心龙骨）、分门别类、逐件编号"的原则进行编号。同时，考虑到以英文或拼音首字母加阿拉伯数字命名的传统编号方法不够直观，将来整理资料时也容易产生误解，因此，在发掘中尽量采用汉字名称中的关键字加阿拉伯数字的命名方法。例如，船底肋骨从船艉向船艏依次编号为肋东1、肋东2……；船壳板分层、分侧、按列、逐件编号，若某列船壳板由若干船体构件组成，则从船艏向船艉按列依次逐件编号，如壳西4-1/3、壳西4-2/3、壳西4-3/3……。沉船主体周边的零散船材按发现先后依次编采集号，并注明采集位置。

此外，龙骨左侧的船壳板用黑字编号，右侧的船壳板用红字编号，以便于区别辨认。所有编号标牌使用色彩醒目的天蓝色塑料薄板制作，编号时用防水油性笔书写在标牌上，再用透明胶带密封防止字迹模糊、褪色；同时，为确保所有船材出水后上下、前后与左右空间关系一致，我们统一在每个编号左侧加注箭头标志，所有标牌上的编号字体一致朝上、箭头一致向北（船艏），用不锈钢钉钉牢在每件船材的正上方（上表面），且每件船材至少钉有两个相同的编号标牌以防缺损或丢失。

（5）船体拆卸

在完成水下测绘、摄影、摄像和编号工作的基础上，按照"自上而下、分门别类、以龙骨为中心、从艉至艏、由外及内"的方式逐块拆卸船材。具体实施时，先自上而下、由南往北依次拆卸隔舱板、铺舱板、肋骨等横向船材，再从左右两侧向中心龙骨由南向北、自上而下成列拆卸船壳板等纵向船材，最后分段拆卸龙骨，并在拆卸过程中特别注意各船材上下、左右、前后之间的连（搭）接方式等空间结构。拆卸船材时，我们先按照上述方法试验性完成西部断裂的小部分船体拆卸工作，为东部断裂的大部分船体拆卸积累经验。由于水下能见度有限，船壳板之间的接缝难以在水底直观辨认清楚，也无法逐块编号，不能盲目拆卸出水，对此，在水下每间隔约2米横向平行在每列船壳板上钉上临时标牌（图版一一，3），以保证船壳板出水后在工作船上能够快速按照临时标牌完成整体拼对复原，然后按照既定的编号方式正式逐块编号，难题就此迎刃而解。

（6）船板出水

完成水下资料采集、船板编号拆卸后，制作托架起吊船板。先根据起吊船材的尺寸大小，使用镀锌管焊接制作数个不同规格、凹槽状的托架，托架悬浮在遗址一侧，托架两侧有绳索控制托架位置，以免托架在海底拖曳危及沉船安全，将待起吊的船材在海底固定到托架上起吊（图版一一，4），船材抵达水面由吊臂移至工程船上进行下步工序。由于主龙骨体量较大，且长而扁薄，故另行设计有针对性的起吊方式（图版一一，5），确保其顺利、安全出水。

（7）水上资料采集

船材起吊到海上工程船后，首先进行编号登记和必要的现场文物保护，然后进入拍照录像、近景摄影获取正摄影像、三维激光扫描获取数字模型、测量绘图、图表记录、文字描述、建档造册、信息登录等流水化作业程序，每道作业程序环环相扣，在特定区域配备专职人员负责完成。

（8）资料管理

此次发掘时，专门为"小白礁Ⅰ号"沉船遗址量身定制了出水文物数字化管理系统，实现了"小白礁Ⅰ号"沉船遗址水下考古发掘文字、图纸、照片、视频、三维模型等信息资料的数字化登记录入，也方便了今后的查询、统计、比对、分析与打印、输出等管理工作。

（四）技术创新

水下考古，技术是关键，创新是灵魂。与其他水下考古项目相比，"小白礁Ⅰ号"沉船遗址水下考古尤其是2014年度水下考古发掘，在现代科技应用上有诸多创新之处[50]。

首次采用水下三维声呐设备Blue View BV5000辅助进行水底测绘工作，获取了"小白礁Ⅰ号"沉船遗址海底保存状况的点云数据和三维数字模型（图版一二，1），其测绘精度高达毫米级，还可以按需生成任意角度的各类平面、剖面和立面图。

首次成功运用三维虚拟技术复原沉船在海底的保存现状。通过对每件船材的三维激光扫描（图版一二，2）和正射影像采集，建立每件船材的三维模型与二维线图（包括平面、剖面和立面图），以及龙骨、桅座、典型肋骨、典型隔舱板、典型船壳板等关键船体构件的三维模型交互软件。在此基础上，三维虚拟复原"小白礁Ⅰ号"沉船在海底的保存现状，并根据复原研究成果，以模型为基础数据，编辑船体营造过程视频，从而科学、直观地再现"小白礁Ⅰ号"沉船。

首次成功构建水下考古现场三维展示系统。通过六旋翼飞机的精准航拍，获取了渔山列岛与水下考古现场正摄影像、空中鸟瞰图、空中全景等信息，构建了水下考古现场三维展示系统，实现了对水下考古现场的数字化管理与三维立体展示。

成功开发首个专用的出水文物数字化管理系统。此次发掘时，我们专门为"小白礁Ⅰ号"沉船遗址量身定制了出水文物数字化管理系统，实现了"小白礁Ⅰ号"沉船遗址水下考古发掘文字、图纸、照片、视频、三维模型等信息资料的数字化登记录入，也方便了今后的查询、统计、比对、分析与打印、输出等管理工作。

首次全程使用水下高清摄像头配合水下流速流向仪，实时监测"小白礁Ⅰ号"沉船遗址所在海域的水下能见度、悬浮物、流速、流向等动态水况，据此合理调度部署水下作业。若海况良好，则优先安排水下摄影、摄像、测绘、钉编号标牌等细致性工作；若海况较差，则安排抽沙、拆卸、搬运、起吊等粗放型工作。这样既保障了工作质量，也提高了工作效率，效果十分明显。

以上现代科技手段的综合运用与创新融合，有力推进了"小白礁Ⅰ号"沉船遗址水下考古工作按时、保质、高效完成，取得了良好成效。

第三章　沉船遗迹

"小白礁 I 号"沉船遗址紧临北渔山岛小白礁岩体北侧海底（图版一三），中心地理坐标为东经122°14′40.132′、北纬28°53′06.322″。

第一节　埋藏环境

"小白礁 I 号"沉船遗址所在海域水质较为清澈，水下能见度较好。同时，受小白礁、大白礁的挡护和周围岛礁的影响，此处终日水流较为缓慢。

"小白礁 I 号"沉船遗址所在海床表面为海蛎壳夹泥沙底，南高北低，遗址依海床地势大体呈南北走向（图版一四，1），南部水深约18～22米（低平潮～高平潮），北部水深约20～24米（低平潮～高平潮）。

为了进一步了解掌握沉船遗址的埋藏环境，水下考古队先后与浙江大学、中山大学等合作开展了水体、沉积物、微生物、海洋附着物等样品的采集提取与分析研究工作。

水体样品在沉船遗址表面南、中、北部各采集1份，并在沉船遗址南端上方每隔3米深度采集1份，用以检测其钾离子、钠离子、钙离子、镁离子、硝酸根、硫酸根、pH等理化参数（表二），并据此进行水环境指标及质量评价（表三）。

表二　"小白礁 I 号"沉船遗址水样检测报告表　（单位/mg·L⁻¹）

样品采集位置	检测项目								
	ρ（钾）	ρ（钠）	ρ（钙）	ρ（镁）	ρ（硝酸根）	ρ（氯根）	ρ（硫酸根）	ρ（磷酸根）	pH
南部	433	9910	373	1174	15.1	17139	2440	<0.05	8.1
中部	436	9980	376	1182	15.2	18949	2480	<0.05	8.2
中部	436	9980	376	1182	15.2	18949	2480	<0.05	8.2
3米	372	8720	336	1040	14.0	16571	2100	<0.05	8.3
6米	381	8780	336	1046	14.0	17103	2235	<0.05	8.3

样品采集位置	检测项目								
	ρ（钾）	ρ（钠）	ρ（钙）	ρ（镁）	ρ（硝酸根）	ρ（氯根）	ρ（硫酸根）	ρ（磷酸根）	pH
9米	390	9020	348	1084	14.4	17565	2300	<0.05	8.3
12米	438	10060	374	1188	14.5	18559	2540	<0.05	8.2
15米	433	10090	382	1192	14.7	16501	2540	<0.05	8.1

注：ρ表示浓度，是质量与体积的比值，ρ =m/v。

表三　"小白礁 I 号"沉船遗址水环境指标及质量评价表

检测项目	检测值变化范围（mg/L）	单项质量结论
化学耗氧量	0.86 ~ 0.94	一类
无机氮	0.40 ~ 1.02	一类
氨氮	0.322 ~ 0.73	无标准
硝酸盐	0.046 ~ 0.188	无标准
亚硝酸盐	0.010 ~ 0.015	无标准
活性磷酸盐	0.082 ~ 0.096	四类
生化需氧量	<2	一类
硫化物	0.0039 ~ 0.048	一类
汞	0.000183 ~ 0.00242	四类
镉	<1	一类
铅	0.003 ~ 0.004	三类
六价铬	<0.004	一类
总铬	0.016 ~ 0.036	一类
砷	0.0008	一类
铜	0.001 ~ 0.002	一类
锌	0.054 ~ 0.058	二类

沉积物样品为采集的"小白礁 I 号"沉船遗址不同平面位置和不同深度中的泥沙和贝类等，沉船遗址南、中、北部分别从东侧到西侧各采集3份，沉船东部石板、西部底板等特殊位置采集6份，共15份样品。通过检测沉积物及其上清液的理化参数（表四、表五），分析沉船遗址的海底埋藏环境。

表四　"小白礁Ⅰ号"沉船遗址沉积物检测报告表

样品名称	检测项目					
	ω（有机质）$/10^{-2}$	ω（二价铁）$/10^{-2}$	ω（三价铁）$/10^{-2}$	ω（硫化物）$/10^{-6}$	ω（总有机碳）$/10^{-2}$	pH
沉积物1	1.1	0.32	1.02	<5.0	0.63	8.5
沉积物2	1.4	0.67	1.69	<5.0	0.80	8.4
沉积物3	2.1	1.19	3.33	<5.0	1.20	8.2
沉积物4	1.3	0.82	2.25	<5.0	0.73	8.5
沉积物5	1.3	0.26	0.64	<5.0	0.73	8.5
沉积物6	1.1	0.58	1.52	<5.0	0.66	8.5
沉积物7	1.3	0.63	1.39	<5.0	0.76	8.5
沉积物8	1.7	0.35	0.80	<5.0	1.01	8.5
沉积物9	1.6	0.68	1.19	<5.0	0.95	8.5
沉积物10	2.3	0.65	1.30	<5.0	1.30	8.6
沉积物11	1.5	0.91	2.42	<5.0	0.88	8.5
沉积物12	1.5	0.86	1.81	<5.0	0.88	8.4
沉积物13	1.6	0.72	1.85	<5.0	0.92	8.4
沉积物14	3.2	0.93	2.13	<5.0	1.90	8.5
沉积物15	1.7	0.18	0.50	<5.0	0.96	8.6

注：ω表示溶液中溶质的质量分数，通常用一个百分数表示。溶质质量分数=（溶质质量/溶液质量）×100%。

表五　"小白礁Ⅰ号"沉船遗址沉积物上清液检测报告表　　（单位/mg·L^{-1}）

样品名称	检测项目						
	ρ（偏硅酸）	ρ（硫酸根）	ρ（硝酸根）	ρ（总磷）	ρ（总氮）	ρ（氨氮）	ρ（磷酸根）
上清液1	5.8	2570	15.6	0.10	4.82	0.61	0.16
上清液2	10.8	2540	14.1	0.11	4.28	1.08	0.22
上清液3	16.0	2560	13.2	0.16	3.73	0.52	0.31
上清液4	10.9	2600	14.5	0.10	4.16	0.99	0.12
上清液5	4.4	2560	14.4	0.06	3.91	0.66	0.07
上清液6	9.5	2520	14.3	0.10	6.20	3.13	0.14
上清液7	10.3	2350	14.3	0.10	3.70	0.38	0.12

样品名称	检测项目						
	ρ（偏硅酸）	ρ（硫酸根）	ρ（硝酸根）	ρ（总磷）	ρ（总氮）	ρ（氨氮）	ρ（磷酸根）
上清液 8	3.5	2430	14.3	0.07	5.50	2.01	0.09
上清液 9	7.4	2540	15.3	0.10	6.58	3.04	0.17
上清液 10	4.4	2440	14.0	0.06	3.53	0.54	<0.05
上清液 11	10.8	2365	13.6	0.12	4.66	1.55	0.14
上清液 12	9.2	2570	13.7	0.12	3.62	0.54	0.19
上清液 13	8.4	2580	14.1	0.11	5.46	1.50	0.17
上清液 14	4.7	2560	14.1	0.08	5.71	2.43	0.12
上清液 15	3.5	2560	13.9	0.07	3.94	0.61	0.08

注：ρ 表示浓度，是质量与体积的比值，ρ =m/v。

以上水样、上清液和沉积物的分析结果显示，"小白礁 I 号"沉船遗址处于含盐量高、有机质含量丰富的偏碱性水环境中。除氯根外，还存在多种酸根离子，如硝酸根、硫酸根、磷酸根、偏硅酸等，它们会与水环境中的钾、钙、钠、镁等阳离子形成以NaCl为主的多种盐类。

同时，选取了不同船体构件类型的木材样品，在无菌条件下去除表面部分，取中间部分样品用于提取总DNA，并利用高通量测序技术进行分析，了解了沉船部分木质文物中的微生物生长情况（表六）。

表六　"小白礁 I 号"沉船木质样品中细菌属水平上的分布

样品名称	OTUs	细菌属的数量	代表菌的种属
壳西1-1/2	1449	94	栖砂杆菌属（*Arenibacter*）、螺旋体属（*Spirochaeta*）、假海源杆菌属（*Pseudidiomarina*）和拟杆菌属（*Bacteroides*）
壳西2-1/2	30	5	多氏柔发菌（*Flexithrix dorotheae*）和里德拜特氏菌属（*Leadbetterella*）
壳西5-1/2	1515	97	栖砂杆菌属、表面交替红色杆菌（*Altererythrobacter epoxidivorans*）、假海源杆菌属、螺旋体属和盐硫小杆菌属（*Halothiobacillus*）
壳西9-1/2	7193	188	嗜酸新鞘氨醇菌（*Novosphingobium acidiphilum*）和DWL3I2浮霉状菌（*Planctomycete*）
壳西10-2/4	854	67	脂环酸芽孢杆菌属（*Alicyclobacillus*）、脱硫球菌属（*Desulfococcus*）、红游动菌属（*Rhodoplanes*）和假海源杆菌属

续表

样品名称	OTUs	细菌属的数量	代表菌的种属
肋东17	1931	106	盐硫小杆菌属、多氏柔发菌、里德拜特氏菌属和黏液盐懒惰菌（*Salipiger mucosus*）
肋东18	7308	203	十八杆菌属（*Octadecabacter*）、DWL3I2浮霉状菌和表面交替红色杆菌
肋西3	7238	198	丙酸海洋栖藻菌（*Algidimarina propionica*）、铁氧化脂环酸芽孢杆菌（*Alicyclobacillus ferrooxydans*）；盐硫小杆菌属和螺旋体属
铺舱板3	22	4	多氏柔发菌和里德拜特氏菌属
铺舱板7	961	72	氧化硫单胞菌属（*Sulfurimonas*）和副球菌属（*Paracoccus*）

注：OTUs（Operational taxonomic units）为微生物学研究中最常见术语之一。通常将所有的序列按照97%的序列相似性进行OTU的挑选。一般认为，1个OTU可代表1个生物种。

通过检测，在10个木材样品中，去掉singleton OTUs后，共获得24568个OTUs，表明木材中微生物在物种水平上的多样性极高。所有样品中均有厌氧的梭菌及脱硫菌。在细菌属的鉴定上，共检测出细菌属354个，其中丰度较高的细菌属有41个，另有丰度较低的细菌属313个。在所有检测到的细菌中，浮霉状菌、里德拜特氏菌、柔发菌（*Flexithrix*）在全部受检样品中均存在；红色杆菌属（*Erythrobacter*）、交替红色杆菌和脱硫念珠菌（*Desulfomonile*）分别在9个受试样品中出现。从细菌生理学特性角度看，好氧菌和厌氧菌的同时出现反映了"小白礁Ⅰ号"沉船遗址的水环境比较复杂。

此外，通过对"小白礁Ⅰ号"沉船遗址部分出水器物及船体构件上海洋附着物的形态学比对分析，初步发现了4类优势附着生物，分别为软体动物牡蛎、甲壳动物藤壶、苔藓动物苔藓虫、多毛类动物盘管虫（图版一四，2~5），还发现了椿蚶、雕刻拟蚶、海笋、水虱、船蛆、无疣结海虫、蛇尾等海生物[51]，这些海洋附着物也是了解、复原沉船埋藏环境的重要资料。

第二节　遗址堆积

"小白礁Ⅰ号"沉船遗址平面近似椭圆形，南北最长约23米，东西最宽约11.2米，分布面积约215平方米。遗址主体堆积为一艘木质沉船残骸和石板、陶瓷、金属器等各类遗物。船体南端（船艉）有部分船材裸露在海床表面，中部（船舯）和北部（船艏）浅埋于海床之下，埋藏南浅北深。石板有五列，位于遗址中部偏南

（即船体中后部），南北向互相倾斜叠靠，其上部露出海床表面5~10厘米，东西两列长约8.5米，中间三列长约5米，每列石板均为一层，其下即为船体残骸。

沉船遗址以船体残骸为界，船体以上堆积是船沉后逐渐淤积覆盖形成的，厚0~60厘米，多数地方厚约20厘米；堆积为黄色粗沙夹大块的海蛎壳，个别地方几乎不见沙层，全为海蛎壳堆积，近底部泥沙含量渐多。船体以下堆积是船沉前的海床表面，为粗沙粒层，夹有少量贝壳碎片（图八）。

第三节　船体遗迹

"小白礁Ⅰ号"沉船方向为北偏东10°，南艉北艏，南高北低，船体上层和船舷等高出海床表面构件已不存，仅存船体底部，残长约20.35米，残宽约7.85米。残存的船底部分也因饱受海流的冲刷、激荡、侵蚀而崩解、摊散、断裂为东西两半，东半部分长约20.35米，宽约4.86米，西半部分长约20米，宽约3.18米；残存的船体构件主要有龙骨、肋骨、隔舱板、铺舱板、船壳板以及各类补强板、补强材、扶强材等236件，主龙骨及其邻近两侧内层船壳板底面还有一层较薄的外层船壳板（图九；图版一五；附表）。

"小白礁Ⅰ号"沉船下沉后，由于船体所处的原始海床表面为粗沙夹贝壳，底质较硬，不利于船体的沉降和掩埋，导致船体上层和船舷等高出海床表面的构件被冲刷、侵蚀殆尽，仅残存船体底部。沉船残骸艉部暴露于海床表面，长期遭受海水的侵蚀和海底生物的噬食，木材降解和糟朽程度严重，质地松软、强度脆弱、色泽加深，还可见许多裂纹和一些海底生物腐蚀的痕迹；沉船残骸舯部有石板叠压覆盖，沉船残骸艏部有泥沙贝壳掩埋，整体保存状况较好。

第四节　器物分布

除船体构件外，"小白礁Ⅰ号"沉船遗址共计出水器物1064件，其中2008年16件，2009年474件，2012年123件，2014年451件。主要包括青花瓷、五彩瓷、酱釉陶、紫砂陶、金属器、铜钱、印章、砚台底座、毛笔以及宁波本地产的石板材等，以青花瓷、五彩瓷和石板材为多。

"小白礁Ⅰ号"沉船遗址出水的缠枝花卉纹弧腹青花瓷碗多发现于船体中前

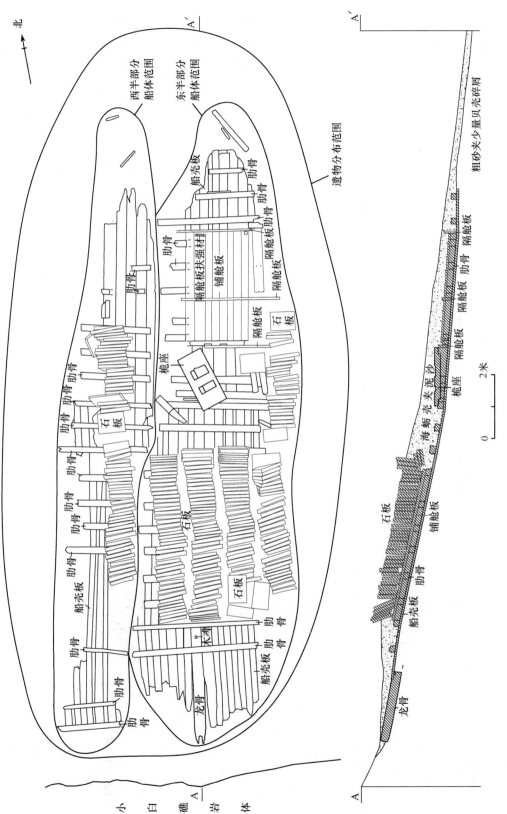

图八 "小白礁 I 号"沉船遗址平、剖面图（2012年发掘实测）

部，尤其是在船艉肋东21与肋东22之间成排成摞整齐码放，斜腹青花瓷碗多分布于船体西侧中后部的肋西9与肋西6之间，青花瓷豆散布于船体西侧；五彩瓷器多分布于船体西侧中部的肋西14与肋西17之间；陶器散布于船体南侧即船体尾部；金属器散布于整个遗址；铜钱多分布于肋东20与肋东21之间；石板材主要集中分布于船体中部，中部靠后位置分布五列，五列石板自西向东平均分布，中部靠前分布两列，分别位于船体东西两侧；其他遗物散布于整个遗址。

　　暴露在海床表面的器物表面附有沉积物、锈蚀物、海生物残骸或活体生物，掩埋在泥沙下的器物保存较好，大多光亮如新。五彩瓷器因海水浸泡、侵蚀，大多颜料脱落严重、色彩斑驳、图案模糊。

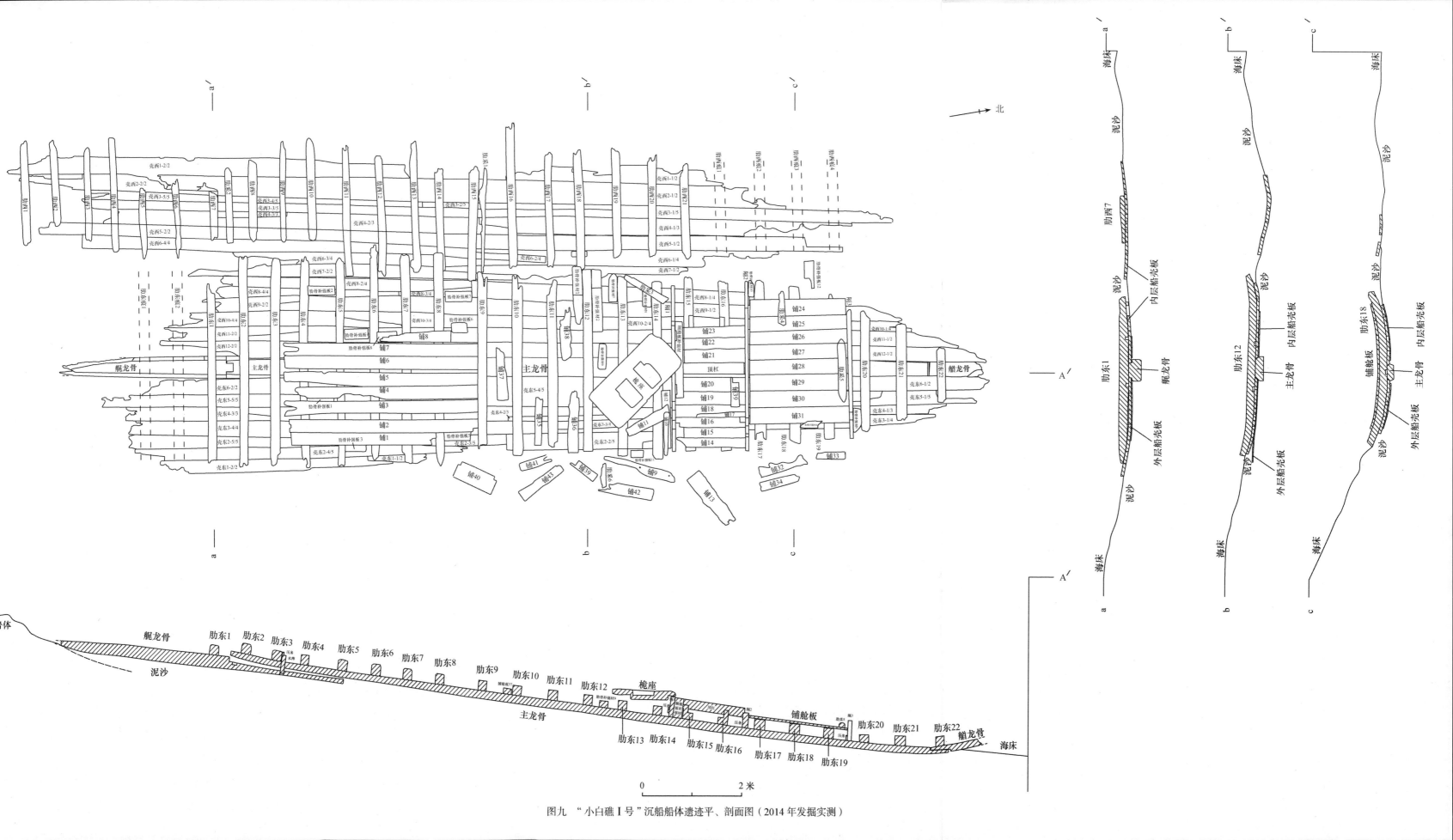

图九 "小白礁Ⅰ号"沉船船体遗迹平、剖面图（2014年发掘实测）

第四章 出水遗物

"小白礁Ⅰ号"沉船遗址出水遗物包括船体构件和出水器物两类。

第一节 船体构件

"小白礁Ⅰ号"沉船船体构件全部发掘出水,除了少数损毁严重的小块船材未编号外,共计编号236件。其中龙骨3件,肋骨及相关构件73件,船壳板94件,舱室构件65件,桅座1件(表七;附表)。

现分类介绍船体构件。需要特别指出的是,在描述船体构件时,方位信息依据船体结构及沉船走向而定,即船长方向为纵向,船宽方向为横向;船艏向为前(北),船艉向为后(南),船体左舷为左(西),船体右舷为右(东)。所有编号标牌都钉在每件船体构件的上表面,所有编号标牌都标注有箭头,箭头均指向船艏(北)。

表七 "小白礁Ⅰ号"出水船体构件分类统计表

序号	类别/数量	名称/数量	编号
1	龙骨/3件	艏龙骨/1件	龙1
		主龙骨/1件	龙2
		艉龙骨/1件	龙3
2	肋骨及相关构件/73件	船底肋骨/22件	肋东1~肋东22
		舷侧肋骨/21件	肋西1~肋西21
		肋骨补强材/12件	肋骨补强材1~肋骨补强材12
		肋骨补强板/12件	肋骨补强板1~肋骨补强板12
		肋骨残件/6件	肋采1~肋采6
3	船壳板/94件	内层船壳板/18列55件	左侧12列34件:壳西1-1/2、壳西1-2/2,壳西2-1/2、壳西2-2/2,壳西3-1/5~壳西3-5/5,壳西4-1/3~壳西4-3/3,壳西5-1/2、壳西5-2/2,壳西6-1/4~壳西6-4/4,壳西7-1/2、壳西7-2/2,壳西8-1/4~壳西8-4/4,壳西9-1/2、壳西9-2/2,壳西10-1/4~壳西10-4/4,壳西11-1/2、壳西11-2/2,壳西12-1/2、壳西12-2/2

序号	类别/数量	名称/数量	编号
3	船壳板/94件	内层船壳板/18列55件	右侧6列21件：壳东1-1/2、壳东1-2/2，壳东2-1/5～壳东2-5/5，壳东3-1/4～壳东3-4/4，壳东4-1/3～壳东4-3/3，壳东5-1/5～壳东5-5/5，壳东6-1/2、壳东6-2/2
		外层船壳板/13列39件	左侧5列14件：壳西下1-1/1，壳西下2-1/2、壳西下2-2/2，壳西下3-1/4～壳西下3-4/4，壳西下4-1/4～壳西下4-4/4，壳西下5-1/3～壳西下5-3/3
			主龙骨下1列3件：主龙骨下1-1/3～主龙骨下1-3/3
			右侧共7列22件：壳东下1-1/1，壳东下2-1/2、壳东下2-2/2，壳东下3-1/3～壳东下3-3/3，壳东下4-1/4～壳东下4-4/4，壳东下5-1/4～壳东下5-4/4，壳东下6-1/4～壳东下6-4/4，壳东下7-1/4～壳东下7-4/4
4	舱室构件/65件	隔舱板/3件	隔1～隔3
		铺舱板/43件	铺1～铺43
		隔舱板补强材/1件	隔舱板补强材
		隔舱板扶强材/2件	隔舱板扶强材1～隔舱板扶强材2
		顶杠/1件	顶杠
		压条/15件	压1～压15
5	桅座/1件	桅座/1件	桅座
合计		236件	

一、龙　骨

龙骨由主龙骨、艏龙骨、艉龙骨三段连接而成，整体厚度较薄，尤其是主龙骨更为扁平单薄。

（一）形状结构

1. 艏龙骨

编号龙1（图一○；图版一六）。实为艏柱。头部残。近似舌状，略翘起，尾

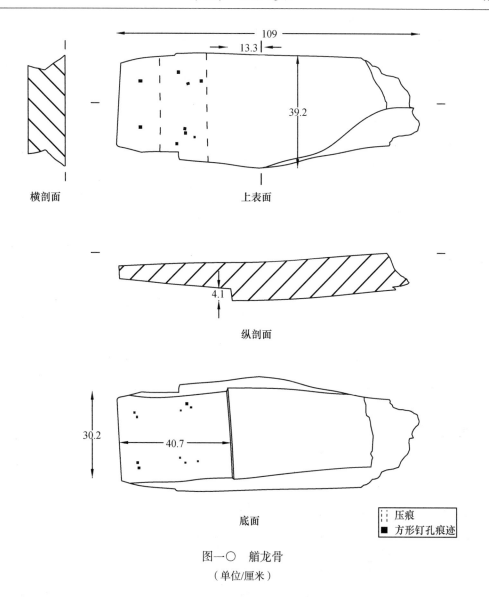

横剖面   上表面

纵剖面

底面

　　　压痕
■ 方形钉孔痕迹

图一〇 艄龙骨
（单位/厘米）

部两侧略内收。残长109、宽39.2、厚13.3厘米。

　　艄龙骨左右两侧面有企口，企口内残留较多条块状舱料，可见少量钉孔痕迹
（图版一六，2）。尾部有与主龙骨头部搭接的直角企口，开于艄龙骨下方，企口
长40.7、宽30.2、高4.1厘米，企口表面可见4处密集方形钉孔痕迹，方向有朝上的
也有朝下的，数量分别为3、3、2、2个（从左往右、从头到尾）。

　　艄龙骨上表面尾部可见肋东22压痕，还有4处密集方形钉孔痕迹，方向有朝上
的也有朝下的，数量分别为3、4、1、1个（从左往右、从头到尾）（图版一六，
1）。底面头部残留有片状舱料（图版一六，3）。

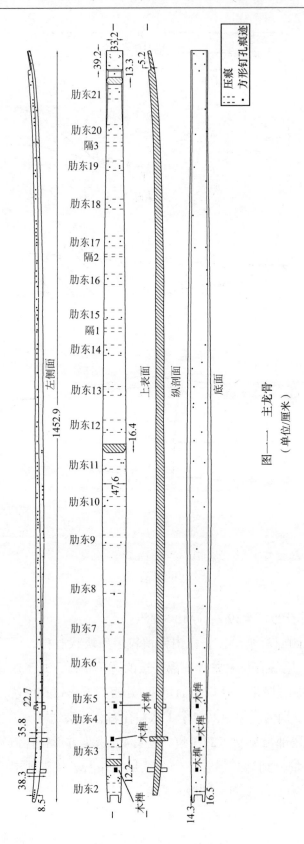

图—— 主龙骨
（单位/厘米）

2. 主龙骨

编号龙2（图一一；图版一七）。基本完整。整体为长条形扁平状；头尾略起翘，头尾稍窄稍薄，向中部渐宽渐厚；横断面头部为两端凸出的矩形，中部呈倒梯形，尾部为矩形。长1452.9、最宽处47.6、最厚处16.4厘米。

主龙骨头部为直角企口，开于主龙骨上方，企口长39.2、宽33.2、高5.2厘米；可见4处密集方形钉孔痕迹，方向有朝上的也有朝下的，数量分别为3、3、2、2个（从左往右、从头到尾）（图版一七，4）。

主龙骨尾部为方形凹槽，槽深14.3、宽16.5、高8.5厘米。在凹槽的前部有三根矩形大木榫，从后到前的长度分别为38.3、35.8、22.7厘米，上面分别高出主龙骨上表面14.2、13、4厘米，下面分别突出主龙骨底面12、11、6厘米；三根木榫均为上大下小，上表面尺寸约为8厘米×6厘米，底面尺寸约为7厘米×5厘米（图版一七，5）。

主龙骨上表面可见各道船底肋骨和隔舱板的压痕及方形船钉钉连的痕迹，部分肋位之间有较完整的大片舱料，在局部位置还有少量与龙骨翼板连接的铲形钉孔痕迹（图版一七，6）。

主龙骨左右两侧面上沿可见大量铲形钉孔痕迹，多分布在肋位之间，也有少量分布在船底肋骨或隔舱板的压痕之下；每个肋位之间的钉孔痕迹数量多为5或6个，间距多为4.5~6厘米（图版一七，1）。另外，主龙骨左右两侧残存大量舱料。

主龙骨底面可见较多钉痕，残留有较多片状舱料（图版一七，3）。

3. 艉龙骨

编号龙3（图一二；图版一八）。尾部残。整体平直，下沿略内收。残长585.5、最宽处43.4、最厚处25.5厘米。

艉龙骨前半段是与主龙骨尾端搭接的部位，从前往后由薄渐厚，长250.9、宽43.4、厚8.9~16.3厘米。搭接处尾端中部有凸榫，长16.5、宽14、高9厘米；凸榫前方6.8厘米处有一方形槽，长9.2、宽8.8、深4.5厘米（图版一八，5）；槽内放置两片直径4.1、厚0.1厘米的圆形铅片，可能与造船习俗有关。方形槽前方排列三个贯通的矩形榫孔，长7、宽5厘米，与主龙骨上的三根矩形大木榫相对应，后两个榫孔的后侧均有两个贯通的圆孔，孔径2厘米。艉龙骨前半段上表面两侧边沿有与主龙骨及龙骨翼板搭接的痕迹。

艉龙骨后半段长期暴露在海床表面，腐蚀较严重，尾部残，粗壮厚实，横断面呈"凸"字形，残长334.6、宽42.6、厚25.5厘米。上表面两侧开有长企口，应是用于搭接、钉连龙骨翼板的；企口残长约300、宽8、高6厘米；企口表面可见大量方形钉孔痕迹，间距10~25厘米（图版一八，4）。左侧面开有一方形立槽，宽9.5、高10.3、深7厘米；槽内有上下排列的两个圆孔，孔径1.5、深约7厘米，此槽疑为装配龙骨吊[52]的下端槽口（图版一八，6）。

整段艉龙骨左右两侧面下沿均可见方形钉孔痕迹，钉距差别较大，有20、25、30、45、70、80厘米等；底面中前部可见些许钉孔痕迹；后部可见少量舱料残留。

（二）连接方式

三段龙骨搭接后残存全长为1861厘米。主龙骨在艉龙骨之上，并有木榫的连接方式有别于我国传统造船工艺采用的方式。

主龙骨与艏龙骨为直角企口搭接。艏龙骨在上，企口长40.7、宽30.2、高4.1厘米；主龙骨在下，企口长39.2、宽33.2、高5.2厘米；在搭接处用多枚方形船钉按四方上下钉固，并在企口前半部装有一根肋骨（肋东22，其底面中部有浅凹槽与艏龙骨相扣），未见补强材、铁箍、蘑菇钉。

主龙骨与艉龙骨采用凹凸定位榫搭接。主龙骨在上，有方形凹槽，槽深14.3、宽16.5、高8.5厘米；艉龙骨在下，有方形凸榫，榫长16.5、宽14、高9厘米；接口长250.9、宽43.4厘米，连接时用三根矩形大木榫从上方楔入，上大下小。在楔入连接部位附近也钉有四根较大的船钉，未见铁包箍（图一三）。

二、肋骨及相关构件

73件。其中，船底肋骨22件、舷侧肋骨21件、肋骨残件6件、肋骨补强材12件、肋骨补强板12件（图一四；附表）。

（一）形状结构

1. 船底肋骨

22件。从船艉到船艏，依次编号为肋东1~肋东22。均位于船体中线，其中，船艏和部分船舯的船底肋骨（肋东9~肋东22）垂直钉连于龙骨之上，往船艉方向

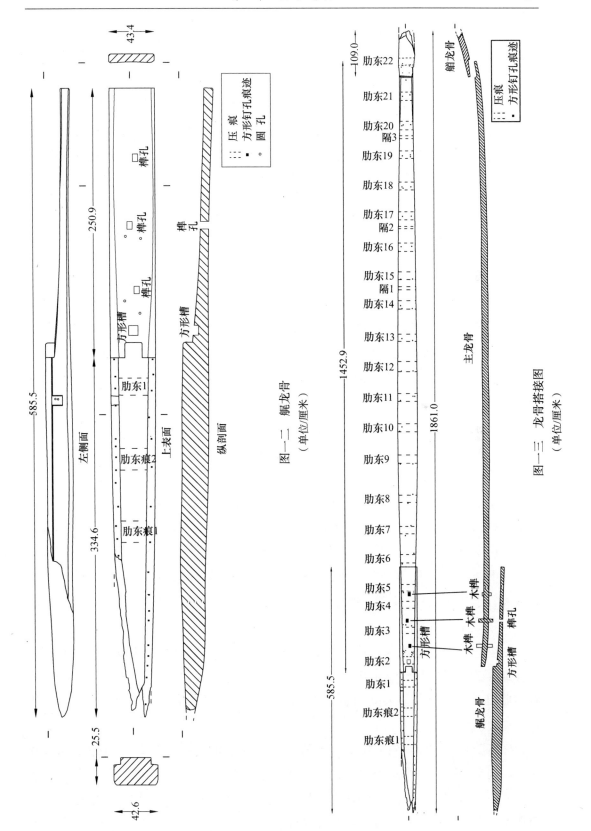

图一二　艉龙骨
（单位/厘米）

图一三　龙骨搭接图
（单位/厘米）

的船底肋骨（肋东1~肋东8）则不与龙骨钉连。大多船底肋骨保存较好、形体较粗壮。上表面及前后侧面有少量方形钉孔痕迹，底面有大量方形钉孔痕迹。左右端面多有残损，大多加工成方形，也有个别为尖状。大多长280~420、宽16~21、厚15~20厘米，前后间距以40~60厘米为多。位于船艉和船舯的肋骨（肋东1~肋东15）较平直，两端略弧，有两个流水孔，往船艏方向的肋骨（肋东16~肋东22）弧度渐增，流水孔减为一个。流水孔均为矩形，同一肋骨上的流水孔大小基本一致，不同肋骨上的流水孔大小不一。肋东15和肋东16上沿中部开有长槽。此外，根据残存内层船壳板的钉痕分布情况，肋东1（现存最后端船底肋骨）往船艉方向还可辨有两道船底肋骨的痕迹（图一四；表八；附表）。

现举例简介如下。

标本肋东8　左端略残，主体基本完整。中间较平直，两端略起翘，两端加工为尖形。残长418.5、宽16.8、厚17厘米。底部左右两侧各有一个矩形流水孔，宽分别为9.2、5.5厘米，高分别为4.9、3.9厘米，间距98.1厘米。左右流水孔的前后两侧面均有2个方形钉孔痕迹，底面有大量方形钉孔痕迹（图一五，1；图版一九）。

标本肋东15　左端残，主体基本完整。中间较平直，两端略起翘，右端加工为方形。残长343、宽20、厚16.7厘米。底部左右两侧各有一个矩形流水孔，宽分别为6.2、7.8厘米，高分别为3.8、3.1厘米，间距79.9厘米。上沿中部前侧开有长槽，长187.2、宽9.1、深6.1厘米。上表面中部有四枚方形船钉从上往下与主龙骨钉固，底面有大量方形钉孔痕迹（图一五，2；图版二○）。

标本肋东16　左端残，主体基本完整。中间较平直，两端起翘，右端加工为方形。残长335、宽19.1、厚16.5厘米。底部中间有一个矩形流水孔，宽8.9、高2厘米。上沿中部后侧开有长槽，长186.5、宽10.7、深6厘米。上表面中部有两枚方形船钉从上往下与主龙骨钉固，左右两端可见少量方形钉孔痕迹；底面有大量方形钉孔痕迹，中部左侧有一枚方形船钉由主龙骨底面从下往上钉固（图一五，3；图版二一）。

标本肋东21　两端残。弧状，中部略折，两端起翘。残长190.7、宽20.6、厚14.9厘米。底部中间有一个矩形流水孔，尺寸为8.9、3厘米。上表面中部有两枚方形船钉从上往下与主龙骨钉固，底面有大量方形钉孔痕迹（图一五，4；图版二二）。

标本肋东22　两端残。中部上下削平，两端折翘。残长108.2、宽16.8、厚13.4厘米。底部中间有一个矩形流水孔，尺寸为8、3.5厘米。上表面中部有两枚方形船钉从上往下与艏龙骨钉固，后侧面中部有两枚方形船钉从上往下与艏龙骨钉固，底面有大量方形钉孔痕迹（图一五，5；图版二三）。

表八　"小白礁Ⅰ号"沉船船底肋骨一览表

序号	编号	尺寸/厘米			流水孔		端面加工形制	保存状况	与后侧肋骨间距/厘米	连接方式	
		长	宽	厚	孔宽×孔高/厘米	间距/厘米				与龙骨连接方式	与内层船壳板连接方式
1	肋东痕1	—	—	—	—	—	—	—	—		
2	肋东痕2	—	—	—	—	—	—	—	45		
3	肋东1	352.6	17.2	18.5	左：72×6.1 右：71×6.1	86.7	—	两端残，表面腐蚀严重	50	与舭骨不钉连	
4	肋东2	415.1	17.5	16.5	左：53×4.5 右：52×4.7	88.7	—	两端残，上部腐蚀严重	55		
5	肋东3	408.3	19	19	左：88×3.9 右：7.9×4	89.8	—	两端残	45		从内层船壳板底面由下往上钉入肋骨大量方形船钉
6	肋东4	415.5	16.3	16.7	左：73×3.3 右：67×3.3	93.5	—	两端残	40	与主龙骨钉连	
7	肋东5	409.3	14.3	17	左：71×4.1 右：78×4.4	94.6	—	两端略残	50		
8	肋东6	423.6	18.5	15.9	左：5.1×4.9 右：5.4×5	96.8	—	两端略残	45		
9	肋东7	411	20.8	14.5	左：3.9×4 右：5.5×5	99.8	—	两端略残	43		
10	肋东8	418.5	16.8	17	左：9.2×4.9 右：5.5×3.9	98.1	左端：尖形 右端：尖形	左端略残	47		
11	肋东9	348	18.3	17.9	左：8.6×3 右：9.4×3.9	78.6	—	两端残	70	从上表面由上往下钉入主龙骨两枚方形船钉	

续表

序号	编号	长	宽	厚	孔宽×孔高/厘米	间距/厘米	端面加工形制	保存状况	与后侧肋骨间距/厘米	与龙骨连接方式	与内层船壳板连接方式
12	肋东10	354.6	21.6	17.2	左：8.1×3.8 右：9.5×3.9	79.3	右端：方形	左端残	50	从主龙骨底面左侧由下住上钉入肋骨一枚方形船钉	
13	肋东11	329.7	18.4	13.8	左：7.5×2.5 右：7.7×3.4	81.3	—	两端残，上沿腐蚀	50	从主龙骨底面右侧由下住上钉入肋骨一枚方形船钉；从上表面由上往下钉入主龙骨两枚方形船钉	
14	肋东12	356.9	19.2	15.8	左：8.1×3.6 右：9.4×2.7	81.4	左端：方形 右端：方形	基本完整	50	从主龙骨底面左侧由下住上钉入肋骨一枚方形船钉	
15	肋东13	352.3	20.3	15.1	左：7.7×2.9 右：5.8×3.4	83.5	左端：方形 右端：方形	基本完整	50	从主龙骨底面右侧由下住上钉入肋骨一枚方形船钉	
16	肋东14	349.9	20.3	16.1	左：8.2×4.2 右：8×3.9	78	左端：方形 右端：方形	基本完整	50	从主龙骨底面左侧由下住上钉入肋骨一枚方形船钉	
17	肋东15	343	20	16.7	左：6.2×3.8 右：7.8×3.1	79.9	右端：方形	左端残	50	从主龙骨底面左侧由下住上钉入肋骨四枚方形船钉	从内层船壳底面由下住上钉入肋骨大量方形船钉
18	肋东16	335	19.1	16.5	8.9×2	—	右端：方形	左端残	50	从主龙骨底面右侧由下住上钉入肋骨一枚方形船钉	
19	肋东17	313.5	24.1	15.6	9×3.8	—	右端：方形	左端残，右端开裂	50	从主龙骨底面左侧由下住上钉入肋骨一枚方形船钉；从上表面由上住下钉入主龙骨两枚方形船钉	
20	肋东18	307.3	19.3	17.5	6.1×4	—	右端：方形	左端残	50	从主龙骨底面右侧由下住上钉入肋骨一枚方形船钉	
21	肋东19	283.9	19.7	17.1	7.2×2.9	—	右端：方形	左端残	55	从主龙骨底面左侧由下住上钉入肋骨一枚方形船钉	
22	肋东20	237.8	17.5	14.6	5.6×6	—		两端残	50	从主龙骨底面右侧由下住上钉入肋骨一枚方形船钉	
23	肋东21	190.7	20.6	14.9	8.9×3	—		两端残	50	从上表面由上住下钉入主龙骨两枚方形船钉	
24	肋东22	108.2	16.8	13.4	8×3.5	—		两端残	55	从上表面由上住下分别钉入艏龙骨两枚方形船钉	

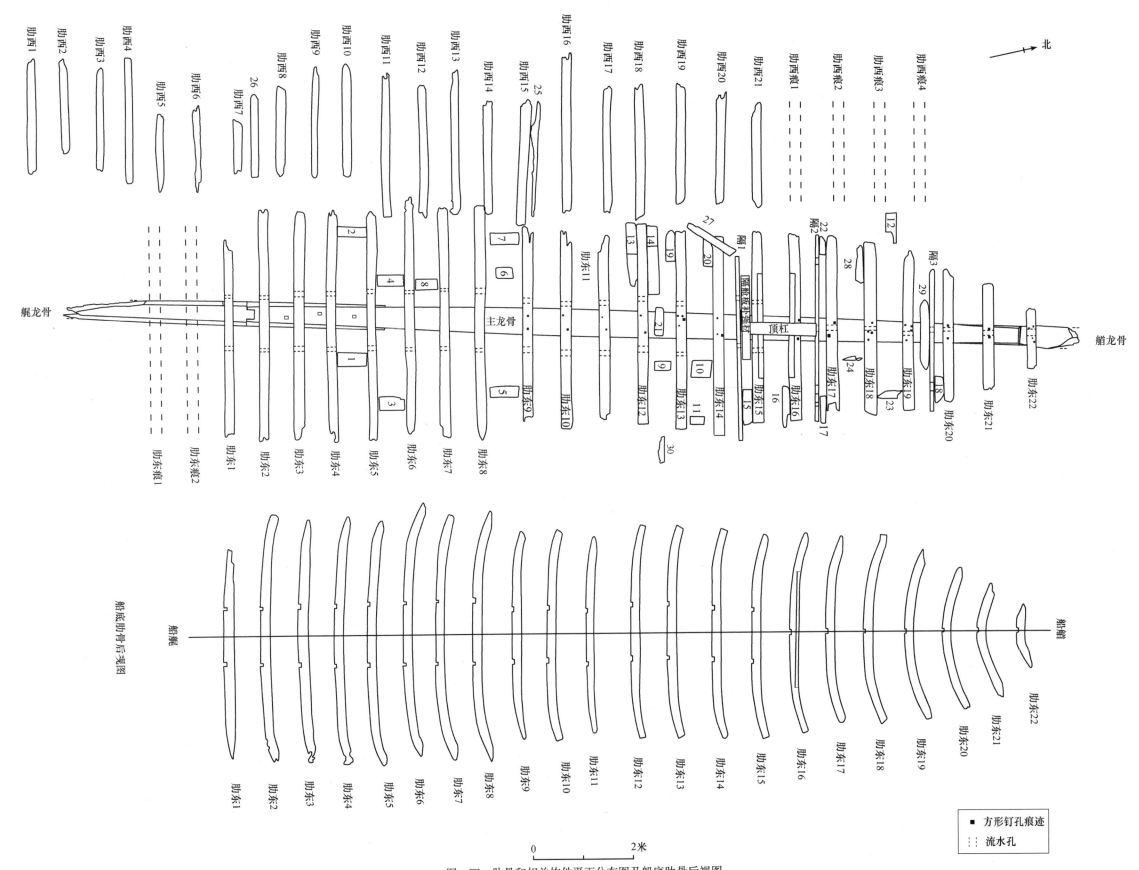

图一四　肋骨和相关构件平面分布图及船底肋骨后视图

1~12.肋骨补强板1~肋骨补强板12　13~24.肋骨补强材1~肋骨补强材12　25~30.肋采1~肋采6

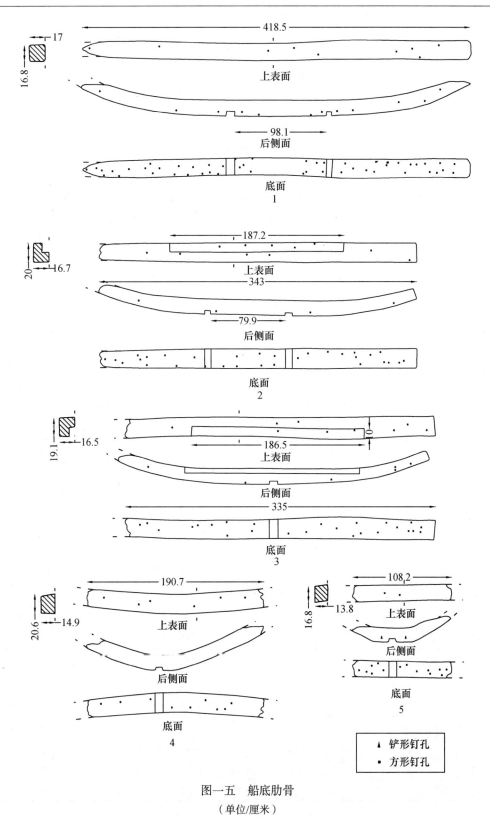

图一五　船底肋骨

（单位/厘米）

1.肋东8　2.肋东15　3.肋东16　4.肋东21　5.肋东22

2. 舷侧肋骨

21件。从船艉至船艏，依次编号为肋西1～肋西21。均位于船体左侧，紧贴船体，弧度较大，垂直钉连于船壳板之上。保存状况较差，损毁严重。上表面及底面有大量方形钉孔痕迹，前后侧面有少量方形钉孔痕迹。左右端面多残损难辨。舷侧肋骨较船底肋骨短，大多长100～280、宽11～17、厚10～17厘米，前后间距以40～60厘米为多。无流水孔。另外，根据残存内层船壳板的钉痕分布情况，肋西21（现存最前端舷侧肋骨）往船艏方向还可辨有四道舷侧肋骨的痕迹（图一四；表九；附表）。

表九　"小白礁 I 号" 舷侧肋骨一览表

序号	编号	尺寸/厘米			端面加工形制	保存状况	与后侧肋骨间距/厘米	备注
		长	宽	厚				
1	肋西1	206.2	15.4	14.4	—	两端残		—
2	肋西2	169.5	14.6	16.1		残损严重	50	
3	肋西3	184.6	11.6	11.8	—	残损严重	46	—
4	肋西4	222.4	12.8	13.1		两端残	47	
5	肋西5	139.4	14.3	12	—	残损严重	38	与肋东痕1对应
6	肋西6	155.2	11.4	12		残损严重	47	与肋东痕2对应
7	肋西7	105.7	14.1	8.7		残损严重	50	与肋东1对应
8	肋西8	161.4	16.3	12.4		残损严重	55	与肋东2对应
9	肋西9	197.9	12.1	9.3		残损严重	45	与肋东3对应
10	肋西10	197.9	15	10.2	—	两端残	45	与肋东4对应
11	肋西11	257.2	15	14.2		左端残	55	与肋东5对应
12	肋西12	237	15.5	12.9	右端：尖形	左端残	47	与肋东6对应
13	肋西13	258.2	14.2	12.4	右端：尖形	左端残	45	与肋东7对应
14	肋西14	202.5	15.6	13.8		两端残	45	与肋东8对应
15	肋西15	221.4	13.1	10.6		两端残	45	与肋东9对应
16	肋西16	285.9	17.8	12.8		两端残	50	与肋东10对应
17	肋西17	236.4	14.5	14		两端残	55	与肋东11对应
18	肋西18	242.7	18.3	17.3		两端残	52	与肋东12对应
19	肋西19	208	17.4	13.6		两端残，断为两截	53	与肋东13对应
20	肋西20	201.7	15.7	10.8	—	两端残	50	与肋东14对应

续表

序号	编号	尺寸/厘米			端面加工形制	保存状况	与后侧肋骨间距/厘米	备注
		长	宽	厚				
21	肋西21	188.6	17.3	12.5	—	两端残	50	与肋东15对应
22	肋西痕1	—	—	—	—	—	50	与肋东16对应
23	肋西痕2	—	—	—	—	—	55	与肋东17对应
24	肋西痕3	—	—	—	—	—	50	与肋东18对应
25	肋西痕4	—	—	—	—	—	50	与肋东19对应

现举例简介如下。

标本肋西13（原编号为肋西11）　左端残。圆弧状，右端加工为尖形。残长258.2、宽14.2、厚12.4厘米。上表面及底面均有大量方形钉孔痕迹（图一六，1；图版二四）。

标本肋西20（原编号为肋西18）　两端残。圆弧状。残长201.7、宽15.7、厚10.8厘米。左端削有凹槽，残长29.5、深6厘米。上表面及底面均有大量方形钉孔痕迹（图一六，2；图版二五）。

3. 肋骨残件

6件。分别编号为肋采1～肋采6。除上述船底肋骨和舷侧肋骨外，还在沉船遗址表面采集到一些散落的肋骨残件，损毁多较严重，形制、尺寸各异（图一四；附表）。

4. 肋骨补强材

12件。分别编号为肋骨补强材1～肋骨补强材12。大多形状不一，尺寸差别较大，残损较严重。表面有方形钉孔痕迹。大多位于船底肋骨两端侧面，靠近船底肋骨与舷侧肋骨的连接处，用于横向连接加固船底肋骨和舷侧肋骨（图一四；附表）。

现择要简介如下。

标本肋骨补强材1　位于肋东12左端后侧，左邻肋西18，下压内层船壳板。右端略残，基本完整。右端挖槽，侧面近似钩形。残长112.8、宽17.7、最厚处17厘米。上表面右端可见3个贯通的方形钉孔痕迹；后侧面左端有1个方形钉孔痕迹，方

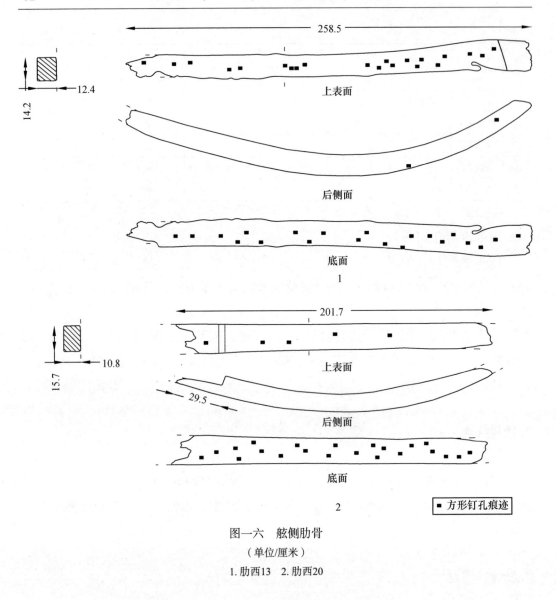

图一六　舷侧肋骨
（单位/厘米）
1. 肋西13　2. 肋西20

向应为从后往前（图一七，1）。

标本肋骨补强材2（原编号为肋东13补强材）　位于肋东12左端前侧，左邻肋西18，下压内层船壳板。右端挖槽，侧面近似钩形。基本完整。长121.5、宽19.8、最厚处14.7厘米。上表面右端可见4个钉孔痕迹；前侧面左端有1个方形钉孔痕迹，方向应为从前往后（图一七，2；图版二六，1~3）。

标本肋骨补强材3　紧贴于肋东15右端和隔舱板1右端之间，上有铺舱板，下压内层船壳板。左端基本完整，右端残损严重，仅剩局部。略弯曲，左端呈方形。残长62.8、宽17.2、厚10.9厘米。上表面及侧面无钉痕；底面可见4个方形钉孔痕迹，方向为从下往上，应从内层船壳板钉入（图一七，3）。

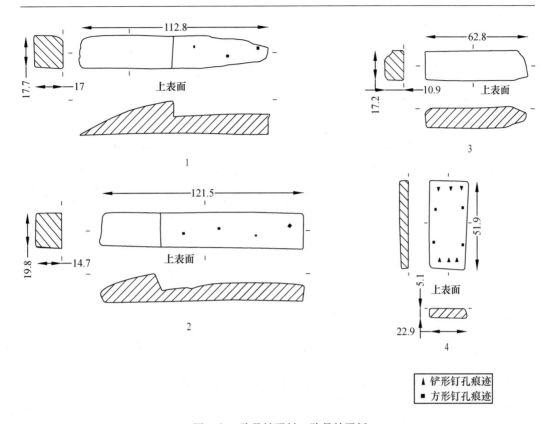

图一七　肋骨补强材、肋骨补强板

（单位/厘米）

1.肋骨补强材1　2.肋骨补强材2　3.肋骨补强材3　4.肋骨补强板1

5.肋骨补强板

12件。分别编号为肋骨补强板1～肋骨补强板12。多夹于前后相邻的船底肋骨之间，叠放于内层船壳板之上，起到顶撑固定肋骨的辅助作用。基本完整。长方形或近似长方形。大多长40～55、宽15～25、厚4～6厘米。上表面及侧面有铲形钉孔痕迹或方形钉孔痕迹，所有钉孔痕迹均用舱料封护（图一四；附表）。例如，标本肋骨补强板1，夹于肋东4与肋东5之间。长方形，两侧下沿略内收。上表面前后两端各有3个铲形钉孔痕迹，钉往相邻侧面；左右两侧各有2个方形钉孔痕迹，从上往下斜钉；所有钉孔痕迹均用舱料封护。长51.9、宽22.9、厚5.1厘米（图一七，4；图版二六，4～7）。

（二）连接方式

1. 船底肋骨与龙骨的连接方式

肋东1直接压在艉龙骨上，与其不钉连；肋东2～肋东8直接压在主龙骨上，与主龙骨不钉连；肋东9～肋东14、肋东16～肋东21基本是用两枚大方形船钉从肋骨上表面中部由上往下钉入主龙骨，钉距多在20厘米左右，有的部位也设有小木桩的定位榫，肋东15则用四枚方形船钉由上往下钉入主龙骨；肋东22设在艉龙骨与主龙骨的搭接处，除用两枚方形船钉由上往下钉入艉龙骨外，还在其后侧面中部用两枚方形船钉由上往下钉入。与龙骨钉连的船底肋骨，大多数还可见用一枚船钉由下往上从主龙骨底面左侧或右侧依次间隔钉入的情况。

2. 船底肋骨与舷侧肋骨的连接

由于未见沉船右侧舷侧肋骨，左侧舷侧肋骨虽有所保存，但大多腐蚀较严重，且左侧船体已在舷侧肋骨与船底肋骨的连接处即左侧舭部位置断裂摊散，故依靠现有迹象，很难观察推断其确切的连接方式。

3. 肋骨与船壳板的连接

包括船底肋骨、舷侧肋骨在内的所有肋骨与内层船壳板的连接都是使用方形船钉从内层船壳板底面向内钉入，每列船壳板多为三四枚船钉。在每列船壳板的接头处用钉较多，可达六七枚。钉孔痕迹截面边长1.3、深18～20厘米。肋骨底部及钉孔痕迹均用艌料封护。在部分肋骨与内层船壳板的连接处或附近还设有小木桩（图版二六，8）。

肋骨与外层船壳板无钉连。

4. 肋骨补强材的连接

肋骨补强材与内层船壳板的连接大多是使用方形船钉从内层船壳板底面向内钉入。

肋骨补强材与外层船壳板无钉连。

目前发现的有确切出水位置的肋骨补强材大多紧贴在相应船底肋骨左端或右端的后侧面（图版二六，9），部分肋骨补强材与相邻的船底肋骨或隔舱板之间用船钉钉连，如肋骨补强材6，分别有一枚船钉从前面的肋东20、后面的隔3钉入。

5. 肋骨补强板的连接

肋骨补强板前后两端分别与相邻两道肋骨钉固，每端用三~五枚铲形船钉。有些在其左右两侧还有方形钉孔痕迹，即用方形船钉钉向其下的内层船壳板。

三、船 壳 板

94件。包括内层船壳板和外层船壳板。

（一）形状结构

1. 内层船壳板

18列55件。龙骨左侧有12列34件，龙骨右侧有6列21件。其中，紧贴于龙骨两侧的第一列内层船壳板为龙骨翼板。每列内层船壳板由若干块船板拼接而成，残存2~5块；每块船板长宽厚薄不一，大多长400~800、宽20~33、厚4~5.5厘米，其中最长者达1480.7厘米，最短者仅71.5厘米。内层船壳板的端接缝有滑肩同口和平面同口两种，边接缝均为平面对接。每件船壳板上表面均有肋骨及相关构件的压痕与方形钉孔痕迹，两侧还有大量往左或往右的铲形钉孔痕迹，底面覆盖舱料（图一八；表一〇；附表）。

（1）龙骨翼板

位于龙骨左右两侧的第一列内层船壳板，发掘列号分别为壳西12、壳东6。

壳西12（左侧龙骨翼板） 2件。由船艏至船艉依次编号为壳西12-1/2、壳西12-2/2。

壳西12-1/2 左侧龙骨翼板首段。头部残。头部翘起往右略弯曲，尾部为滑肩同口，同口长96.4厘米。残长约1114.3、宽29.2、厚5.5厘米。上表面有15处肋骨的压痕及方形钉孔痕迹、3处隔舱板的压痕及方形钉孔痕迹（图一九，1）。

壳西12-2/2 左侧龙骨翼板尾段。尾部残。略弯，头部为滑肩同口，同口长

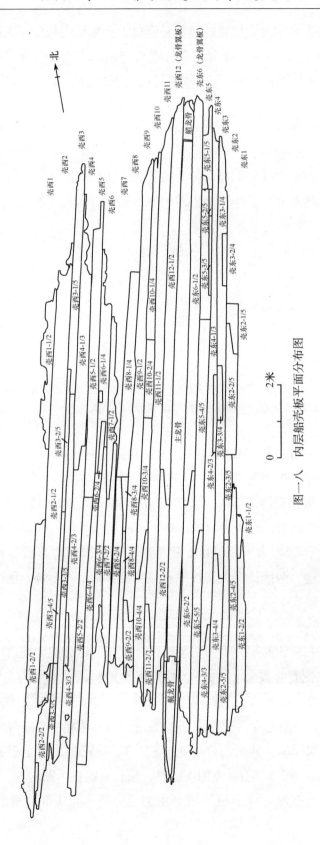

图一八　内层船壳板平面分布图

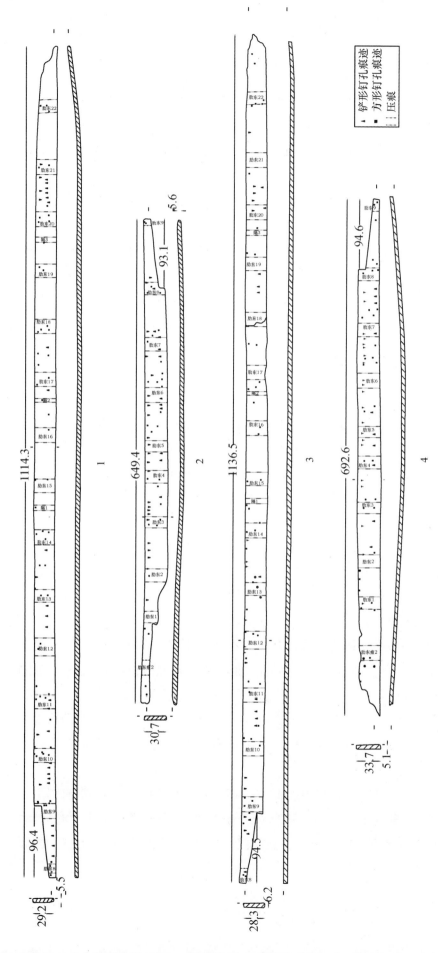

图一九 龙骨翼板
（单位/厘米）

1.壳西12-1/2　2.壳西12-2/2　3.壳东6-1/2　4.壳东6-2/2

93.1厘米。残长约649.4、宽30.7、厚5.6厘米。上表面有10处肋骨的压痕及方形钉孔痕迹（图一九，2）。

　　壳东6（右侧龙骨翼板）　　2件。由船艏至船艉依次编号为壳东6-1/2、壳东6-2/2。

　　壳东6-1/2　　右侧龙骨翼板首段。头部残并断为两截。头部翘起往左略弯曲，尾部为滑肩同口，同口长94.5厘米。总残长约1136.5、宽28.3、厚6.2厘米。上表面有15处肋骨的压痕及方形钉孔痕迹、3处隔舱板的压痕及方形钉孔痕迹（图一九，3）。

　　壳东6-2/2　　右侧龙骨翼板尾段。尾部残。略弯，头部为滑肩同口，同口长94.6厘米。残长约692.6、宽33.7、厚5.1厘米。上表面有10处肋骨的压痕及方形钉孔痕迹（图一九，4）。

　　（2）其他内层船壳板

　　由龙骨翼板向两侧排列，左侧存11列，右侧存5列，按照发掘先后顺序、由外向内依次编号，左侧编号为壳西1～壳西11，右侧编号为壳东1～壳东5。个别为较短、较窄的长方形木条，内嵌于较长的内层船壳板的两侧面，如壳西3-2/5、壳西3-4/5、壳西4-3/3、壳西6-2/4、壳东3-2/4、壳东3-3/4、壳东4-2/3、壳东5-2/5、壳东5-3/5等（图一八）。

　　现举例简介如下。

　　标本壳西4-3/3　　位于壳西4列后部，内嵌于壳西4-2/3中部左侧。基本完整。较平直，头尾两端均为平面同口。长143.7、宽8.6、厚3.5厘米。上表面有3处与肋骨连接的压痕及方形钉孔痕迹，尾部有少量往左的铲形船钉钉孔痕迹（图二○，2；图版二七、图版二八）。

　　标本壳西8-1/4　　为壳西8列首段。基本完整。较平直，头尾两端均为平面同口。长562.9、宽29.7、厚5厘米。上表面有8处肋骨的压痕及方形钉孔痕迹、2处隔舱板的压痕及方形钉孔痕迹（图二○，1；图版二九）。

　　标本壳西10-2/4　　位于壳西10列中前部。基本完整。较平直，头尾两端均为平面同口。长212.2、宽33.6、厚4.9厘米。上表面有4处肋骨的压痕及方形钉孔痕迹（图二○，3；图版三○）。

　　标本壳东2-2/5　　位于壳东2列中前部。基本完整。较平直，头部为滑肩同口，同口长83.3厘米；尾部为平面同口。长358.5、宽31.4、厚5厘米。上表面有5处肋骨的压痕及方形钉孔痕迹、1处隔舱板的压痕及方形钉孔痕迹（图二○，4；图版三一）。

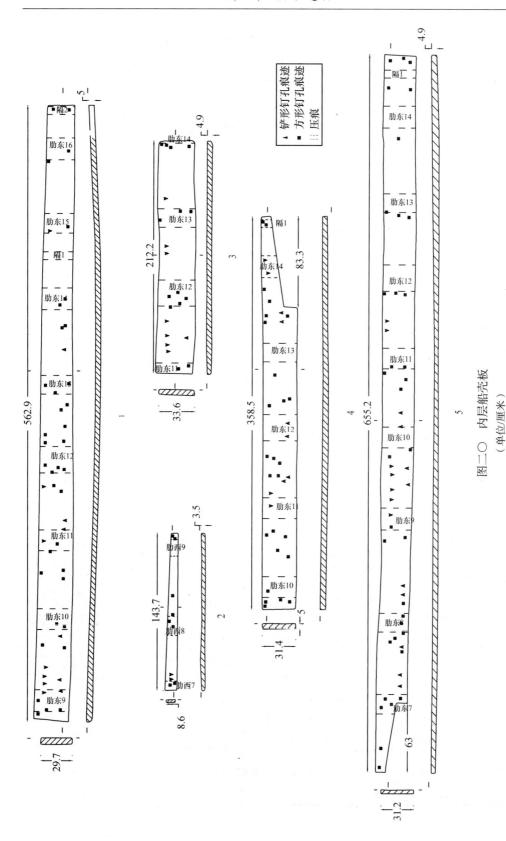

图二〇 内层船壳板

（单位/厘米）

1. 壳西8-1/4　2. 壳西4-3/3　3. 壳西10-2/4　4. 壳东2-2/5　5. 壳东5-4/5

标本壳东5-4/5 位于壳东5列中部。基本完整。略弯，头部为平面同口，尾部为滑肩同口，同口长63厘米。长655.2、宽31.2、厚4.9厘米。上表面有8处肋骨的压痕及方形钉孔痕迹、1处隔舱板的压痕及方形钉孔痕迹（图二〇，5）。

表一〇 "小白礁Ⅰ号"沉船内层船壳板一览表

| 序号 | 列号 | 编号 | 尺寸/厘米 | | | 端接缝 | | 边接缝 | 完残程度 |
			长	宽	厚	接口类型	接口长度/厘米		
					龙骨左侧/12列34件				
1	壳西1	壳西1-1/2	439.5	35.5	5.4	—	—		残损严重
2		壳西1-2/2	813.9	34.2	4.8	—	—		头尾均残
3	壳西2	壳西2-1/2	1175	40.2	5.7	—	—		头尾残，断为五截
4		壳西2-2/2	323.6	33.8	3.2	—	—		基本完整
5	壳西3	壳西3-1/5	628.2	24.4	3.4	尾部滑肩同口	69.7		头部残
6		壳西3-2/5	389.8	15.3	4.2	头部平面同口 尾部平面同口	—		基本完整
7		壳西3-3/5	1012.3	24	5	头部平面同口	—		尾部残，断为三截
8		壳西3-4/5	415.7	16.1	5.2	头部平面同口 尾部平面同口	—		基本完整
9		壳西3-5/5	266.4	24.6	4.3	头部平面同口	—		尾部残
10	壳西4	壳西4-1/3	751.6	36.3	3.8	尾部滑肩同口	64.1	平面对接	头部残，断为两截
11		壳西4-2/3	825.4	28	5.2	头部滑肩同口	64.8		尾部残，断为两截
12		壳西4-3/3	143.7	8.6	3.5	头部平面同口 尾部平面同口	—		基本完整
13	壳西5	壳西5-1/2	808	29.3	4.4	尾部平面同口	—		头部残，断为两截
14		壳西5-2/2	820.6	22.4	5.7	头部平面同口	—		尾部残
15	壳西6	壳西6-1/4	612.7	30.5	4.4	尾部平面同口	—		头部残，断为三截
16		壳西6-2/4	142.3	11.3	5.5	头部平面同口 尾部平面同口	—		基本完整
17		壳西6-3/4	567.3	23.3	4.1	头部平面同口	—		尾部残
18		壳西6-4/4	798.9	29.7	4.7	头部平面同口	—		尾部残

续表

序号	列号	编　号	尺寸/厘米			端接缝		边接缝	完残程度
			长	宽	厚	接口类型	接口长度/厘米		
龙骨左侧/12列34件									
19	壳西7	壳西7-1/2	499	27.3	4.2	尾部滑肩同口	154.4	平面对接	头部及中部右侧残
20		壳西7-2/2	667.1	26.5	4.7	头部滑肩同口	153.4		尾部残，中部开裂
21	壳西8	壳西8-1/4	562.9	29.7	5	头部平面同口尾部平面同口	—		基本完整
22		壳西8-2/4	509.7	23.2	4.2	头部平面同口	—		尾部残
23		壳西8-3/4	146.5	16.7	4.6	头部平面同口尾部平面同口	—		基本完整
24		壳西8-4/4	370.4	18.1	4.2	头部平面同口	—		尾部残
25	壳西9	壳西9-1/2	1265.7	29.3	4.2	尾部滑肩同口	57.6		头部残，断为两截
26		壳西9-2/2	210.8	27.2	5	头部滑肩同口	58		尾部残
27	壳西10	壳西10-1/4	513	33.8	4.7	头部平面同口	—		头部残，断为两截
28		壳西10-2/4	212.2	33.6	4.9	头部平面同口尾部平面同口	—		基本完整
29		壳西10-3/4	441.8	28.0	6.0	头部平面同口尾部滑肩同口	—134.4		基本完整
30		壳西10-4/4	467	30.4	5.3	头部滑肩同口	127.7		尾部残
31	壳西11	壳西11-1/2	1480.7	26.9	2.6	尾部滑肩同口	127.5		头部残，断为两截
32		壳西11-2/2	264.1	26.5	4.9	头部滑肩同口	126.3		尾部残
33	壳西12（左侧龙骨翼板）	壳西12-1/2	1114.3	29.2	5.5	尾部滑肩同口	96.4		头部残
34		壳西12-2/2	649.4	30.7	5.6	头部滑肩同口	93.1		尾部残
龙骨右侧/6列21件									
35	壳东1	壳东1-1/2	118	18.1	5	尾部滑肩同口	50.1	平面对接	头部残
36		壳东1-2/2	472.8	26.1	4	头部滑肩同口	50.8		右侧及尾部残

续表

序号	列号	编号	尺寸/厘米			端接缝		边接缝	完残程度
			长	宽	厚	接口类型	接口长度/厘米		
龙骨右侧/6列21件									
37		壳东2-1/5	136	28.5	5	头部平面同口	—		尾部稍残
						尾部滑肩同口	82.5		
38		壳东2-2/5	358.5	31.4	5	头部滑肩同口	83.3		基本完整
						尾部平面同口	—		
39	壳东2	壳东2-3/5	233.6	20.2	5.2	头部平面同口 尾部平面同口	—		头部稍残
40		壳东2-4/5	675.6	22.1	5.4	头部平面同口	—		头部稍残
						尾部滑肩同口	59.1		
41		壳东2-5/5	533	18	4.6	头部平面同口	—		尾部残
42		壳东3-1/4	1186.6	31.9	4.2	尾部滑肩同口	47		头部残，断为三截，有一处补漏
43	壳东3	壳东3-2/4	138.4	14.2	4.7	头部平面同口 尾部平面同口	—		基本完整
44		壳东3-3/4	147.6	17.7	4.9	头部平面同口 尾部平面同口	—	平面对接	基本完整
45		壳东3-4/4	495.5	30.3	5.6	头部滑肩同口	68.2		尾部残
46		壳东4-1/3	1456.9	30.3	4.1	尾部滑肩同口	70.5		头部残，断为四截，有两处补漏
47	壳东4	壳东4-2/3	213.4	14.4	4.5	头部平面同口 尾部平面同口	—		基本完整
48		壳东4-3/3	279.6	25.5	4.5	头部滑肩同口	70.3		尾部残
49		壳东5-1/5	727.2	31.3	5.3	尾部平面同口	—		头部残，断为三截
50		壳东5-2/5	71.5	13	4.7	头部平面同口 尾部平面同口	—		基本完整
51	壳东5	壳东5-3/5	218	10	5	头部平面同口 尾部平面同口	—		基本完整
52		壳东5-4/5	655.2	31.2	4.9	头部平面同口	—		基本完整
						尾部滑肩同口	63		
53		壳东5-5/5	596.7	29.9	4.9	头部滑肩同口	62.4		尾部残

序号	列号	编号	尺寸/厘米			端接缝		边接缝	完残程度
			长	宽	厚	接口类型	接口长度/厘米		
龙骨右侧/6列21件									
54	壳东6（右侧龙骨翼板）	壳东6-1/2	1136.5	28.3	6.2	尾部滑肩同口	94.5	平面对接	头部残并断为两截
55		壳东6-2/2	692.6	33.7	5.1	头部滑肩同口	94.6		尾部残

2. 外层船壳板

13列39件。集中位于主龙骨底面局部以及靠近龙骨两侧的内层船壳板下方。其中，主龙骨下1列3块，龙骨左侧5列14块，龙骨右侧7列22块。按照发掘先后顺序、由外向内依次编号，龙骨左侧编号为壳西下1~壳西下5，龙骨右侧编号为壳东下1~壳东下7。每列外层船壳板由若干块船板拼接而成，残存1~4块；每块船板均为长条形薄板，大多长180~500、宽20~30、厚1.5~2.5厘米，其中最长者达815.7厘米，最短者仅51.6厘米。外层船壳板的端接缝均为平面同口，边接缝均为平面对接。每块外层船壳板上表面可见大量方形钉孔痕迹，错落分布在左右两侧，间距多为20~30厘米，局部有艌料及植物纤维残留（图二一；表一一；附表）。

现举例简介如下。

标本主龙骨下1-1/3 位于主龙骨底面中部。基本完整。长方形薄板。长343、宽29.8、厚2厘米（图二二，1；图版三二）。

标本壳东下7-3/4 位于壳东下7列中后部。基本完整。长方形薄板。长446.3、宽22.9、厚3.4厘米（图二二，2；图版三三）。

表一一 "小白礁Ⅰ号"沉船外层船壳板一览表

序号	列号	编号	尺寸/厘米			接缝	完残程度
			长	宽	厚		
主龙骨下/1列3块							
1	主龙骨下1	主龙骨下1-1/3	343	29.8	2	端接缝：平面同口；边接缝：平面对接	基本完整
2		主龙骨下1-2/3	345.2	5.5	2		断为两截
3		主龙骨下1-3/3	51.6	4.8	1.6		残损严重

续表

序号	列号	编号	尺寸/厘米			接缝	完残程度
			长	宽	厚		
龙骨左侧/5列14块							
4	壳西下1	壳西下1-1/1	529.8	17.4	2		头尾残，断为四截
5	壳西下2	壳西下2-1/2	499.3	22.6	2.3		断为两截
6		壳西下2-2/2	529	21.7	2.1		断为两截
7	壳西下3	壳西下3-1/4	240.6	22.7	2.1		头部残
8		壳西下3-2/4	80.2	19.9	2		残损严重
9		壳西下3-3/4	76.8	22.1	2.1	端接缝：平面同口；边接缝：平面对接	残损严重
10		壳西下3-4/4	436.3	25.4	2.6		基本完整
11	壳西下4	壳西下4-1/4	435.7	23.4	2.5		基本完整
12		壳西下4-2/4	378.4	21.3	2.3		尾部残，断为三截
13		壳西下4-3/4	393.8	21.3	2		头部及中部左侧残
14		壳西下4-4/4	187.6	22.7	2.1		尾部残
15	壳西下5	壳西下5-1/3	304	23.4	2.4		头部残
16		壳西下5-2/3	815.7	23.7	1.8		断为两截
17		壳西下5-3/3	219.6	23.8	2.4		尾部残
龙骨右侧/7列22块							
18	壳东下1	壳东下1-1/1	434	23	1.9		断为两截
19	壳东下2	壳东下2-1/2	384.5	24.3	1.4		基本完整
20		壳东下2-2/2	392.6	24.1	3.3		尾部残
21	壳东下3	壳东下3-1/3	374.1	24.5	3.1		基本完整
22		壳东下3-2/3	423	26	1.8		基本完整
23		壳东下3-3/3	176	22.4	3.2	端接缝：平面同口；边接缝：平面对接	尾部残
24	壳东下4	壳东下4-1/4	203.4	22.1	1.6		头部残
25		壳东下4-2/4	443.9	20.9	2.9		基本完整
26		壳东下4-3/4	428.1	21	2.6		断为两截
27		壳东下4-4/4	151.1	22.6	1.5		尾部残
28	壳东下5	壳东下5-1/4	210.3	19.9	2.2		头部残，断为两截
29		壳东下5-2/4	224.6	23.2	2.3		头部残
30		壳东下5-3/4	398.1	23.7	3.7		基本完整
31		壳东下5-4/4	259.9	22.8	3.2		尾部残

续表

序号	列号	编号	尺寸/厘米			接缝	完残程度
			长	宽	厚		
龙骨右侧/7列22块							
32	壳东下6	壳东下6-1/4	380.9	23.3	2.4	端接缝：平面同口；边接缝：平面对接	头部残
33		壳东下6-2/4	380	23.9	2.3		基本完整
34		壳东下6-3/4	397	25	2.2		基本完整
35		壳东下6-4/4	246.9	22.3	1.8		尾部残
36	壳东下7	壳东下7-1/4	441.9	22.5	1.8		基本完整
37		壳东下7-2/4	416.3	21	2		基本完整
38		壳东下7-3/4	446.3	22.9	3.4		基本完整
39		壳东下7-4/4	261.1	23.8	2.5		尾部残

（二）连接方式

1. 龙骨翼板与龙骨的连接

龙骨翼板与龙骨的连接为平面对接或企口搭接，即在龙骨左右两侧面开有对接面或企口，龙骨翼板对接其上（图二三）。

艏龙骨左右两侧下沿开有企口，与龙骨翼板对接并压在其上。艏龙骨及龙骨翼板的上表面未见相互连接的钉痕，根据相邻侧面的钉孔痕迹，似为用少量船钉从龙骨翼板底面斜向上与艏龙骨下沿钉连。

龙骨翼板与主龙骨上表面左右两侧面平面对接，在主龙骨前部为向内倾斜对接，中部及后部则为垂直对接。大多从龙骨翼板上表面使用铲形船钉斜钉入主龙骨侧面，局部也可见从主龙骨上表面斜钉入龙骨翼板侧面的情况。

艉龙骨前半段与主龙骨尾端搭接部位，龙骨翼板与主龙骨尾端平面对接并直接搭压于艉龙骨两侧边缘之上。艉龙骨中后部左右两侧上沿开有长企口，宽8、高6厘米，龙骨翼板搭压其上，用方形船钉从上往下钉固。

龙骨翼板与各段龙骨之间的对接缝均用艌料封护。

2. 内层船壳板之间的连接

包括龙骨翼板在内的所有内层船壳板的端接缝有滑肩同口（图版三四，1）和平面同口（图版三四，2）两种形制。其中，左右两侧龙骨翼板的端接缝均为滑肩

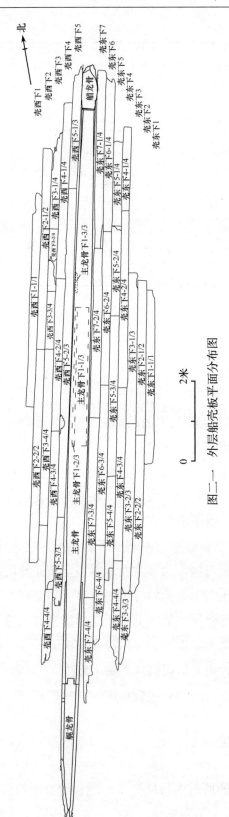

图二一 外层船壳板平面分布图

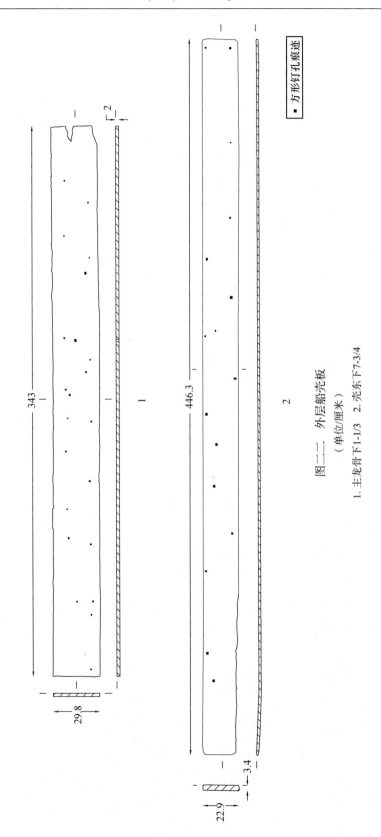

图二二　外层船壳板
（单位/厘米）
1. 主龙骨下 F1-1/3　2. 尧东下 T7-3/4

■ 方形钉孔痕迹

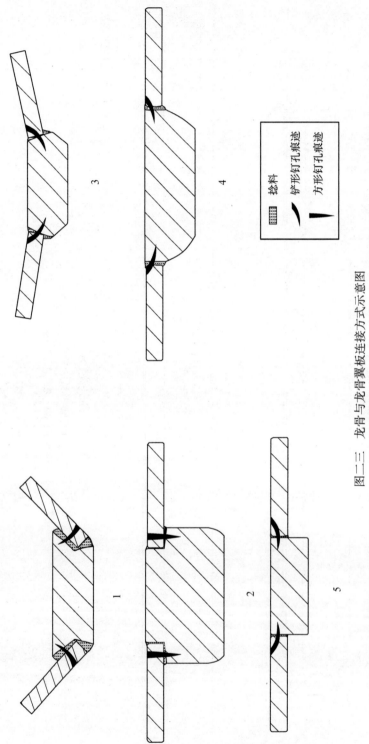

图二三 龙骨与龙骨翼板连接方式示意图

1. 艏龙骨与龙骨翼板连接方式 2. 艉龙骨中后部与龙骨翼板连接方式 3. 主龙骨前部与龙骨翼板连接方式 4. 主龙骨中部与龙骨翼板连接方式
5. 主龙骨后部与龙骨翼板连接方式

同口，同口长约90厘米；其余左侧内层船壳板的端接缝平面同口占多数，右侧内层船壳板的端接缝则以滑肩同口为主。滑肩同口长度不等，有约60、80、90厘米及大于120厘米等。各列内层船壳板的同口交错压在肋骨和隔舱板下面，部分位置接头过于集中，对船体的水密性和强度造成隐患。

所有内层船壳板的边接缝均为平面对接，多在两道肋骨之间以铲形船钉从里向外钉入加固，方向有往左也有往右（图版三四，3、4）。用钉数量不等；其间距大小也不等，经抽查有3.5、4、5、6、6.5、8、8.6、9、9.2、10.5、11、12、16厘米等。铲形船钉长约10厘米，其截面为方形，边长约1厘米。铲形船钉的朝向和间距无明显规律。

各列内层船壳板端接缝和边接缝之间均用艌料封护，底面有较厚的艌料。在多处部位发现船体修补的痕迹，一般用艌料加以密封（图版三四，5、6）。

3. 内层船壳板与肋骨、隔舱板的连接

内层船壳板与肋骨的连接是用船钉从内层船壳板底面钉入肋骨，每处内层船壳板与肋骨连接处多用三四枚船钉，在每列内层船壳板的端接缝处用钉较多，可达六七枚（图版三五，1）。钉孔痕迹截面边长约1.3、长度为18~20厘米。肋骨底部及钉孔痕迹均用艌料封护。在部分肋骨与内层船壳板的连接处还设有小木榫。

内层船壳板与隔舱板的连接是用船钉从内层船壳板底面钉入隔舱板，每处内层船壳板与隔舱板连接处多用一枚船钉，局部可见两三枚（图版三五，1）。

4. 外层船壳板之间及与其他船体构件的连接

外层船壳板的端接缝为平面同口，相邻列的外层船壳板端接缝位置较近；边接缝为平面对接，与内层船壳板的纵向边接缝略有错开。各列外层船壳板的端接缝和边接缝之间仅局部见少量艌料残留（图版三三，2、3）。

外层船壳板与内层船壳板的连接是用方形船钉从外层船壳板的底面钉入内层船壳板，钉孔痕迹上下错落，呈"W"形，与外层船壳板左侧或右侧的距离为3~5厘米，钉孔痕迹截面面积约0.3厘米×0.3厘米；钉距稀疏且不等，多为20~30厘米。在外层船壳板端接缝处，相邻两件外层船壳板的端部各用三枚船钉钉固，形成一个六边形（图版三五，4）。

外层船壳板与内层船壳板之间夹有一层较薄的、掺和少量艌料的植物纤维制品

（图版三五，5）。经中国丝绸博物馆初步检测，其外形似植物的韧皮部，难以鉴定其种属，与中国传统常用的棉、麻等植物纤维制品的形貌相差较大。

主龙骨下的外层船壳板与主龙骨的连接是用船钉从其底面钉入主龙骨。

外层船壳板与肋骨、隔舱板无船钉钉连。

四、舱室构件

65件。包括隔舱板3件、铺舱板43件、隔舱板补强材1件、顶杠1件、隔舱板扶强材2件、压条15件等，主要位于"小白礁Ⅰ号"沉船船体的舯部及艉部（图二四；附表）。

（一）形状结构

1. 隔舱板

3件。从舯部到艉部依次编号为隔1～隔3。均直接钉连于内层船壳板之上，随船体横向弧度设置，从船舯至船艉，其底部弧度逐渐增大。隔1设有两个矩形流水孔，隔2和隔3设有一个矩形流水孔，大小不等。每道隔舱板前侧面或后侧面均钉有狭长的压条。根据内层船壳板的残存钉痕，未发现其他隔舱板的设置痕迹。

隔1　位于肋东14与肋东15之间。前侧面中部紧贴隔舱板补强材，右端紧贴肋骨补强材3。左端残，上沿有一定程度的腐蚀。底面较平，向左右两端起弧。残长329.2、高37.3、厚7厘米。右端下部有两道凹槽，左右分别宽17.3、17.8厘米，高21.6、19.5厘米，具体作用不明。前侧面靠近左边凹槽的左侧用两枚船钉钉有一根压条（编号为压6）。底面设有两个流水孔，左右分别宽8.4、7.8厘米，高4.8、4.5厘米，间距77厘米。上表面可见数个方形钉孔痕迹；两侧面均可见数个方形钉孔痕迹，还有一个贯通的圆孔；底面有大量从下往上的方形钉孔痕迹，应是从内层船壳板外侧钉进（图二五，1；图二六，1；图版三六）。

隔2　位于肋东16与肋东17之间。前侧面左端与肋骨补强材10、右端与肋骨补强材5分别紧贴。后侧面中部通过一根纵向的顶杠与隔舱板补强材连接。左端略残，主体基本完整。底面为弧形，上表面较平直。残长333.9、高27.5、厚7.5厘米。上表面左右两端各有一道凹槽，左端凹槽残；右端凹槽底边内斜，宽15.5、深6.9～9.8厘米；右端凹槽右侧15.3厘米处有一个长6.5、深0～2厘米的斜口。底面

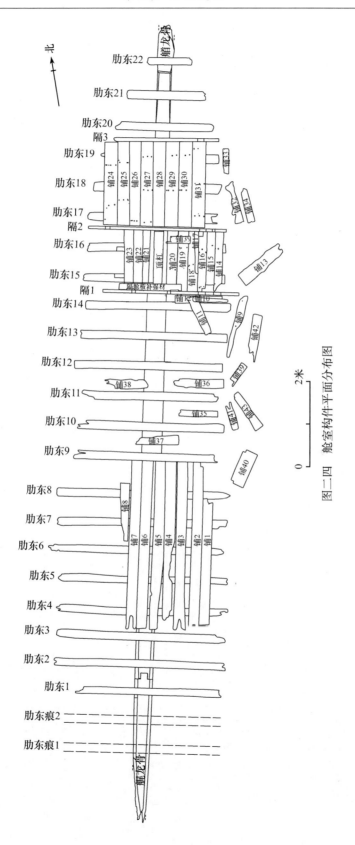

图二四 舱室构件平面分布图

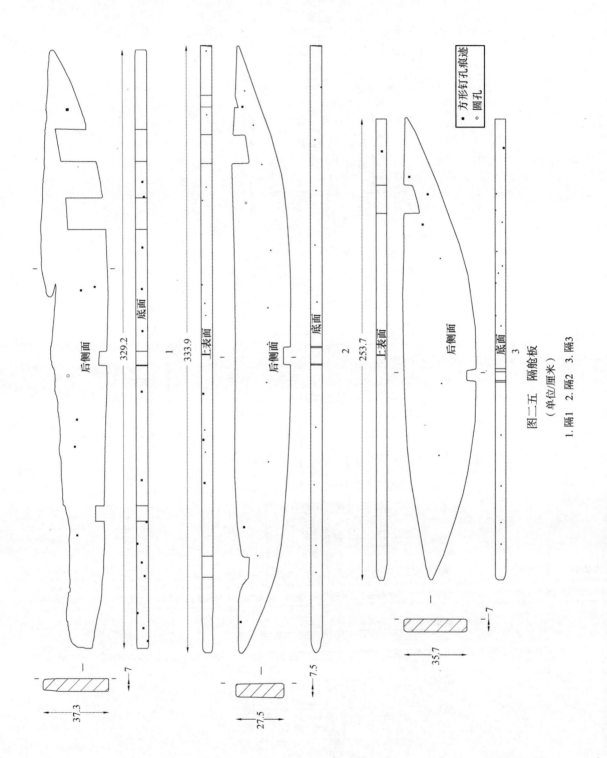

图二五 隔舱板
（单位/厘米）
1. 隔1 2. 隔2 3. 隔3

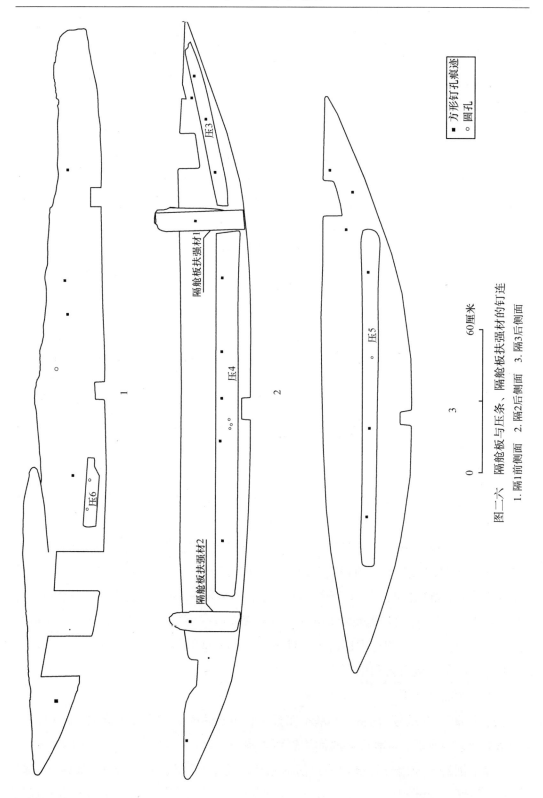

方形钉孔痕迹 ■
圆孔 ○

隔舱板扶强材1
压3
压4
隔舱板扶强材2
压6
压5

0 ———— 60厘米

1 2 3

图二六 隔舱板与压条、隔舱板扶强材的钉连
1. 隔1前侧面 2. 隔2后侧面 3. 隔3后侧面

中部设有一个流水孔，宽10.1、高4厘米。后侧面左右两端各钉连一根隔舱板扶强材，分别编号为隔舱板扶强材2、隔舱板扶强材1，后侧面下沿的中部及右端各钉连一根压条，分别编号为压4、压3。上表面和两侧面均可见方形钉孔痕迹；底面有大量从下往上的方形钉孔痕迹，应是从内层船壳板外侧钉进（图二五，2；图二六，2；图版三七）。

隔3　位于肋东19与肋东20之间，前侧面右端与肋骨补强材6紧贴。左端及上沿略残，主体基本完整。底部为弧形，上部平直。残长253.7、高35.7、厚7厘米。上表面右端有一道凹槽，底边内斜，长15.5、深4.6~8.8厘米。底面中部设有一个流水孔，宽6.6、高5.3厘米。后侧面中部用四枚船钉钉有一根压条，编号为压5。上表面有3个方形钉孔痕迹和1个圆形钉孔痕迹；两侧面也有钉孔痕迹；底面有大量从下往上的方形钉孔痕迹，应是从内层船壳板外侧钉进（图二五，3；图二六，3；图版三八）。

2. 铺舱板

43件。分别编号为铺1~铺43。长条状薄板。大多集中铺设于肋东3与肋东9之间、隔1与隔2之间、隔2与隔3之间等三处位置，也有部分铺舱板位置散落移位。长度有约400、200、120厘米等三种常见规格，宽多为20~30、厚多为2~4厘米（图二四；表一二）。

其中，铺1~铺8集中铺设于肋东3与肋东9之间，位于船体中后部偏右的三列纵向石板之下，下压五道肋骨（肋东4~肋东8），长度大多接近400、宽23.5~26.6、厚1.6~2.9厘米。铺14~铺23集中铺设于隔1与隔2之间，下压两道肋骨（肋东15、肋东16），长度大多约120、宽11.1~28.7、厚1.5~2.7厘米。铺24~铺31集中铺设于隔2与隔3之间，下压三道肋骨（肋东17~肋东19），长度大多约200、宽24.1~32.8、厚1.3~2.6厘米。铺14~铺31上表面或底面残存较多舱料，有单个或成排贯通的圆孔，部分圆孔中还可见木榫残留，部分铺舱板的左右两侧还可见铲形钉孔痕迹，应是旧板重新利用。

现举例简介如下。

标本铺6（原编号为垫6）　基本完整。长条状薄板。头部开裂破损。长393.2、宽26.1、厚2.4厘米。上表面和底面均较新（图二七，1；图版三九，1~2）。

标本铺22（原编号为垫22）　基本完整。长条状薄板。长122.9、宽19.1、厚2厘米。头部、中部和尾部可见少量贯通的圆孔，部分有木榫残留。上表面和底面均

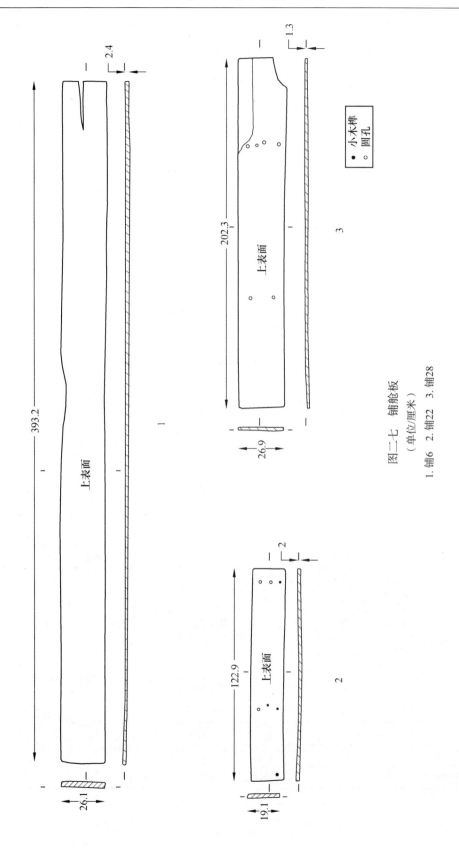

图二七　铺舱板
（单位/厘米）
1. 铺6　2. 铺22　3. 铺28

● 小木榫
○ 圆孔

残存大量舱料。左右两侧面可见少量钉孔痕迹（图二九，2；图版三九，3~4）。

　　标本铺 28（原编号为垫 28）　基本完整。长条状薄板，头部不规则。长202.3、宽26.9、厚1.3厘米。头部和中部有两排贯通的圆孔，部分有木榫残留。上表面左侧残存大量舱料。左右两侧面可见少量钉孔痕迹（图二七，3；图版三九，5~6）。

表一二　　"小白礁 I 号" 沉船铺舱板一览表

序号	编号	尺寸/厘米			保存状况	位置
		长	宽	厚		
1	铺1	312.5	23.5	1.7	头尾两端开裂	位于肋东3与肋东9之间
2	铺2	393.6	25.2	1.6	头部开裂	
3	铺3	394.2	25.6	2.7	尾端有缺口	
4	铺4	373.4	24.6	1.9	残，断为两截	
5	铺5	396.2	26.6	2.9	腐蚀较严重，尾部开裂	
6	铺6	393.2	26.1	2.4	基本完整	
7	铺7	391.4	24.1	2.5	基本完整	
8	铺8	186.4	25	2.4	残损严重	
9	铺9	144.1	18.6	2.9	基本完整	发现于肋东12与隔1之间，位置疑有扰动
10	铺10	82.4	6	2.8	残	发现于肋东14与隔1之间，位置疑有扰动
11	铺11	87.8	18.7	3.2	残	发现于肋东13与隔1之间，位置疑有扰动
12	铺12	95.8	12.1	2.9	残	发现于肋东14与隔1之间，位置疑有扰动
13	铺13	121.7	31.7	1.9	残	散落移位，原位置不明
14	铺14	138.9	17.6	1.6	尾部略残	位于隔1与隔2之间
15	铺15	110.9	14.1	2.2	残	
16	铺16	133.9	22.9	1.7	基本完整	
17	铺17	90.1	11.1	2.7	残	
18	铺18	119.3	18.2	3.1	基本完整	
19	铺19	123.2	26.2	1.5	头部左侧略残	
20	铺20	120.1	28.7	2.7	基本完整	
21	铺21	121.7	14.2	1.5	基本完整	
22	铺22	122.9	19.1	2	基本完整	
23	铺23	121.1	22.2	2.4	左后端残	

续表

序号	编号	尺寸/厘米			保存状况	位置
		长	宽	厚		
24	铺24	200.1	32.8	2.2	基本完整	位于隔2与隔3之间
25	铺25	202	27.5	2	基本完整	
26	铺26	201.8	24.1	1.8	基本完整	
27	铺27	199.4	30.7	2.6	基本完整	
28	铺28	202.3	26.9	1.3	基本完整	
29	铺29	203.1	29.9	1.9	基本完整	
30	铺30	200	31.3	2.3	头部残	
31	铺31	188.1	32	1.9	头部残	
32	铺32	97.8	21	3	残	散落移位，原位置不明
33	铺33	59.4	14.2	3.2	残	
34	铺34	81.4	17.7	2.6	基本完整	
35	铺35	93.6	14	4	基本完整	
36	铺36	120.9	20.6	2.2	后部残	
37	铺37	103.8	22.1	2.4	残	发现于肋东9与肋东10之间，位置疑有扰动
38	铺38	104	22.9	2.6	残	发现于肋东11与肋东12之间，位置疑有扰动
39	铺39	58.6	16.7	2.5	基本完整	发现于肋东16与隔2之间，位置疑有扰动
40	铺40	85	36	4	腐蚀严重	散落移位，原位置不明
41	铺41	66	17.2	2	残	
42	铺42	112	21.4	1.1	残	
43	铺43	100	19	2	残	

3. 隔舱板补强材与顶杠

2件。在隔1前侧面中部紧贴一块横向的隔舱板补强材，然后通过一根纵向的顶杠与隔2相连（图二八；图版一五，1）。

隔舱板补强材　1件。紧夹于隔1与肋东15之间。基本完整。上表面及后侧面平直，前侧面及底面略弧。长150.2、宽20.1、高27.7厘米。在后侧面左右两端各有一个凹槽，分别高26.9、26厘米，宽19.8、19.4厘米，深3.1、2.6厘米，可能为打木楔或加固舱壁设扶强材之用。底部左右两侧各有一个方形流水孔，分别宽8.9、9.2厘米，高4.4、5厘米，间距81.5厘米（图二九，1；图版四〇）。

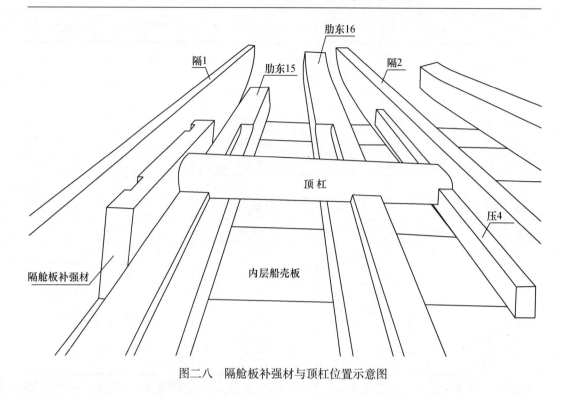

图二八　隔舱板补强材与顶杠位置示意图

顶杠　1件。顶撑于隔舱板补强材与隔2之间。基本完整。上表面略弧，其余各表面较平直。长125.1、宽22.5、厚12.3厘米。在底面前后端分别开有企口，前端企口长2、深6厘米，搭压在隔2后侧的压4之上；后端企口长14.6、深1.6厘米，搭压在肋东15上沿。底面中前部有一凹槽，槽宽15.5、深5厘米，搭扣在肋东16上沿，该凹槽与前后端企口的距离分别为27.1、66.3厘米（图二九，2；图版四一）。

4. 隔舱板扶强材

2件。分别位于隔2后侧面的左右两端（图二六，2）。

隔舱板扶强材1　位于隔2后侧面的右端并与其紧贴，左右两侧分别有一根压条。上部残。长条形，底部略弧。残长39.6、宽8.4、厚5.5厘米。在后侧面中部用一枚方形船钉从后往前钉往隔2（图二九，3）。

隔舱板扶强材2　位于隔2后侧面的左端并与其紧贴，右边有一根压条。上部残。长条形，底部略弧。残长31.9、宽8.8、厚5.8厘米。在后侧面中部用一枚船钉从后往前钉往隔2（图二九，4）。

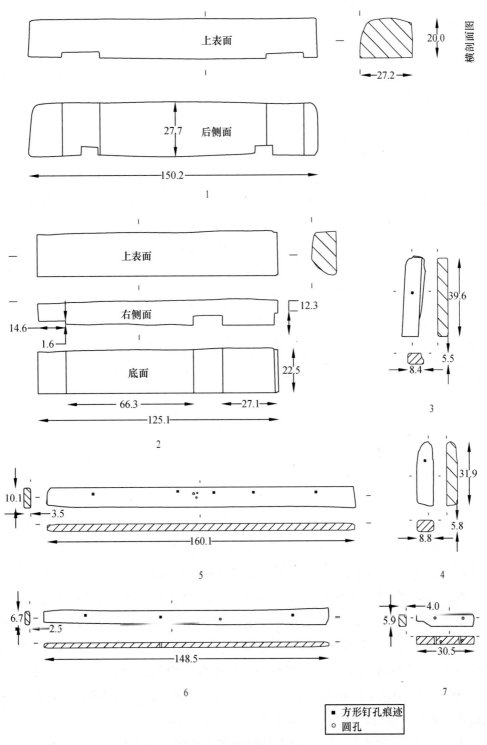

图二九　部分舱室构件

（单位/厘米）

1.隔舱板补强材　2.顶杠　3.隔舱板扶强材1　4.隔舱板扶强材2　5.压4　6.压5　7.压6

5. 压条

15件。分别编号为压1～压15。钉连于部分隔舱板前侧面或后侧面的中沿、部分肋骨前侧面或后侧面的上沿或中沿。均为窄长条形，主要用于搭接铺舱板（附表）。

现举例简介如下。

标本压4　位于隔2后侧面的底端中部。基本完整。长条形薄板。长160.1、宽10.1、厚3.5厘米。后侧面上沿有五个从后往前钉往隔2的方形钉孔，间距18～43厘米；后侧面下沿中部另有三个圆孔（图二九，5；图版四二）。

标本压5（原编号为压6）　位于隔3后侧面中部的中沿。基本完整。长条形薄板。长148.5、宽6.7、厚2.5厘米。后侧面中沿有四个从后往前钉往隔3的钉孔（三个方形钉孔、一个圆形钉孔），间距30～40厘米（图二九，6；图版四三）。

标本压6　位于隔1前侧面的右端。基本完整。长条形，左端开有斜口。长30.5、宽5.9、厚4厘米。上表面有两个贯通的圆孔，孔径1.2、间距约13.7厘米。前侧面中沿有两个从前往后钉往隔1的钉孔，间距约11.9厘米（图二九，7）。

（二）连接方式

1. 隔舱板的连接

3件隔舱板均设在相邻2件船底肋骨之间的位置，不与船底肋骨紧贴（图二四）。在隔舱板与前侧船底肋骨之间的左端或右端可见肋骨补强材，肋骨补强材前侧面与后侧面分别与相应的船底肋骨和隔舱板紧贴（图一四）。

隔1与隔2间距约140厘米，隔2与隔3间距约200厘米，中间均有铺舱板。

从遗留痕迹可看出，隔舱板与主龙骨不钉连固定，与内层船壳板是用船钉从内层船壳板底面钉入隔舱板的方式进行连接，每列内层船壳板多为一枚船钉，局部可见两三枚，并在隔舱板底面用艌料封护。另有部分隔舱板用船钉从其后侧面的左端或右端钉入其前侧面相邻的肋骨补强材。隔2后侧面左右两端设有隔舱板扶强材，用船钉从隔舱板扶强材后侧钉入隔舱板。

此外，在隔1和肋东15之间的中部设置了抵住隔舱板的隔舱板补强材，还有一根顶杠顶在隔舱板补强材和隔2之间，顶杠两侧是铺舱板（图二八）。

2. 铺舱板的连接

铺舱板直接纵向并排铺设在船底肋骨之上，相互无钉连；中部搭压在数道船底肋骨之上，头尾两端搭压在船底肋骨或隔舱板侧面上的压条之上。

3. 压条的连接

压条多设置在隔舱板前侧面或后侧面的中沿、部分肋骨前侧面或后侧面的上沿或中沿，多用数枚船钉从压条的侧面钉固。

五、桅　　座

1件。发现时已不在原位置。

略残，表面腐蚀。长186.9、宽89.5、厚18.7厘米。中部开有两个凹槽，凹槽槽形特殊，分别长51.5、55.2厘米，宽32.8、30.7厘米，深9.6、8.9厘米，应当是桅夹[53]底部截面形状的写照；每个凹槽内有两个圆形排水孔，孔径2厘米。底部两侧分别向内收14、23厘米，并向上收9厘米，应是架于两道肋骨之上；底面平直（图三〇；图版四四）。

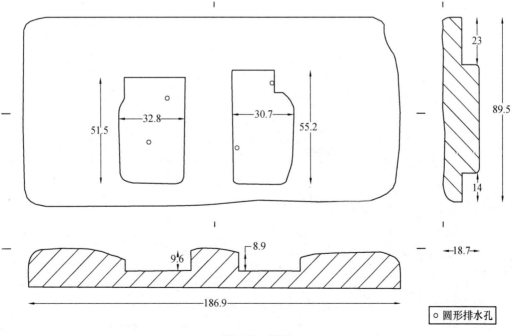

图三〇　桅座

（单位/厘米）

第二节　出水器物

"小白礁 I 号"沉船遗址出水器物共计1064件，其中青花瓷592件、五彩瓷44件、陶器20件、金属器73件、其他335件（含石板331件）（表一三）。此外还采集出水有焦炭数块。

表一三　"小白礁 I 号"沉船遗址出水器物统计表　　（单位/件）

质地/数量	类别/数量	器类/数量	器型/数量	纹饰/数量	
瓷器/636	青花瓷/592	碗/529	弧腹碗/502	缠枝花卉纹/500	大碗/36
					中碗/61
					中小碗/33
					小碗/370
				灵芝纹/2	
			斜腹碗/27	草叶纹/5	
				竖线纹/2	
				花草纹/17	
				折线纹/3	
		豆/24		盘心花草纹/15	
				盘心莲子纹/9	
		盘/8		福字纹/5	
				花草纹/1	
				灵芝纹/2	
		碟/2			
		杯/25		青花有晕散/24	
				青花无渲染/1	
		勺/2			
		盖/1			
		灯盏/1			
	五彩瓷/44	碗/3			
		罐/7	大罐/2		
			中罐/2		
			小罐/3		
		盖/34	大盖/13		
			中大盖/6		
			中盖/1		
			中小盖/8		
			小盖/6		

续表

质地/数量	类别/数量	器类/数量	器型/数量	纹饰/数量
陶器/20	紫砂陶/2	壶/1		
		罐/1		
	酱釉陶/13	壶/3	短流/1	
			长流/2	
		盖/1		
		罐/8		
		缸/1		
	红陶/2	盆/1		
		盖/1		
	砖块/3			
金属器/73	铜制品/63	铜钱/57	康熙通宝/2	
			雍正通宝/1	
			乾隆通宝/33	
			嘉庆通宝/11	
			道光通宝/4	
			景兴通宝/1	
			宽永通宝/1	
			不可辨识/4	
		铜螺栓/3		
		铜盖/1		
		铜构件/2		
	锡制品/3	锡砚/1		
		锡盒/1		
		锡构架/1		
	铅制品/3	铅锤/1		
		铅片/2		
	锌制品/1	锌构件/1		
	银制品/3	银币/1		
		银饼/2		
其他/335	竹木器/2	毛笔/1		
		砚台底座/1		
	石制品/333	印章/1		
		砺石/1		
		石板/331		

一、青花瓷器

592件。器类有碗、豆、盘、碟、杯、勺、盖、灯盏。

（一）碗

529件。均为敞口，圈足。根据腹壁的弧曲程度不同，可分为弧腹碗和斜腹碗两种。

1. 弧腹碗

502件。大多为缠枝花卉纹弧腹碗，也有个别为灵芝纹弧腹碗。

（1）缠枝花卉纹碗

500件。尺寸不一，器型基本一致。敞口，弧腹较深，圈足，制作规整。胎细白，白釉泛淡青，釉面莹润，足沿无釉。青花为饰，口沿内侧绘缠枝花叶纹边饰条带，夹于双弦纹之间，内底心双圈内绘折枝花卉纹或缠枝花叶纹；外壁口沿下绘弦纹，腹绘缠枝花卉纹，纹样较密，部分器物下腹绘变体莲纹一周，间以双弦纹；圈足外绘三道弦纹；外底心有青花篆文方形印章式款，底款可辨者有"道光"和"嘉庆"两种（图三一），书写草率。青花颜色浓重，有晕散效果，纹样线条流畅。根据碗的大小，大致可分为大碗、中碗、中小碗和小碗四种不同规格，现分别介绍如下。

大碗　36件。口径17～18、底径7～7.7、高6.7～7.5厘米。内底心双圈内绘缠枝花叶纹，纹样较密；外侧下腹绘变体莲纹一周（表一四）。其中底款"道光"的有2件，底款"嘉庆"的有31件，底款不详的有3件。标本2012NXXBW1：54，完整。底款"道光"。口径18、底径7.4、高7.2厘米（图三二，1；图版四五，1～3）。标本2014NXXBW1：38，完整。底款"嘉庆"。口径17.2、底径7.2、高7.2厘米（图三二，2；图版四五，4～6）。

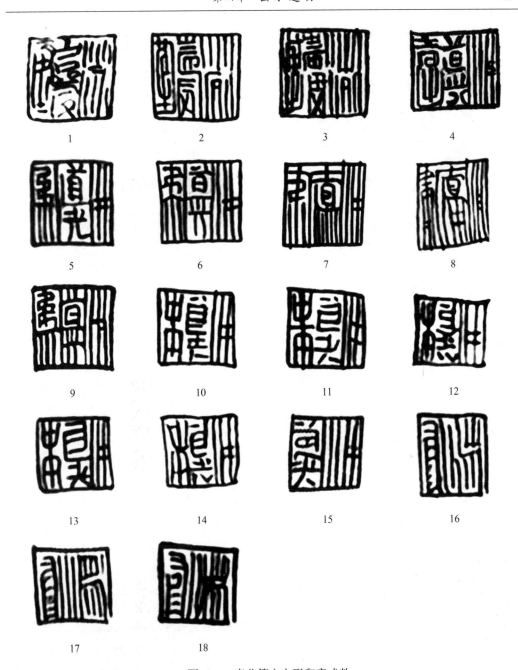

图三一　青花篆文方形印章式款

1. 2014NXXBW1：62　2. 2012NXXBW1：16　3. 2014NXXBW1：38　4. 2012NXXBW1：54
5. 2008NXXBW1：2　6. 2012NXXBW1：43　7. 2012NXXBW1：48　8. 2014NXXBW1：44
9. 2012NXXBW1：20　10. 2009NXXBW1：103　11. 2009NXXBW1：107　12. 2014NXXBW1：21
13. 2012NXXBW1：31　14. 2012NXXBW1：18　15. 2009NXXBW1：106　16. 2009NXXBW1：227
17. 2009NXXBW1：119　18. 2014NXXBW1：113

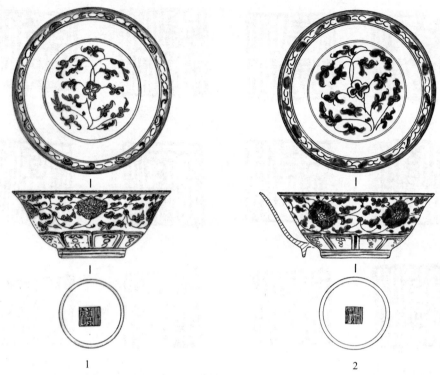

0　　　4厘米

图三二　缠枝花卉纹弧腹青花瓷碗（大碗）
1. 2012NXXBW1∶54　2. 2014NXXBW1∶38

表一四　缠枝花卉纹弧腹青花瓷碗（大碗）

序号	器物编号	口径/厘米	底径/厘米	高/厘米	产地	完残情况	备注
1	2012NXXBW1∶54	18	7.4	7.2	景德镇	完整	底款"道光"
2	2012NXXBW1∶121	17.4	7.2	7	景德镇	口沿微残	
3	2009NXXBW1∶1	17.3	7.5	6.8	景德镇	完整	
4	2009NXXBW1∶2	17.5	7.5	7	景德镇	残，可复原	
5	2012NXXBW1∶2	17.5	7.5	7.5	景德镇	残，可复原	
6	2012NXXBW1∶3	17.3	7.5	7	景德镇	完整	
7	2012NXXBW1∶5	17.3	7.5	7.1	景德镇	残，可复原	
8	2012NXXBW1∶6	17.5	7.7	6.7	景德镇	残，可复原	底款"嘉庆"
9	2012NXXBW1∶7	17.3	7.6	7.3	景德镇	残，可复原	
10	2012NXXBW1∶8	17.6	7.4	6.7	景德镇	残，可复原	
11	2012NXXBW1∶9	17.2	7	7.3	景德镇	残，可复原	
12	2012NXXBW1∶10	17.2	7	7.1	景德镇	残，可复原	
13	2012NXXBW1∶11	17.5	7.2	6.9	景德镇	残，可复原	

续表

序号	器物编号	口径/厘米	底径/厘米	高/厘米	产地	完残情况	备注
14	2012NXXBW1：12	17.5	7.2	6.8	景德镇	残，可复原	
15	2012NXXBW1：13	17.5	7.2	6.9	景德镇	残，可复原	
16	2012NXXBW1：14	17.5	7.5	7	景德镇	残，可复原	
17	2012NXXBW1：16	17.3	7.6	7.3	景德镇	口沿微残	
18	2012NXXBW1：17	17.2	7.2	6.9	景德镇	完整	
19	2012NXXBW1：18	17.5	7.2	7.1	景德镇	残，可复原	
20	2012NXXBW1：19	17.5	7.3	6.9	景德镇	残，可复原	
21	2012NXXBW1：122	17.2	7.2	7.3	景德镇	完整	
22	2012NXXBW1：123	17.4	7.2	7	景德镇	完整	
23	2014NXXBW1：8	17.5	7.2	7	景德镇	残，可复原	底款"嘉庆"
24	2014NXXBW1：10	17.4	7.3	7	景德镇	残，可复原	
25	2014NXXBW1：13	17.6	7.4	6.9	景德镇	残，可复原	
26	2014NXXBW1：31	17.6	7.3	7	景德镇	残，可复原	
27	2014NXXBW1：38	17.2	7.2	7.2	景德镇	完整	
28	2014NXXBW1：53	17.2	7.2	6.9	景德镇	完整	
29	2014NXXBW1：84	17.5	7.5	7.2	景德镇	残，可复原	
30	2014NXXBW1：85	17.5	7.5	7.5	景德镇	残，可复原	
31	2014NXXBW1：90	17.5	7.5	7.2	景德镇	残，可复原	
32	2014NXXBW1：106	17.2	7.2	7.2	景德镇	残，可复原	
33	2014NXXBW1：107	17.2	7.2	7.2	景德镇	残，可复原	
34	2009NXXBW1：3	17	7.5	6.7	景德镇	残，可复原	
35	2012NXXBW1：15	17.2	7.2	6.9	景德镇	残，可复原	底款不详
36	2014NXXBW1：71	17.5	7.5	7.2	景德镇	残，可复原	

中碗 61件。口径14～14.9、底径5.7～6.5、高6.2～6.8厘米。内底心双圈内绘折枝花卉纹，外侧下腹绘变体莲纹一周，口沿内侧所绘缠枝花叶纹边饰条带大多清晰，也有部分较模糊（表一五）。其中，底款"道光"的有33件，底款"嘉庆"的有24件，底款不详的有4件。标本2014NXXBW1：62，口沿微残。口沿内侧所绘缠纹花叶纹边饰条带清晰。底款"嘉庆"。口径14.5、底径6.3、高6.8厘米（图三三，1；图版四六，1～3）。标本2012NXXBW1：20，完整。口沿内侧所绘缠纹花叶纹边饰条带模糊。底款"道光"。口径14.6、底径6.2、高6.4厘米（图三三，2；图版四六，4～6）。

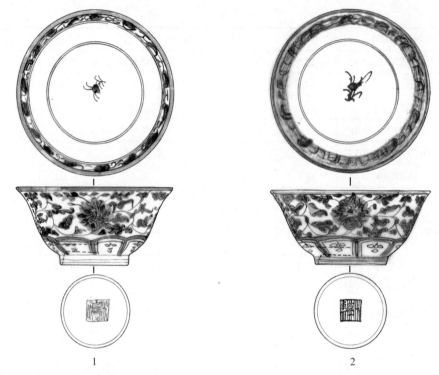

图三三　缠枝花卉纹弧腹青花瓷碗（中碗）

1. 2014NXXBW1：62　2. 2012NXXBW1：20

表一五　缠枝花卉纹弧腹青花瓷碗（中碗）

序号	器物编号	口径/厘米	底径/厘米	高/厘米	产地	完残情况	备注
1	2012NXXBW1：43	14.6	6.4	6.4	景德镇	口沿微残	
2	2012NXXBW1：44	14.7	6.1	6.4	景德镇	完整	
3	2012NXXBW1：45	14.4	6.3	6.7	景德镇	完整	
4	2012NXXBW1：48	14.9	6.5	6.5	景德镇	完整	
5	2012NXXBW1：49	14.5	6	6.5	景德镇	残，可复原	
6	2012NXXBW1：50	14.4	6	6.4	景德镇	残，可复原	
7	2012NXXBW1：51	14.5	6.2	6.5	景德镇	残，可复原	口沿带饰清
8	2012NXXBW1：53	14.5	6.1	6.2	景德镇	残，可复原	楚，底款"道
9	2012NXXBW1：119	14.7	5.9	6.4	景德镇	完整	光"
10	2014NXXBW1：16	14.3	6	6.6	景德镇	残，可复原	
11	2014NXXBW1：23	14	6	6.4	景德镇	残，可复原	
12	2014NXXBW1：24	14.5	6.2	6.5	景德镇	残，可复原	
13	2014NXXBW1：25	14.5	6	6.5	景德镇	残，可复原	
14	2014NXXBW1：26	14.5	6	6.3	景德镇	残，可复原	
15	2014NXXBW1：36	14.4	6	6.3	景德镇	口沿微残	

序号	器物编号	口径/厘米	底径/厘米	高/厘米	产地	完残情况	备注
16	2014NXXBW1：43	14.5	6	6.5	景德镇	完整	口沿带饰清楚，底款"道光"
17	2014NXXBW1：44	14.3	6.4	6.4	景德镇	完整	
18	2014NXXBW1：45	14.5	6	6.5	景德镇	完整	
19	2014NXXBW1：81	14.5	6	6.5	景德镇	完整	
20	2014NXXBW1：89	14.6	6	6.5	景德镇	残，可复原	
21	2014NXXBW1：92	14.5	6	6.4	景德镇	残，可复原	
22	2014NXXBW1：114	14.5	5.8	6.5	景德镇	残，可复原	
23	2012NXXBW1：55	14.5	6	6.5	景德镇	完整	口沿带饰清楚，底款"嘉庆"
24	2012NXXBW1：56	14.5	6.1	6.2	景德镇	完整	
25	2012NXXBW1：57	14.5	6	6.3	景德镇	口沿微残	
26	2012NXXBW1：58	14.5	5.7	6.5	景德镇	完整	
27	2012NXXBW1：60	14.4	5.7	6.4	景德镇	完整	
28	2012NXXBW1：61	14.5	5.7	6.3	景德镇	完整	
29	2012NXXBW1：62	14.5	6.3	6.8	景德镇	完整	
30	2012NXXBW1：63	14.5	5.7	6.7	景德镇	残，可复原	
31	2012NXXBW1：64	14.5	6	6.5	景德镇	残，可复原	
32	2012NXXBW1：65	14.5	5.8	6.5	景德镇	完整	
33	2012NXXBW1：66	14.5	6	6.5	景德镇	残，可复原	
34	2012NXXBW1：120	14.5	6.1	6.4	景德镇	完整	
35	2014NXXBW1：5	14.7	5.8	6.5	景德镇	残，可复原	
36	2014NXXBW1：9	14.5	5.8	6.4	景德镇	残，可复原	
37	2014NXXBW1：11	14.5	5.8	6.5	景德镇	残，可复原	
38	2014NXXBW1：46	14.5	6	6.5	景德镇	完整	
39	2014NXXBW1：62	14.5	6.3	6.8	景德镇	口沿微残	
40	2014NXXBW1：79	14.5	6	6.5	景德镇	完整	
41	2014NXXBW1：80	14.7	6	6.6	景德镇	完整	
42	2014NXXBW1：86	14.5	6	6.6	景德镇	残，可复原	
43	2014NXXBW1：88	14.5	5.8	6.5	景德镇	残，可复原	
44	2014NXXBW1：91	14.5	6	6.7	景德镇	残，可复原	
45	2014NXXBW1：108	14.5	6.1	6.6	景德镇	完整	
46	2014NXXBW1：12	—	5.7	6.2	景德镇	口沿不存	底款"嘉庆"
47	2012NXXBW1：67	14.5	6	6.4	景德镇	残，可复原	口沿带饰清楚，底款不详
48	2012NXXBW1：68	14.5	6	6.5	景德镇	残，可复原	
49	2014NXXBW1：87	14.5	6	6.4	景德镇	残，可复原	
50	2014NXXBW1：110	14.5	5.8	6.4	景德镇	残，可复原	
51	2008NXXBW1：1	14.8	5.9	6.6	景德镇	残，可复原	口沿带饰模糊，"道光"底款
52	2008NXXBW1：2	14.6	6.2	6.4	景德镇	残，可复原	
53	2012NXXBW1：20	14.6	6.2	6.4	景德镇	完整	

续表

序号	器物编号	口径/厘米	底径/厘米	高/厘米	产地	完残情况	备注
54	2012NXXBW1∶46	14.6	6.2	6.5	景德镇	残，可复原	
55	2012NXXBW1∶47	14.3	6	6.3	景德镇	完整	
56	2012NXXBW1∶52	14.4	6	6.4	景德镇	残，可复原	口沿带饰模糊，"道光"底款
57	2014NXXBW1∶22	14.5	6.2	6.4	景德镇	完整	
58	2014NXXBW1∶29	14.1	6.1	6.4	景德镇	残，可复原	
59	2014NXXBW1∶35	14.2	6.1	6.7	景德镇	残，可复原	
60	2014NXXBW1∶109	14.9	6.2	6.5	景德镇	残，可复原	
61	2014NXXBW1∶140	14.6	6.2	6.5	景德镇	残，可复原	

　　中小碗　33件。口径11.2～11.8、底径4.7～5.5、高5.2～5.5厘米。内底心双圈内绘折枝花卉纹，纹饰基本一致；外底心有青花篆文方形印章式款，除1件底款不详外，均为"道光"二字。其中底款"道光"二字居左的有12件，"道光"二字居中的有20件（表一六）。标本2009NXXBW1∶106，残，可复原。底款"道光"二字居左。口径11.8、底径5.5、高5.5厘米（图三四，1；图版四七，1～3）。标本2014NXXBW1∶18，完整。底款"道光"二字居中。口径11.5、底径5.2、高5.3厘米（图三四，2；图版四七，4～6）。

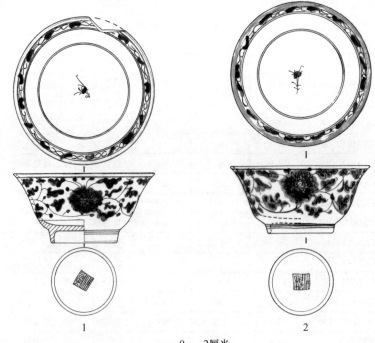

0　　2厘米

图三四　缠枝花卉纹弧腹青花瓷碗（中小碗）

1. 2009NXXBW1∶106　2. 2014NXXBW1∶18

表一六　缠枝花卉纹弧腹青花瓷碗（中小碗）

序号	器物编号	口径/厘米	底径/厘米	高/厘米	产地	完残情况	备注
1	2009NXXBW1：104	11.8	4.7	5.2	景德镇	残，可复原	
2	2009NXXBW1：105	11.6	4.8	5.2	景德镇	残，可复原	
3	2009NXXBW1：106	11.8	5.5	5.5	景德镇	残，可复原	
4	2012NXXBW1：24	11.6	5.5	5.5	景德镇	完整	
5	2012NXXBW1：25	11.6	4.9	5.3	景德镇	残，可复原	
6	2012NXXBW1：27	11.6	4.9	5.3	景德镇	残，可复原	底款"道光"居左
7	2012NXXBW1：36	11.4	4.9	5.3	景德镇	完整	
8	2014NXXBW1：17	11.6	4.9	5.5	景德镇	完整	
9	2014NXXBW1：19	11.4	4.9	5.3	景德镇	完整	
10	2014NXXBW1：20	11.4	4.9	5.3	景德镇	完整	
11	2014NXXBW1：47	11.5	4.9	5.3	景德镇	口沿微残	
12	2014NXXBW1：48	11.4	4.9	5.3	景德镇	完整	
13	2009NXXBW1：103	11.2	5.4	5.4	景德镇	完整	
14	2009NXXBW1：107	11.8	5.2	5.5	景德镇	残，可复原	
15	2009NXXBW1：431	11.5	5.5	5.3	景德镇	完整	
16	2012NXXBW1：21	11.6	5.4	5.4	景德镇	完整	
17	2012NXXBW1：22	11.5	5.2	5.4	景德镇	完整	
18	2012NXXBW1：23	11.6	4.9	5.3	景德镇	完整	
19	2012NXXBW1：26	11.7	4.9	5.3	景德镇	残，可复原	
20	2012NXXBW1：28	11.6	5	5.3	景德镇	残，可复原	
21	2012NXXBW1：29	11.6	4.9	5.3	景德镇	残，可复原	
22	2012NXXBW1：30	11.7	4.9	5.3	景德镇	口沿微残	底款"道光"居中
23	2012NXXBW1：31	11.8	5.5	5.5	景德镇	完整	
24	2012NXXBW1：32	11.7	4.9	5.3	景德镇	残，可复原	
25	2012NXXBW1：33	11.5	5	5.3	景德镇	完整	
26	2012NXXBW1：34	11.6	5.4	5.4	景德镇	完整	
27	2012NXXBW1：35	11.6	4.9	5.3	景德镇	完整	
28	2014NXXBW1：18	11.5	5.2	5.3	景德镇	完整	
29	2014NXXBW1：21	11.5	4.9	5.5	景德镇	残，可复原	
30	2014NXXBW1：73	11.5	4.9	5.5	景德镇	完整	
31	2014NXXBW1：74	11.4	5	5.3	景德镇	残，可复原	
32	2014NXXBW1：111	11.7	5	5.3	景德镇	残，可复原	
33	2014NXXBW1：83	11.5	4.9	5.5	景德镇	残，可复原	底款不详

小碗　370件。口径9.2～10、底径4.1～4.9、高4.2～4.8厘米。内底心双圈内绘折枝花卉纹，纹饰大多清晰流畅，也有少部分较为模糊晕散；外底心有青花方形印章式款，款识不可辨（表一七）。标本2014NXXBW1：113，完整。纹饰清晰流畅。口径9.8、底径4.7、高4.2厘米（图三五，1；图版四八，1～3）。标本2009NXXBW1：277，完整。纹饰模糊晕散。口径9.4、底径4.3、高4.2厘米（图三五，2；图版四八，4～6）。

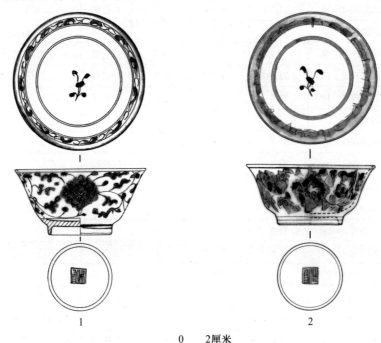

0　　2厘米

图三五　缠枝花卉纹弧腹青花瓷碗（小碗）

1. 2014NXXBW1：113　2. 2009NXXBW1：277

表一七　缠枝花卉纹弧腹青花瓷碗（小碗）

序号	器物编号	口径/厘米	底径/厘米	高/厘米	产地	完残情况	备注
1	2008NXXBW1：8	9.7	4.5	4.4	景德镇	完整	
2	2009NXXBW1：13	9.7	4.6	4.5	景德镇	完整	
3	2009NXXBW1：108	9.7	4.6	4.5	景德镇	完整	
4	2009NXXBW1：109	9.4	4.5	4.6	景德镇	完整	
5	2009NXXBW1：110	9.6	4.4	4.7	景德镇	完整	纹饰清晰流畅
6	2009NXXBW1：111	9.7	4.5	4.7	景德镇	完整	
7	2009NXXBW1：112	9.7	4.4	4.5	景德镇	完整	
8	2009NXXBW1：113	9.7	4.1	4.6	景德镇	完整	
9	2009NXXBW1：114	9.7	4.7	4.5	景德镇	完整	

序号	器物编号	口径/厘米	底径/厘米	高/厘米	产地	完残情况	备注
10	2009NXXBW1：115	9.7	4.3	4.6	景德镇	完整	
11	2009NXXBW1：116	9.9	4.5	4.6	景德镇	完整	
12	2009NXXBW1：117	9.7	4.5	4.4	景德镇	完整	
13	2009NXXBW1：118	9.7	4.6	4.5	景德镇	完整	
14	2009NXXBW1：119	9.9	4.5	4.6	景德镇	完整	
15	2009NXXBW1：120	9.4	4.5	4.6	景德镇	完整	
16	2009NXXBW1：121	9.6	4.4	4.7	景德镇	完整	
17	2009NXXBW1：122	9.7	4.5	4.7	景德镇	完整	
18	2009NXXBW1：123	9.7	4.4	4.5	景德镇	完整	
19	2009NXXBW1：124	9.7	4.1	4.6	景德镇	完整	
20	2009NXXBW1：125	9.7	4.7	4.5	景德镇	完整	
21	2009NXXBW1：126	9.7	4.3	4.6	景德镇	完整	
22	2009NXXBW1：127	9.9	4.5	4.6	景德镇	完整	
23	2009NXXBW1：128	9.7	4.5	4.6	景德镇	完整	
24	2009NXXBW1：129	9.6	4.6	4.4	景德镇	完整	
25	2009NXXBW1：130	9.6	4.4	4.5	景德镇	完整	
26	2009NXXBW1：131	9.3	4.4	4.6	景德镇	完整	
27	2009NXXBW1：132	9.6	4.6	4.8	景德镇	完整	纹饰清晰流畅
28	2009NXXBW1：133	9.7	4.6	4.7	景德镇	完整	
29	2009NXXBW1：134	9.7	4.5	4.4	景德镇	完整	
30	2009NXXBW1：135	9.7	4.6	4.5	景德镇	完整	
31	2009NXXBW1：136	9.7	4.6	4.5	景德镇	完整	
32	2009NXXBW1：137	9.4	4.5	4.6	景德镇	完整	
33	2009NXXBW1：138	9.6	4.4	4.7	景德镇	完整	
34	2009NXXBW1：139	9.7	4.5	4.7	景德镇	完整	
35	2009NXXBW1：140	9.7	4.4	4.5	景德镇	完整	
36	2009NXXBW1：141	9.7	4.1	4.6	景德镇	完整	
37	2009NXXBW1：142	9.7	4.7	4.5	景德镇	完整	
38	2009NXXBW1：143	9.7	4.3	4.6	景德镇	完整	
39	2009NXXBW1：144	9.9	4.5	4.6	景德镇	完整	
40	2009NXXBW1：145	9.6	4.2	4.7	景德镇	完整	
41	2009NXXBW1：146	9.8	4.6	4.6	景德镇	完整	
42	2009NXXBW1：147	9.6	4.6	4.5	景德镇	完整	
43	2009NXXBW1：148	9.4	4.5	4.2	景德镇	完整	

续表

序号	器物编号	口径/厘米	底径/厘米	高/厘米	产地	完残情况	备注
44	2009NXXBW1：149	9.8	4.4	4.5	景德镇	完整	
45	2009NXXBW1：150	9.7	4.4	4.6	景德镇	完整	
46	2009NXXBW1：151	9.8	4.7	4.5	景德镇	完整	
47	2009NXXBW1：152	9.5	4.2	4.6	景德镇	完整	
48	2009NXXBW1：153	9.7	4.4	4.5	景德镇	完整	
49	2009NXXBW1：154	9.4	4	4.5	景德镇	完整	
50	2009NXXBW1：155	9.2	4.4	4.4	景德镇	完整	
51	2009NXXBW1：156	9.8	4.4	4.5	景德镇	完整	
52	2009NXXBW1：157	9.3	4.3	4.4	景德镇	完整	
53	2009NXXBW1：158	9.7	4.5	4.4	景德镇	完整	
54	2009NXXBW1：159	9.8	4.7	4.6	景德镇	完整	
55	2009NXXBW1：161	9.6	4.2	4.5	景德镇	完整	
56	2009NXXBW1：162	9.7	4.2	4.6	景德镇	完整	
57	2009NXXBW1：163	9.6	4.4	4.4	景德镇	完整	
58	2009NXXBW1：164	9.5	4.4	4.5	景德镇	完整	
59	2009NXXBW1：165	9.6	4.2	4.5	景德镇	完整	
60	2009NXXBW1：166	9.9	4.6	4.3	景德镇	完整	
61	2009NXXBW1：167	9.4	4.5	4.6	景德镇	完整	纹饰清晰流畅
62	2009NXXBW1：168	9.6	4.3	4.6	景德镇	完整	
63	2009NXXBW1：169	9.8	4.5	4.6	景德镇	完整	
64	2009NXXBW1：170	9.6	4.5	4.4	景德镇	完整	
65	2009NXXBW1：171	9.6	4.5	4.5	景德镇	完整	
66	2009NXXBW1：172	9.3	4.6	4.2	景德镇	完整	
67	2009NXXBW1：173	9.7	4.3	4.7	景德镇	完整	
68	2009NXXBW1：174	9.5	4.2	4.5	景德镇	完整	
69	2009NXXBW1：175	9.8	4.6	4.5	景德镇	完整	
70	2009NXXBW1：176	9.7	4.6	4.6	景德镇	完整	
71	2009NXXBW1：177	9.6	4.4	4.4	景德镇	完整	
72	2009NXXBW1：178	9.7	4.4	4.7	景德镇	完整	
73	2009NXXBW1：179	9.7	4.5	4.4	景德镇	完整	
74	2009NXXBW1：180	9.5	4.6	4.5	景德镇	完整	
75	2009NXXBW1：181	9.5	4.2	4.6	景德镇	完整	
76	2009NXXBW1：182	9.5	4.6	4.5	景德镇	完整	
77	2009NXXBW1：184	9.7	4.6	4.2	景德镇	完整	

序号	器物编号	口径/厘米	底径/厘米	高/厘米	产地	完残情况	备注
78	2009NXXBW1：185	9.5	4.6	4.5	景德镇	完整	
79	2009NXXBW1：186	9.6	4.5	4.6	景德镇	完整	
80	2009NXXBW1：187	10	4.5	4.7	景德镇	完整	
81	2009NXXBW1：188	9.6	4.5	4.5	景德镇	完整	
82	2009NXXBW1：189	9.4	4.5	4.5	景德镇	完整	
83	2009NXXBW1：190	9.8	4.6	4.5	景德镇	完整	
84	2009NXXBW1：191	9.6	4.2	4.6	景德镇	完整	
85	2009NXXBW1：192	9.5	4.2	4.6	景德镇	完整	
86	2009NXXBW1：193	9.3	4.3	4.5	景德镇	完整	
87	2009NXXBW1：194	9.6	4.5	4.5	景德镇	完整	
88	2009NXXBW1：195	9.6	4.6	4.5	景德镇	完整	
89	2009NXXBW1：196	9.9	4.3	4.5	景德镇	完整	
90	2009NXXBW1：197	9.7	4.5	4.6	景德镇	完整	
91	2009NXXBW1：198	9.4	4.4	4.6	景德镇	完整	
92	2009NXXBW1：199	9.7	4.4	4.4	景德镇	完整	
93	2009NXXBW1：200	9.8	4.6	4.7	景德镇	完整	
94	2009NXXBW1：201	9.6	4.4	4.4	景德镇	完整	
95	2009NXXBW1：202	9.5	4.4	4.5	景德镇	完整	纹饰清晰流畅
96	2009NXXBW1：203	9.8	4.6	4.5	景德镇	完整	
97	2009NXXBW1：204	9.8	4.3	4.5	景德镇	完整	
98	2009NXXBW1：205	9.7	4.2	4.5	景德镇	完整	
99	2009NXXBW1：206	9.6	4.2	4.5	景德镇	完整	
100	2009NXXBW1：207	9.5	4.2	4.5	景德镇	完整	
101	2009NXXBW1：208	9.7	4.6	4.5	景德镇	完整	
102	2009NXXBW1：209	9.5	4.5	4.4	景德镇	完整	
103	2009NXXBW1：210	9.6	4.3	4.4	景德镇	完整	
104	2009NXXBW1：211	9.8	4.3	4.7	景德镇	完整	
105	2009NXXBW1：212	9.8	4.7	4.7	景德镇	完整	
106	2009NXXBW1：213	9.8	4.3	4.5	景德镇	完整	
107	2009NXXBW1：214	9.7	4.3	4.3	景德镇	完整	
108	2009NXXBW1：215	9.4	4.6	4.4	景德镇	完整	
109	2009NXXBW1：216	9.4	4.3	4.3	景德镇	完整	
110	2009NXXBW1：217	9.6	4.1	4.4	景德镇	完整	
111	2009NXXBW1：218	9.7	4.4	4.6	景德镇	完整	

续表

序号	器物编号	口径/厘米	底径/厘米	高/厘米	产地	完残情况	备注
112	2009NXXBW1：219	9.6	4.5	4.3	景德镇	完整	
113	2009NXXBW1：220	9.7	4.7	4.4	景德镇	完整	
114	2009NXXBW1：221	9.7	4.5	4.6	景德镇	完整	
115	2009NXXBW1：222	10	4.6	4.5	景德镇	完整	
116	2009NXXBW1：223	9.7	4.6	4.6	景德镇	完整	
117	2009NXXBW1：224	9.6	4.5	4.1	景德镇	完整	
118	2009NXXBW1：225	9.5	4.3	4.4	景德镇	完整	
119	2009NXXBW1：226	9.4	4.4	4.5	景德镇	完整	
120	2009NXXBW1：227	9.4	4.3	4.2	景德镇	完整	
121	2009NXXBW1：228	9.7	4.3	4.5	景德镇	完整	
122	2009NXXBW1：229	9.4	4.3	4.4	景德镇	完整	
123	2009NXXBW1：230	9.8	4.6	4.4	景德镇	完整	
124	2009NXXBW1：231	9.7	4.5	4.4	景德镇	完整	
125	2009NXXBW1：232	9.5	4.3	4.4	景德镇	完整	
126	2009NXXBW1：233	9.6	4.3	4.5	景德镇	完整	
127	2009NXXBW1：234	9.5	4.6	4.3	景德镇	完整	
128	2009NXXBW1：235	9.4	4.4	4.4	景德镇	完整	
129	2009NXXBW1：236	9.7	4.5	4.4	景德镇	完整	纹饰清晰流畅
130	2009NXXBW1：237	9.8	4.7	4.3	景德镇	完整	
131	2009NXXBW1：238	9.5	4.1	4.7	景德镇	完整	
132	2009NXXBW1：239	9.5	4.5	4.4	景德镇	完整	
133	2009NXXBW1：240	9.5	4.2	4.3	景德镇	完整	
134	2009NXXBW1：241	9.5	4.2	4.5	景德镇	完整	
135	2009NXXBW1：242	9.6	4.2	4.5	景德镇	完整	
136	2009NXXBW1：243	9.8	4.5	4.5	景德镇	完整	
137	2009NXXBW1：244	9.7	4.5	4.5	景德镇	完整	
138	2009NXXBW1：245	9.5	4.3	4.3	景德镇	完整	
139	2009NXXBW1：246	9.8	4.2	4.5	景德镇	完整	
140	2009NXXBW1：247	9.2	4.4	4.3	景德镇	完整	
141	2009NXXBW1：248	9.2	4.4	4.5	景德镇	完整	
142	2009NXXBW1：249	9.7	4.5	4.5	景德镇	完整	
143	2009NXXBW1：250	10	4.3	4.6	景德镇	完整	
144	2009NXXBW1：251	9.4	4.3	4.4	景德镇	完整	
145	2009NXXBW1：252	9.5	4.4	4.6	景德镇	完整	

续表

序号	器物编号	口径/厘米	底径/厘米	高/厘米	产地	完残情况	备注
146	2009NXXBW1：253	10	4.5	4.6	景德镇	完整	
147	2009NXXBW1：254	9.6	4.5	4.5	景德镇	完整	
148	2009NXXBW1：255	9.7	4.6	4.5	景德镇	完整	
149	2009NXXBW1：256	9.4	4.5	4.5	景德镇	完整	
150	2009NXXBW1：257	9.5	4.1	4.5	景德镇	完整	
151	2009NXXBW1：258	9.7	4.3	4.7	景德镇	完整	
152	2009NXXBW1：259	9.5	4.4	4.6	景德镇	完整	
153	2009NXXBW1：260	9.5	4.4	4.6	景德镇	完整	
154	2009NXXBW1：261	9.3	4.4	4.6	景德镇	完整	
155	2009NXXBW1：262	9.3	4.6	4.6	景德镇	完整	
156	2009NXXBW1：263	9.5	4.6	4.5	景德镇	完整	
157	2009NXXBW1：264	9.5	4.5	4.5	景德镇	完整	
158	2009NXXBW1：265	9.4	4.4	4.2	景德镇	完整	
159	2009NXXBW1：266	9.7	4.6	4.3	景德镇	完整	
160	2009NXXBW1：267	9.8	4.5	4.6	景德镇	完整	
161	2009NXXBW1：268	9.6	4.4	4.5	景德镇	完整	
162	2009NXXBW1：269	9.6	4.4	4.6	景德镇	完整	
163	2009NXXBW1：270	9.4	4.3	4.5	景德镇	完整	纹饰清晰流畅
164	2009NXXBW1：271	9.7	4.4	4.4	景德镇	完整	
165	2009NXXBW1：272	9.8	4.5	4.6	景德镇	完整	
166	2009NXXBW1：273	9.8	4.6	4.5	景德镇	完整	
167	2009NXXBW1：274	9.7	4.4	4.6	景德镇	完整	
168	2009NXXBW1：275	9.5	4.3	4.3	景德镇	完整	
169	2009NXXBW1：278	9.6	4.6	4.3	景德镇	完整	
170	2009NXXBW1：279	9.5	4.5	4.2	景德镇	完整	
171	2009NXXBW1：280	9.8	4.7	4.4	景德镇	完整	
172	2009NXXBW1：281	9.6	4.5	4.5	景德镇	完整	
173	2009NXXBW1：282	9.7	4.6	4.5	景德镇	完整	
174	2009NXXBW1：283	9.7	4.7	4.5	景德镇	完整	
175	2009NXXBW1：284	9.4	4.6	4.2	景德镇	完整	
176	2009NXXBW1：285	9.7	4.5	4.6	景德镇	完整	
177	2009NXXBW1：286	9.6	4.3	4.7	景德镇	完整	
178	2009NXXBW1：287	9.3	4.3	4.4	景德镇	完整	
179	2009NXXBW1：288	9.8	4.5	4.5	景德镇	完整	

续表

序号	器物编号	口径/厘米	底径/厘米	高/厘米	产地	完残情况	备注
180	2009NXXBW1：289	9.7	4.4	4.5	景德镇	完整	
181	2009NXXBW1：290	9.8	4.5	4.7	景德镇	完整	
182	2009NXXBW1：291	9.6	4.5	4.8	景德镇	完整	
183	2009NXXBW1：292	9.6	4.4	4.5	景德镇	完整	
184	2009NXXBW1：293	9.7	4.5	4.5	景德镇	完整	
185	2009NXXBW1：294	9.7	4.3	4.8	景德镇	完整	
186	2009NXXBW1：295	9.7	4.4	4.4	景德镇	完整	
187	2009NXXBW1：296	9.4	4.4	4.6	景德镇	完整	
188	2009NXXBW1：297	9.6	4.2	4.6	景德镇	完整	
189	2009NXXBW1：298	9.8	4.3	4.7	景德镇	完整	
190	2009NXXBW1：299	9.5	4.6	4.8	景德镇	完整	
191	2009NXXBW1：300	9.6	4.2	4.3	景德镇	完整	
192	2009NXXBW1：301	9.6	4.2	4.4	景德镇	完整	
193	2009NXXBW1：302	9.7	4.2	4.5	景德镇	完整	
194	2009NXXBW1：303	9.5	4.2	4.5	景德镇	完整	
195	2009NXXBW1：304	9.7	4.1	4.5	景德镇	完整	
196	2009NXXBW1：305	9.4	4.2	4.7	景德镇	完整	
197	2009NXXBW1：306	9.6	4.9	4.7	景德镇	完整	纹饰清晰流畅
198	2009NXXBW1：307	9.7	4.4	4.6	景德镇	完整	
199	2009NXXBW1：308	9.9	4.4	4.7	景德镇	完整	
200	2009NXXBW1：309	9.6	4.4	4.5	景德镇	完整	
201	2009NXXBW1：310	9.9	4.7	4.5	景德镇	完整	
202	2009NXXBW1：311	9.8	4.5	4.6	景德镇	完整	
203	2009NXXBW1：312	9.8	4.5	4.5	景德镇	完整	
204	2009NXXBW1：313	9.8	4.5	4.6	景德镇	完整	
205	2009NXXBW1：314	9.7	4.5	4.5	景德镇	完整	
206	2009NXXBW1：315	9.7	4.5	4.5	景德镇	完整	
207	2009NXXBW1：316	9.9	4.5	4.4	景德镇	完整	
208	2009NXXBW1：317	9.8	4.3	4.5	景德镇	完整	
209	2009NXXBW1：318	9.8	4.5	4.5	景德镇	完整	
210	2009NXXBW1：319	9.8	4.7	4.5	景德镇	完整	
211	2009NXXBW1：320	9.8	4.7	4.5	景德镇	完整	
212	2009NXXBW1：321	9.6	4.6	4.4	景德镇	完整	
213	2009NXXBW1：322	9.3	4.4	4.5	景德镇	完整	

序号	器物编号	口径/厘米	底径/厘米	高/厘米	产地	完残情况	备注
214	2009NXXBW1：323	9.9	4.4	4.5	景德镇	完整	
215	2009NXXBW1：324	9.6	4.2	4.5	景德镇	完整	
216	2009NXXBW1：325	9.7	4.2	4.6	景德镇	完整	
217	2009NXXBW1：326	9.7	4.4	4.5	景德镇	完整	
218	2009NXXBW1：327	9.5	4.4	4.5	景德镇	完整	
219	2009NXXBW1：328	9.6	4.6	4.4	景德镇	完整	
220	2009NXXBW1：329	9.3	4.4	4.5	景德镇	完整	
221	2009NXXBW1：330	9.6	4.4	4.4	景德镇	完整	
222	2009NXXBW1：331	9.7	4.4	4.5	景德镇	完整	
223	2009NXXBW1：332	9.8	4.4	4.5	景德镇	完整	
224	2009NXXBW1：333	9.6	4.6	4.3	景德镇	完整	
225	2009NXXBW1：334	9.7	4.5	4.5	景德镇	完整	
226	2009NXXBW1：335	9.8	4.5	4.5	景德镇	完整	
227	2009NXXBW1：336	9.4	4.3	4.3	景德镇	完整	
228	2009NXXBW1：337	9.8	4.7	4.5	景德镇	完整	
229	2009NXXBW1：338	9.6	4.4	4.4	景德镇	完整	
230	2009NXXBW1：339	9.7	4.4	4.5	景德镇	完整	
231	2009NXXBW1：340	10	4.6	4.3	景德镇	完整	纹饰清晰流畅
232	2009NXXBW1：341	9.9	4.5	4.2	景德镇	完整	
233	2009NXXBW1：342	9.6	4.4	4.4	景德镇	完整	
234	2009NXXBW1：343	9.7	4.4	4.5	景德镇	完整	
235	2009NXXBW1：344	9.8	4.5	4.5	景德镇	完整	
236	2009NXXBW1：345	9.6	4.4	4.4	景德镇	完整	
237	2009NXXBW1：346	9.8	4.4	4.5	景德镇	完整	
238	2009NXXBW1：347	9.8	4.4	4.5	景德镇	完整	
239	2009NXXBW1：348	9.6	4.6	4.3	景德镇	完整	
240	2009NXXBW1：349	9.7	4.5	4.5	景德镇	完整	
241	2009NXXBW1：350	9.6	4.5	4.3	景德镇	完整	
242	2009NXXBW1：351	9.7	4.5	4.4	景德镇	完整	
243	2009NXXBW1：352	9.6	4.5	4.7	景德镇	完整	
244	2009NXXBW1：353	9.8	4.5	4.6	景德镇	完整	
245	2009NXXBW1：354	9.8	4.4	4.7	景德镇	完整	
246	2009NXXBW1：355	9.7	4.5	4.5	景德镇	完整	
247	2009NXXBW1：356	9.7	4.6	4.6	景德镇	完整	

续表

序号	器物编号	口径/厘米	底径/厘米	高/厘米	产地	完残情况	备注
248	2009NXXBW1：357	9.7	4.5	4.6	景德镇	完整	
249	2009NXXBW1：358	9.7	4.4	4.5	景德镇	完整	
250	2009NXXBW1：359	9.6	4.5	4.3	景德镇	完整	
251	2009NXXBW1：360	9.5	4.3	4.4	景德镇	完整	
252	2009NXXBW1：361	9.7	4.5	4.5	景德镇	完整	
253	2009NXXBW1：362	9.6	4.3	4.5	景德镇	完整	
254	2009NXXBW1：363	9.4	4.2	4.6	景德镇	完整	
255	2009NXXBW1：364	9.8	4.3	4.4	景德镇	完整	
256	2009NXXBW1：365	9.7	4.7	4.5	景德镇	完整	
257	2009NXXBW1：366	9.6	4.6	4.3	景德镇	完整	
258	2009NXXBW1：367	9.7	4.5	4.6	景德镇	完整	
259	2009NXXBW1：368	9.7	4.3	4.6	景德镇	完整	
260	2009NXXBW1：369	9.6	4.3	4.5	景德镇	完整	
261	2009NXXBW1：370	9.5	4.2	4.6	景德镇	完整	
262	2009NXXBW1：371	9.7	4.7	4.5	景德镇	完整	
263	2009NXXBW1：372	9.4	4.4	4.5	景德镇	完整	
264	2009NXXBW1：373	9.8	4.4	4.5	景德镇	完整	纹饰清晰流畅
265	2009NXXBW1：374	9.7	4.2	4.7	景德镇	完整	
266	2009NXXBW1：375	9.6	4.5	4.4	景德镇	完整	
267	2009NXXBW1：376	9.6	4.4	4.5	景德镇	完整	
268	2009NXXBW1：377	9.8	4.4	4.3	景德镇	完整	
269	2009NXXBW1：378	9.6	4.5	4.3	景德镇	完整	
270	2009NXXBW1：379	9.4	4.5	4.6	景德镇	完整	
271	2009NXXBW1：380	9.6	4.4	4.6	景德镇	完整	
272	2009NXXBW1：381	10	4.4	4.6	景德镇	完整	
273	2009NXXBW1：382	9.8	4.7	4.5	景德镇	完整	
274	2009NXXBW1：383	9.7	4.4	4.7	景德镇	完整	
275	2009NXXBW1：384	9.7	4.4	4.6	景德镇	完整	
276	2009NXXBW1：385	9.6	4.4	4.7	景德镇	完整	
277	2009NXXBW1：386	9.8	4.5	4.5	景德镇	完整	
278	2009NXXBW1：387	9.5	4.1	4.5	景德镇	完整	
279	2009NXXBW1：388	9.6	4.3	4.6	景德镇	完整	
280	2009NXXBW1：390	9.6	4.3	4.5	景德镇	完整	
281	2009NXXBW1：391	9.5	4.5	4.4	景德镇	完整	

续表

序号	器物编号	口径/厘米	底径/厘米	高/厘米	产地	完残情况	备注
282	2009NXXBW1：392	9.8	4.5	4.6	景德镇	完整	
283	2009NXXBW1：393	9.6	4.2	4.6	景德镇	完整	
284	2009NXXBW1：394	9.6	4.4	4.4	景德镇	完整	
285	2009NXXBW1：395	9.5	4.3	4.4	景德镇	完整	
286	2009NXXBW1：396	9.5	4.2	4.5	景德镇	完整	
287	2009NXXBW1：397	9.5	4.4	4.4	景德镇	完整	
288	2009NXXBW1：398	9.8	4.4	4.5	景德镇	完整	
289	2009NXXBW1：399	9.7	4.5	4.5	景德镇	完整	
290	2009NXXBW1：400	10	4.5	4.6	景德镇	完整	
291	2009NXXBW1：401	9.8	4.8	4.5	景德镇	完整	
292	2009NXXBW1：402	9.4	4.8	4.6	景德镇	完整	
293	2009NXXBW1：403	9.8	4.6	4.7	景德镇	完整	
294	2009NXXBW1：404	9.8	4.5	4.6	景德镇	完整	
295	2009NXXBW1：405	9.6	4.5	4.6	景德镇	完整	
296	2009NXXBW1：406	9.5	4.2	4.5	景德镇	完整	
297	2009NXXBW1：407	9.7	4.3	4.5	景德镇	完整	
298	2009NXXBW1：408	9.7	4.4	4.5	景德镇	完整	
299	2009NXXBW1：409	9.7	4.5	4.5	景德镇	完整	纹饰清晰流畅
300	2009NXXBW1：410	9.6	4.5	4.5	景德镇	完整	
301	2009NXXBW1：411	9.8	4.2	4.7	景德镇	完整	
302	2009NXXBW1：412	9.7	4.7	4.5	景德镇	完整	
303	2009NXXBW1：413	9.9	4.4	4.6	景德镇	完整	
304	2009NXXBW1：414	9.4	4.5	4.6	景德镇	完整	
305	2009NXXBW1：415	9.7	4.2	4.5	景德镇	完整	
306	2009NXXBW1：416	9.4	4.4	4.3	景德镇	完整	
307	2009NXXBW1：417	9.5	4.3	4.3	景德镇	完整	
308	2009NXXBW1：418	9.5	4.3	4.3	景德镇	完整	
309	2009NXXBW1：419	9.6	4.4	4.3	景德镇	口沿微残	
310	2009NXXBW1：420	9.8	4.4	4.7	景德镇	完整	
311	2009NXXBW1：421	9.6	4.4	4.7	景德镇	完整	
312	2009NXXBW1：422	9.5	4.4	4.5	景德镇	完整	
313	2009NXXBW1：423	9.7	4.3	4.6	景德镇	完整	
314	2009NXXBW1：424	9.5	4.6	4.5	景德镇	完整	
315	2009NXXBW1：425	9.6	4.3	4.6	景德镇	完整	

续表

序号	器物编号	口径/厘米	底径/厘米	高/厘米	产地	完残情况	备注
316	2009NXXBW1：426	9.4	4.2	4.5	景德镇	完整	
317	2009NXXBW1：427	9.7	4.5	4.5	景德镇	完整	
318	2009NXXBW1：428	10	4.8	4.5	景德镇	完整	
319	2009NXXBW1：429	9.7	4.5	4.4	景德镇	完整	
320	2009NXXBW1：430	9.8	4.7	4.5	景德镇	完整	
321	2009NXXBW1：433	9.5	4.3	4.5	景德镇	残，可复原	
322	2009NXXBW1：435	9.5	4.5	4.5	景德镇	残，可复原	
323	2009NXXBW1：436	9.7	4.6	4.5	景德镇	残，可复原	
324	2009NXXBW1：437	9.5	4.5	4.3	景德镇	残，可复原	
325	2009NXXBW1：439	9.5	4.5	4.3	景德镇	残，可复原	
326	2009NXXBW1：440	9.5	4.5	4.4	景德镇	残，可复原	
327	2009NXXBW1：442	9.9	4.4	4.5	景德镇	残，可复原	
328	2009NXXBW1：444	9.6	4.4	4.5	景德镇	残，可复原	
329	2009NXXBW1：445	9.5	4.2	4.5	景德镇	残，可复原	
330	2009NXXBW1：447	9.6	4.2	4.3	景德镇	残，可复原	
331	2009NXXBW1：448	9.9	4.6	4.4	景德镇	残，可复原	
332	2009NXXBW1：449	9.4	4.6	4.5	景德镇	残，可复原	
333	2009NXXBW1：450	9.6	4.2	4.5	景德镇	残，可复原	纹饰清晰流畅
334	2009NXXBW1：451	9.7	4.3	4.5	景德镇	残，可复原	
335	2009NXXBW1：453	9.7	4.7	4.4	景德镇	残，可复原	
336	2009NXXBW1：454	10	4.5	4.4	景德镇	残，可复原	
337	2009NXXBW1：455	9.8	4.3	4.6	景德镇	残，可复原	
338	2009NXXBW1：457	9.6	4.4	4.5	景德镇	残，可复原	
339	2009NXXBW1：458	9.4	4.5	4.5	景德镇	残，可复原	
340	2009NXXBW1：459	9.8	4.7	4.6	景德镇	残，可复原	
341	2009NXXBW1：460	9.6	4.6	4.6	景德镇	残，可复原	
342	2009NXXBW1：461	9.6	4.4	4.6	景德镇	残，可复原	
343	2009NXXBW1：462	9.5	4.5	4.4	景德镇	残，可复原	
344	2009NXXBW1：465	9.7	4.4	4.4	景德镇	残，可复原	
345	2009NXXBW1：466	9.7	4.4	4.5	景德镇	残，可复原	
346	2009NXXBW1：472	9.6	4.3	4.3	景德镇	完整	
347	2009NXXBW1：473	9.7	4.7	4.3	景德镇	完整	
348	2012NXXBW1：37	9.8	4.6	4.3	景德镇	完整	
349	2012NXXBW1：42	9.7	4.5	4.4	景德镇	完整	

序号	器物编号	口径/厘米	底径/厘米	高/厘米	产地	完残情况	备注
350	2014NXXBW1：97	9.7	4.4	4.3	景德镇	完整	
351	2014NXXBW1：112	9.4	4.4	4.3	景德镇	完整	
352	2014NXXBW1：113	9.8	4.7	4.2	景德镇	完整	纹饰清晰流畅
353	2014NXXBW1：134	9.8	4.5	4.5	景德镇	残，可复原	
354	2014NXXBW1：136	9.8	4.2	4.7	景德镇	残，可复原	
355	2009NXXBW1：160	9.4	4.5	4.6	景德镇	完整	
356	2009NXXBW1：183	9.5	4.2	4.6	景德镇	完整	
357	2009NXXBW1：276	9.2	4.4	4.3	景德镇	完整	
358	2009NXXBW1：277	9.4	4.3	4.2	景德镇	完整	
359	2009NXXBW1：389	9.8	4.7	4.5	景德镇	完整	
360	2009NXXBW1：432	9.9	4.4	4.3	景德镇	残，可复原	
361	2009NXXBW1：434	9.5	4.5	4.5	景德镇	残，可复原	
362	2009NXXBW1：438	9.5	4.6	4.7	景德镇	残，可复原	纹饰模糊晕散
363	2009NXXBW1：441	9.5	4.5	4.6	景德镇	残，可复原	
364	2009NXXBW1：443	9.8	4.7	4.7	景德镇	残，可复原	
365	2009NXXBW1：446	9.7	4.4	4.5	景德镇	残，可复原	
366	2009NXXBW1：452	10	4.7	4.4	景德镇	残，可复原	
367	2009NXXBW1：456	9.9	4.8	4.5	景德镇	残，可复原	
368	2009NXXBW1：463	10	4.5	4.5	景德镇	残，可复原	
369	2009NXXBW1：464	9.8	4.4	4.6	景德镇	残，可复原	
370	2009NXXBW1：467	10	4.5	4.7	景德镇	残，可复原	

（2）灵芝纹碗

2件。敞口，弧腹较深，圈足。胎质细白，白釉泛青，釉面莹润，足沿无釉。青花色泽艳丽。外腹壁满饰两层灵芝纹，圈足外壁饰三周弦纹，外底心饰双弦纹，内饰青花方形印章式款。均发现于船体西南部外侧。标本2014NXXBW1：61，残，可复原。内腹壁满饰三层灵芝纹，内底饰一周葵纹，内底心饰一朵折枝花卉。口径16.4、底径7.4、高7.8厘米（图三六，1；图版四九，1~3）。标本2014NXXBW1：63，口沿残，可复原。内腹壁素面，内底饰两圈弦纹，内底心饰一朵折枝花卉。口径13.8、底径6.1、高6.8厘米（图三六，2；图版四九，4~6）。

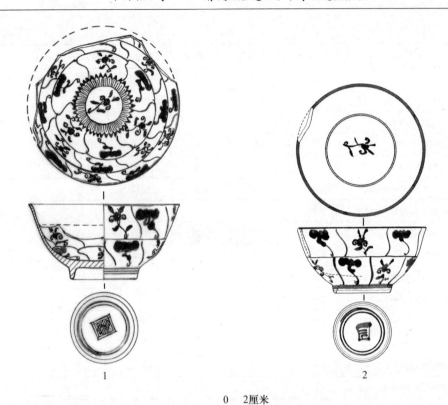

图三六　灵芝纹弧腹青花瓷碗

1. 2014NXXBW1∶61　2. 2014NXXBW1∶63

2. 斜腹碗

27件。主体纹样有竖线纹、折线纹、草叶纹、花草纹四种（表一八）。

竖线纹碗　2件。敞口，斜直腹，圈足。内底涩圈，外底心有鸡心突。胎灰白，质较细。白釉泛灰，足底无釉。青花色泽泛灰。内底饰一周青花粗弦纹，外壁口沿下双弦纹间饰竖线纹，线条随意且较细。标本2014NXXBW1∶116，残，可复原。口径12.2、底径6.7、高4.6厘米（图三七，1；图版五〇，1~3）。

折线纹碗　3件。敞口，斜弧腹，圈足。内底涩圈，外底心有脐突。红胎，质较酥。釉泛灰，足底无釉。青花色泽泛灰。内底饰一周青花粗弦纹，中心饰一青花圆圈，笔法草率；外壁口沿下饰三组平行折线纹，腹底部与圈足间饰两周弦纹。标本2014NXXBW1∶117，残，可复原。口径13、底径6.2、高4.4厘米（图三五，2；图版五〇，4~6）。

草叶纹碗　5件。敞口，斜直腹，圈足。白釉泛灰，足沿无釉，内底涩圈。青花色泽泛灰。口沿外侧饰一周弦纹，外腹饰五组草叶纹，内底、圈足外壁各饰两

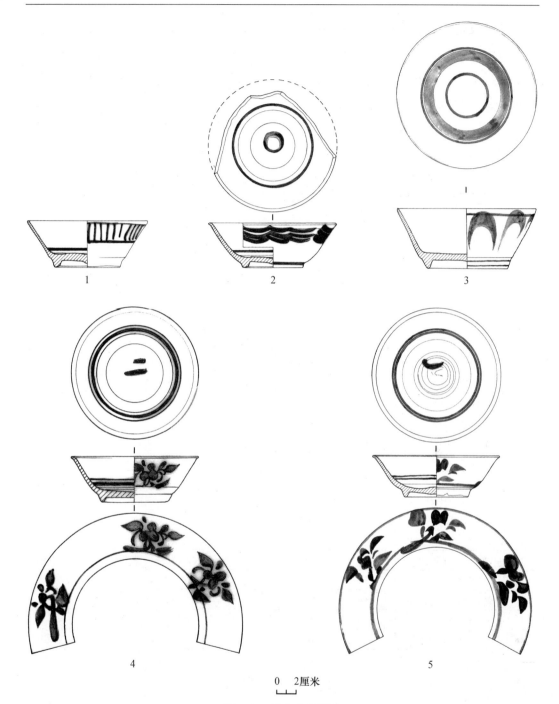

图三七 斜腹青花瓷碗

1. 竖线纹碗（2014NXXBW1：116） 2. 折线纹碗（2014NXXBW1：117） 3. 草叶纹碗（2014NXXBW1：57）
4、5. 花草纹碗（2012NXXBW1：39、2014NXXBW1：75）

周弦纹。标本2014NXXBW1：57，完整。口径14.3、底径8.2、高6厘米（图三五，3；图版五一，1~3）。

花草纹碗　17件。敞口，斜弧腹，圈足，内底涩圈。胎灰白，质较细。釉色泛灰或灰白，足沿无釉。青花色泽泛灰，部分呈灰褐色。内底有青花双弦纹，部分内底心书行书"二"或"一"字；外腹壁饰三朵折枝花卉。标本2012NXXBW1∶39，完整。釉色泛灰白。内底心书行书"二"字。口径13.4、底径6.3、高4.6厘米（图三七，4）。标本2014NXXBW1∶75，完整。釉色泛灰。内底心书行书"一"字。口径13.2、底径6.7、高4.1厘米（图三七，5；图版五一，4~6）。

表一八　斜腹青花瓷碗

序号	器物编号	口径/厘米	底径/厘米	高/厘米	完残情况	备注
竖线纹碗						
1	2014NXXBW1∶64	12.6	6.5	4.5	残，可复原	—
2	2014NXXBW1∶116	12.2	6.7	4.6	残，可复原	
折线纹碗						
3	2009NXXBW1∶9	12.5	6.1	4.8	残，可复原	灰釉较厚
4	2014NXXBW1∶78	12.5	6	4.3	残，可复原	灰釉较薄，露红胎
5	2014NXXBW1∶117	13	6.2	4.4	残，可复原	灰釉较厚，露红胎
草叶纹碗						
6	2008NXXBW1∶3	14.5	8	5.4	口沿微残	表面附着海生物
7	2009NXXBW1∶8	14.6	8.4	5.4	残，可复原	
8	2012NXXBW1∶41	14.2	8.2	5.6	残，可复原	—
9	2014NXXBW1∶57	14.3	8.2	6	完整	
10	2014NXXBW1∶118	14.1	7.5	5.3	残，可复原	
花草纹碗						
11	2009NXXBW1∶4	13.1	6.8	5.3	完整	灰白釉 内底心书 "二"字
12	2012NXXBW1∶39	13.4	6.3	4.6	完整	
13	2012NXXBW1∶40	13.7	6.5	4.5	残，可复原	
14	2014NXXBW1∶2	13	7	4.8	残，可复原	
15	2014NXXBW1∶77	13.7	6.5	4.5	残，可复原	
16	2012NXXBW1∶38	13.2	6.7	4.1	残，可复原	—
17	2012NXXBW1∶6	14.2	5.7	5.1	完整	
18	2014NXXBW1∶75	13.2	6.7	4.1	完整	内底心书 "一"字
19	2014NXXBW1∶135	13.4	6.8	4.9	残，可复原	
20	2009NXXBW1∶5	12.9	7.2	4.5	完整	灰釉 —
21	2014NXXBW1∶76	13.1	6.4	4.1	口沿微残	
22	2014NXXBW1∶82	13.2	5.7	4.5	残，可复原	
23	2014NXXBW1∶95	13.1	6.4	4.1	残，可复原	
24	2014NXXBW1∶133	13	7	4.8	残，可复原	
25	2014NXXBW1∶141	13.4	6.3	4.6	残，可复原	
26	2012NXXBW1∶7	13.2	5.7	4.5	口沿微残	
27	2014NXXBW1∶142	13.2	5.7	4.5	残，可复原	

（二）豆

24件。菱花口，折沿，浅弧腹，盘心较平，高圈足外撇。胎细白，白釉泛青，釉面莹润，足沿无釉。青花色泽鲜艳，有晕散效果。圈足饰四组弦纹，第二、三组弦纹之间饰纹饰（表一九）。

其中15件盘心绘花草纹。除了盘心花瓣数量略有差异外，纹样基本一致；盘沿、内腹绘青花地纹；外腹绘十五组花草纹，其下为放射性直线纹。标本2014NXXBW1：42，完整。盘心绘19瓣花瓣。口径11、底径6、高5厘米（图三八，1；图版五二，1~3）。

此外，9件盘心绘莲子纹。纹样基本一致，盘沿、内外腹部绘十五组花草纹。标本2012NXXBW1：76，完整。口径11、底径6、高4.7厘米（图三八，2；图版五二，4~6）。

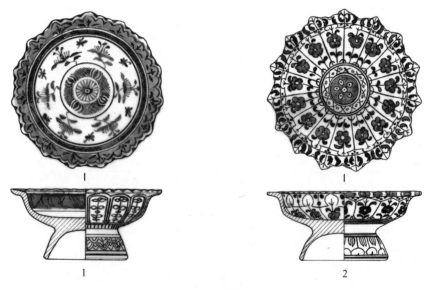

0 2厘米

图三八 青花瓷豆

1. 2014NXXBW1：42 2. 2012NXXBW1：76

表一九 青花瓷豆

序号	器物编号	口径/厘米	底径/厘米	高/厘米	产地	完残情况	备注
1	2008NXXBW1：5	10.9	5.7	5	景德镇	残，可复原	
2	2009NXXBW1：11	10.8	6.2	5.4	景德镇	完整	盘心绘花草纹
3	2012NXXBW1：69	10.9	5.7	5	景德镇	完整	

续表

序号	器物编号	口径/厘米	底径/厘米	高/厘米	产地	完残情况	备注
4	2012NXXBW1：70	10.9	5.7	5	景德镇	完整	盘心绘花草纹
5	2012NXXBW1：71	10.9	5.8	4.9	景德镇	完整	
6	2012NXXBW1：72	10.9	5.9	5	景德镇	完整	
7	2012NXXBW1：73	10.9	5.7	5.1	景德镇	完整	
8	2014NXXBW1：14	10.9	5.7	5	景德镇	口沿微残	
9	2014NXXBW1：15	11	5.8	5.1	景德镇	完整	
10	2014NXXBW1：27	10.9	5.7	5	景德镇	完整	
11	2014NXXBW1：28	11	5.8	5.1	景德镇	完整	
12	2014NXXBW1：41	10.9	5.7	5	景德镇	完整	
13	2014NXXBW1：42	11	6	5	景德镇	完整	
14	2014NXXBW1：55	11.1	6	4.9	景德镇	完整	
15	2014NXXBW1：115	11	5.9	5	景德镇	完整	
16	2008NXXBW1：6	11.2	6.1	5	景德镇	残，可复原	盘心绘莲子纹
17	2012NXXBW1：74	11	6.1	5	景德镇	完整	
18	2012NXXBW1：75	11.1	5.9	5	景德镇	完整	
19	2012NXXBW1：76	11	6	4.7	景德镇	完整	
20	2012NXXBW1：77	11	6	4.8	景德镇	完整	
21	2014NXXBW1：39	11	6.1	4.7	景德镇	残，可复原	
22	2014NXXBW1：40	11.1	5.9	5	景德镇	完整	
23	2014NXXBW1：54	11	6.1	5	景德镇	残，可复原	
24	2014NXXBW1：64	11.7	6.5	5	景德镇	完整	

（三）盘

8件。主体纹样有福字纹、花草纹、灵芝纹三种（表二〇）。

福字纹盘　5件。敞口，圆唇，斜弧腹，圈足底。胎灰白，质细。釉青白色，釉层较厚，外足端刮釉。青花色泽泛灰。内腹绘一圈菊瓣纹，菊瓣纹呈水滴形，夹于双弦纹之间；内底涩圈，内底心书带圆周纹的"福"字；外腹口沿下饰一道弦纹，圈足外壁有两道弦纹，外底心有脐突。标本2012NXXBW1：78，完整。口径16、底径9.3、高3.6厘米（图三九，1；图版五三，1～3）。

花草纹盘　1件。2008NXXBW1：4，残，可复原。敞口，圆唇，斜弧腹，圈足。内底涩圈，外底心有脐突。胎灰白，质较细。釉色青白，釉层较厚，外足端刮

图三九 青花瓷盘、碟

1. 福字纹盘（2012NXXBW1∶78） 2. 花草纹盘（2008NXXBW1∶4） 3. 灵芝纹盘（2012NXXBW1∶81）

4. 缠枝花卉纹碟（2014NXXBW1∶119）

釉。青花色泽泛灰。内外腹及内底饰草叶纹。器表附着贝壳。口径17.2、底径8.2、高3.4厘米（图三九，2；图版五三，4~6）。

灵芝纹盘　2件。敞口，圆唇，斜弧腹，圈足底。胎质细白，白釉泛青，釉面莹润，足沿无釉。青花较浓，色泽艳丽。内腹饰满灵芝纹，内底边缘饰葵纹一周，中心饰折枝花卉一朵；外腹饰折枝花卉3朵，外底饰双弦纹，中心绘青花方形印章式款。标本2012NXXBW1：81，完整。口径15.1、底径9.6、高2.7厘米（图三九，3；图版五四，1~3）。

表二〇　青花瓷盘

序号	器物编号	口径/厘米	底径/厘米	高/厘米	产地	完残情况	备注
1	2009NXXBW1：10	15.4	9.2	3.8	—	残，可复原	
2	2012NXXBW1：78	16	9.3	3.6	—	完整	
3	2012NXXBW1：79	15.5	9.5	3.7	—	残，可复原	菊瓣纹，内底心书福字
4	2012NXXBW1：80	15.3	9.6	3.5	—	残，可复原	
5	2014NXXBW1：120	15.4	9.4	3.7	—	残，可复原	
6	2008NXXBW1：4	17.2	8.2	3.4	—	残，可复原	花草纹
7	2012NXXBW1：81	15.1	9.6	2.7	景德镇	完整	灵芝纹
8	2014NXXBW1：72	15	9.2	2.8	景德镇	残，可复原	

（四）碟

2件。敞口，斜弧腹，圈足，制作规整。胎质细白，白釉泛青，釉面莹润，足沿无釉。青花颜色浓重，晕散明显，纹样线条流畅。内壁饰青花地纹，内底满饰缠枝花叶纹，边缘饰两周弦纹；口沿外侧饰双弦纹，外壁饰缠枝花卉纹，圈足外壁饰一周弦纹。标本2014NXXBW1：119，口沿残，可复原。口径8.9、底径4.5、高2.4厘米（图三九，4；图版五四，4~6）。

（五）杯

25件。敞口，弧腹较深，圈足，制作规整。胎质细白，白釉泛青，釉面莹润，足沿无釉（表二一）。

其中24件青花有晕散，纹样模糊。口沿内侧饰缠枝花叶纹边饰条带，夹于双弦纹之间，内底心双圈内饰折枝花卉纹；外壁口沿下饰一周弦纹，腹饰缠枝花叶纹，纹样较密，间以双弦纹；圈足外壁饰一周弦纹。外底心有青花方形印章式款。标本

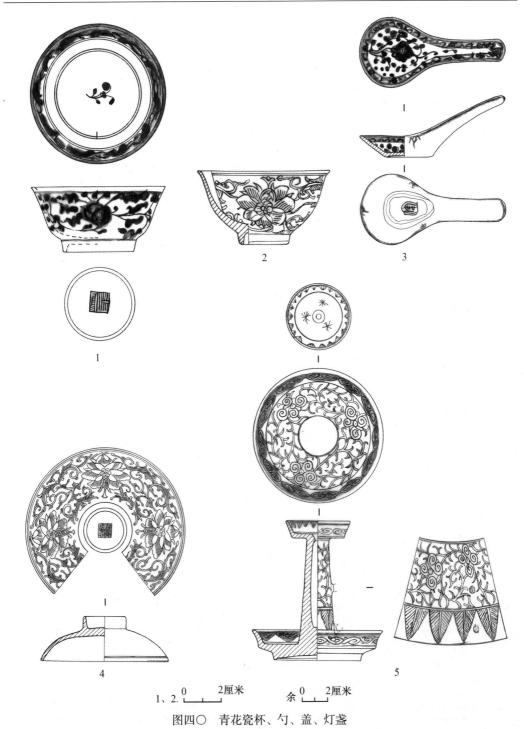

1、2. $\underset{}{\overset{0}{\vdash}}\rule{1.5cm}{0pt}\overset{2厘米}{\dashv}$　　余 $\underset{}{\overset{0}{\vdash}}\rule{1.5cm}{0pt}\overset{2厘米}{\dashv}$

图四〇　青花瓷杯、勺、盖、灯盏

1、2. 缠枝花卉纹杯（2009NXXBW1：79、2014NXXBW1：138）　3. 缠枝花卉纹勺（2014NXXBW1：101）

4. 缠枝花卉纹盖（2009NXXBW1：12）　5. 灯盏（2008NXXBW1：16）

2009NXXBW1：79，完整。口径6.8、底径3.4、高3厘米（图四〇，1；图版五五，1~3）。

此外，1件青花无渲染，纹样清晰。2014NXXBW1：138，残，可复原。外壁口沿下饰两周弦纹，腹壁满饰缠枝花卉纹，圈足外壁饰一周弦纹。口径6.9、底径2.6、高3.7厘米（图四〇，2；图版五五，4~6）。

表二一　青花瓷杯

序号	器物编号	口径/厘米	底径/厘米	高/厘米	产地	完残情况	备注
1	2009NXXBW1：79	6.8	3.4	3	景德镇	完整	
2	2009NXXBW1：80	7	3.2	3.2	景德镇	完整	
3	2009NXXBW1：81	6.7	3	3.4	景德镇	完整	
4	2009NXXBW1：82	6.9	3	3.4	景德镇	完整	
5	2009NXXBW1：83	6.7	3.1	3.5	景德镇	完整	
6	2009NXXBW1：84	6.8	3.2	3.3	景德镇	完整	
7	2009NXXBW1：85	6.7	3.2	3.4	景德镇	完整	
8	2009NXXBW1：86	6.9	3	3.2	景德镇	完整	
9	2009NXXBW1：87	6.7	3.2	3.5	景德镇	完整	
10	2009NXXBW1：88	6.8	3.2	3.2	景德镇	完整	
11	2009NXXBW1：89	6.9	3	3.3	景德镇	完整	
12	2009NXXBW1：90	6.8	3.2	3.2	景德镇	完整	青花有晕散，纹样模糊
13	2009NXXBW1：91	6.8	3.2	3.3	景德镇	完整	
14	2009NXXBW1：92	6.9	3	3.2	景德镇	完整	
15	2009NXXBW1：93	6.8	3	3.2	景德镇	完整	
16	2009NXXBW1：94	6.9	3.1	3.4	景德镇	完整	
17	2009NXXBW1：95	6.7	3.1	3.3	景德镇	完整	
18	2009NXXBW1：96	6.7	3.2	3.5	景德镇	完整	
19	2009NXXBW1：97	6.7	3	3.4	景德镇	完整	
20	2009NXXBW1：98	6.8	3.1	3.2	景德镇	完整	
21	2009NXXBW1：99	6.7	3	3.4	景德镇	完整	
22	2009NXXBW1：100	6.7	3.2	3.2	景德镇	完整	
23	2009NXXBW1：101	6.8	3.1	3.2	景德镇	完整	
24	2009NXXBW1：102	6.9	3.3	3.3	景德镇	完整	
25	2014NXXBW1：138	6.9	2.6	3.7	景德镇	残，可复原	青花无渲染，纹样清晰

（六）勺

2件。敞口，直柄，平底内凹。胎质细白，白釉泛青，釉面莹润，足底刮釉。青花颜色浓重，晕散明显，纹样线条流畅。勺内侧饰缠枝花草纹，外底心有青花方形印章式款。标本2014NXXBW1：101，完整。长11.6、宽5.3、高4.3厘米（图四〇，3；图版五六，1～3）。

（七）盖

1件。2009NXXBW1：12，残，可复原。略呈覆碗状。敞口，弧腹较浅，盖面隆起，圈足状圆纽。胎质细白，白釉泛青，釉面莹润。青花色泽明艳，纹样线条流畅。纽外边缘饰一周弦纹；盖面满饰缠枝花卉纹，线条较细；近口部饰两周弦纹。纽内有青花篆文方形印章式款，可辨"嘉庆"二字，书写草率。沿径10.7、纽径3、高3.3厘米（图四〇，4；图版五六，4～6）。

（八）灯盏

1件。2008NXXBW1：16，略残。灯盘侈口，折腹，盘心平。灯柱呈细长柱状，上细下粗，中空，把残。灯台呈盘状，敞口，盘心平，矮圈足。胎质细白，白釉泛青，釉面莹润，外底无釉。青花色泽明艳，纹样线条流畅。灯盘、灯台饰卷云纹、卷草纹、花草纹，灯柱上饰缠枝花草纹、下饰蕉叶纹。灯盘口径5.1、灯台底径6.8、通高10.5厘米（图四〇，5；图版五七，1～3）。

二、五彩瓷器

44件。器类有碗、罐和盖三种。大多白胎细腻，白釉泛青，釉面莹润。因海水浸泡、侵蚀，器表色彩脱落严重，可辨有绿、黑、黄、红等色，图案模糊难辨。器表有贝类附着物。

（一）碗

3件。敞口，深弧腹，圈足。足沿无釉。口沿内外侧分别饰一周条带状黄色、

图四一　　五彩瓷碗、罐
1. 碗（2012NXXBW1：82）　2. 大罐（2009NXXBW1：27）
3. 中罐（2009NXXBW1：38）　4. 小罐（2014NXXBW1：449）

绿色图案，内外腹分别有蓝色、黑色图案残迹，内底饰绿色葵花纹（表二二）。标本2012NXXBW1：82，残，可复原。口径14.6、底径5.5、高8.1厘米（图四一，1；图版五七，4~6）。

（二）罐

7件。尺寸不一，器型基本一致。芒口，母口，斜直腹微弧，圈足。足沿内外刮削无釉。外腹及圈足外壁密布五彩图案。根据尺寸大小，大致可分为大罐、中罐和小罐三种不同规格（表二二），现分别举例介绍如下。

大罐　2件。标本2009NXXBW1：27，完整。口径15.7、底径10.8、高12厘米（图四一，2；图版五八，1~3）。

中罐　2件。标本2009NXXBW1：38，完整。口径14.4、底径8.7、高10.3厘米（图四一，3；图版五八，4~6）。

小罐　3件。标本2014NXXBW1∶449，完整。口径9.8、底径6.1、高7厘米
（图四一，4；图版五九，1~3）。

表二二　五彩瓷碗、罐

序号	器物编号	口径/厘米	底径/厘米	高/厘米	产地	完残情况	备注
碗						
1	2012NXXBW1∶82	14.6	5.5	8.1	景德镇	残，可复原	
2	2012NXXBW1∶83	15.1	6.1	8.1	景德镇	残，可复原	
3	2014NXXBW1∶99	15	6.2	7.8	景德镇	残，可复原	
罐						
4	2009NXXBW1∶27	15.7	10.8	12	景德镇	完整	大罐
5	2014NXXBW1∶34	—	10	6.3	景德镇	仅存罐底	
6	2009NXXBW1∶475	14.4	8.7	10.3	景德镇	完整	中罐
7	2014NXXBW1∶121	13.9	9	10.6	景德镇	残，可复原	
8	2012NXXBW1∶84	10	6	6.8	景德镇	残，可复原	小罐
9	2014NXXBW1∶98	10.1	6.2	6.9	景德镇	残，可复原	
10	2014NXXBW1∶449	9.8	6.1	7	景德镇	完整	

（三）盖

34件。尺寸不一，器型基本一致。子口，盖沿外折，盖面隆起，双层塔式宝珠
纽，应为五彩罐之盖。盖面所饰图案模糊不清，仅部分色彩仍旧鲜艳亮丽，可辨颜
色有黑、绿、黄、红等。根据尺寸大小，大致可分为大盖、中大盖、中盖、中小盖
和小盖五种不同规格（表二三）。现分别举例介绍如下。

大盖　13件。沿径17~17.3、口径13.9~14.6、高8.1~8.5厘米。标本
2009NXXBW1∶16，完整。沿径17.2、口径14.4、高8.5厘米（图四二，1；图版
五九，4~6）。

中大盖　6件。沿径15.1~15.5、口径12.3~12.5、高7.6~7.9厘米。标本
2009NXXBW1∶20，完整。沿径15.1、口径12.9、高7.9厘米（图四二，2；图版
六〇，1~3）。

中盖　1件。2009NXXBW1∶23，盖身残。沿径13.5、口径10.8、高7.1厘米
（图四二，3；图版六〇，4~6）。

中小盖　8件。沿径12~12.4、口径9.2~10、高6~6.8厘米。标本
2014NXXBW1∶100，完整。沿径12.4、口径9.8、高6厘米（图四二，4；图版

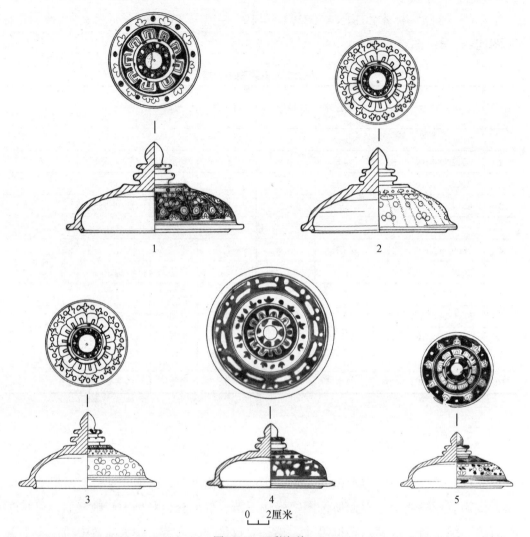

图四二 五彩瓷盖

1. 大盖（2009NXXBW1∶16） 2. 中大盖（2009NXXBW1∶20） 3. 中盖（2009NXXBW1∶23）
4. 中小盖（2014NXXBW1∶100） 5. 小盖（2009NXXBW1∶25）

六一，1~3）。

小盖 6件。沿径10.2~10.8、口径8.1~8.7、高5.2~5.8厘米。标本 2009NXXBW1∶25，完整。沿径10.8、口径8.7、高5.2厘米（图四二，5；图版五八，4~6）。

表二三 五彩瓷盖

序号	器物编号	沿径/厘米	口径/厘米	高/厘米	产地	完残情况	备注
1	2009NXXBW1∶14	17.2	14.1	8.2	景德镇	完整	大盖
2	2009NXXBW1∶15	17.3	14	8.4	景德镇	纽残	

续表

序号	器物编号	沿径/厘米	口径/厘米	高/厘米	产地	完残情况	备注
3	2009NXXBW1：16	17.2	14.4	8.5	景德镇	完整	大盖
4	2009NXXBW1：17	17.2	14.4	8.4	景德镇	纽残	
5	2009NXXBW1：18	17.2	14.4	8.5	景德镇	完整	
6	2009NXXBW1：19	17.2	14.2	8.4	景德镇	纽残	
7	2009NXXBW1：22	17.2	14	8.1	景德镇	纽残	
8	2009NXXBW1：474	17	14.3	8.1	景德镇	完整	
9	2012NXXBW1：88	17	14.3	8.1	景德镇	完整	
10	2014NXXBW1：23	17.1	13.9	8.4	景德镇	纽残	
11	2014NXXBW1：122	17	14.1	8.2	景德镇	完整	
12	2014NXXBW1：123	17.2	14.1	8.2	景德镇	完整	
13	2014NXXBW1：124	17.2	14.6	8.4	景德镇	纽残	
14	2009NXXBW1：20	15.1	12.9	7.9	景德镇	完整	中大盖
15	2009NXXBW1：21	15.3	12.4	7.6	景德镇	完整	
16	2012NXXBW1：85	15.3	12.4	7.7	景德镇	完整	
17	2014NXXBW1：49	15.3	12.3	7.6	景德镇	盖身残	
18	2014NXXBW1：50	15.5	12.5	7.6	景德镇	完整	
19	2014NXXBW1：51	15.1	12.4	7.6	景德镇	完整	
20	2009NXXBW1：23	13.5	10.8	7.1	景德镇	盖身残	中盖
21	2009NXXBW1：24	12.4	9.6	6.8	景德镇	完整	中小盖
22	2009NXXBW1：26	12.4	10	6.5	景德镇	完整	
23	2012NXXBW1：87	12.2	9.2	6.8	景德镇	完整	
24	2014NXXBW1：52	12.3	9.2	6.8	景德镇	完整	
25	2014NXXBW1：100	12.4	9.8	6	景德镇	完整	
26	2014NXXBW1：125	12.3	9.2	6.6	景德镇	完整	
27	2014NXXBW1：127	12	9.3	6.6	景德镇	完整	
28	2014NXXBW1：128	12.2	9.5	6.8	景德镇	完整	
29	2009NXXBW1：25	10.8	8.7	5.2	景德镇	完整	小盖
30	2012NXXBW1：86	10.5	8.7	5.8	景德镇	完整	
31	2014NXXBW1：58	10.7	8.1	5.8	景德镇	完整	
32	2014NXXBW1：59	10.2	8.6	5.7	景德镇	完整	
33	2014NXXBW1：93	10.8	8.5	5.8	景德镇	完整	
34	2014NXXBW1：132	10.6	8.6	5.6	景德镇	完整	

三、陶　器

共20件。有紫砂壶、罐，酱釉壶、盖、罐、缸，红陶盆、盖等器型，另外还有砖块3件。

紫砂壶　1件。2012NXXBW1：91，壶身完整，盖失。敛口，方沿，折弧腹，平底微内凹，有流，有把。红胎，胎质细腻。素面无纹。底款为"二水中分白鹭洲，孟臣制"。口径6.2、底径6.9、高4.3厘米（图四三，1；图版六二，1~3）。

紫砂罐　1件。2014NXXBW1：60，完整。直口，方沿，短颈，溜肩，鼓腹，圈足，底内凹。红胎，胎质细腻。素面无纹。口径2.5、底径5、高6.5厘米（图四三，2；图版六二，4）。

酱釉壶　3件。长流，2件。标本2009NXXBW1：31，完整。盘口，圆唇，束颈，斜弧腹，底内凹，长流流上部与颈肩有粘接。酱黑釉，内口沿有釉，内腹无釉。口径8、底径10.5、高16.3厘米（图四三，3；图版六二，5）。短流，1件。2012NXXBW1：90，完整。侈口，圆唇，束颈较短，鼓腹，平底内凹，短流，

0　　2厘米

图四三　陶器

1. 紫砂壶（2012NXXBW1：91）　2. 紫砂罐（2014NXXBW1：60）

3、4. 酱釉壶（2009NXXBW1：31、2012NXXBW1：90）

无把。灰褐胎，较粗糙。酱灰釉，外底无釉。口径11、底径11、高21.9厘米（图四三，4；图版六二，6）。

酱釉盖 1件。2012NXXBW1：89，完整。圆形，盖面中心用泥条堆塑桥形纽，背面近边缘处用泥条堆塑一周形成子口。盖面近边缘处压印一周花卉纹，内有凤穿牡丹纹；里面压印乳钉纹。灰胎，夹粗砂。酱褐色釉，正面满釉，背面无釉。沿径19.4、口径15、高2厘米（图四四，1；图版六三，1、2）。

酱釉罐 8件。标本2008NXXBW1：9，完整。直口，圆唇，口沿外凸，折肩，斜直腹，平底内凹。肩部和上腹饰竖线纹。灰褐胎，较粗糙。酱绿釉，外底无釉。器表有贝类附着物。口径11.5、底径17、高14.7厘米（图四四，2；图版六三，3）。标本2008NXXBW1：10，完整。敞口，口沿外凸，圆鼓腹，平底内凹。肩部饰刮棱纹，下腹饰两组双弦纹，酱绿釉。器表附着贝壳。口径11、底径16.3、高38.5厘米（图四五，1；图版六三，4）。标本2014NXXBW1：6，完整。敞口，圆唇，束颈，溜肩，弧腹，底内凹，形似橄榄状。夹细砂粗胎，胎质泛红。釉色泛青，内外施釉，外釉不及底。器身素面。口径9.9、底径13.1、高42.2厘米（图四五，2；图版六三，5）。标本2014NXXBW1：30，完整。敞口，束颈，四系，肩上有脊，鼓腹，底内凹。浅红胎，较粗糙。酱褐釉，釉不及底。器表有贝类附着物。口径11.6、底径16.1、高30.7厘米（图四五，3；图版六三，6）。标本2014NXXBW1：103，完整。敞口，圆唇，束颈，弧腹，底内凹。红褐胎，较粗糙，胎体厚重。酱红釉，外底无釉。器底有贝类附着物。口径9.5、底径9、高15.8厘米（图四四，3；图版六四，1）。标本2014NXXBW1：105，完整。子口，腹内斜，底内凹。施釉至肩部，外底无釉。红灰胎，胎质较硬。酱褐釉，釉不及底。器表有贝类附着物。口径9.2、底径10、高7.9厘米（图四四，4；图版六四，2）。

酱釉缸 1件。2009NXXBW1：28，完整。敛口，方唇，短颈，直腹，腹底部略内收，平底内凹。内底存多个支点痕迹，肩部饰纵向刻划纹，上腹饰多道弦纹。灰褐胎，胎质粗糙，夹粗砂粒。酱色釉，内外施釉，外釉不及底。口径37.3、底径47.5、高55.2厘米（图四五，4；图版六四，3）。

红陶盖 1件。2014NXXBW1：56，完整。喇叭形纽。红胎。素面。疑为后期扰乱器物。沿径10.6、高4.6厘米（图四五，5；图版六四，5）。

红陶盆 1件。2012NXXBW1：92，残，可复原。敞口，圆唇，折沿，弧腹，平底内凹。红胎。素面。口径44.5、底径19.1、高12.8厘米（图四五，6；图版六四，4）。

此外，还出水砖块3件。均为陶质，质地较粗松，夹有砂粒，青灰色。素面。标本2009NXXBW1：33，残。长14.2、宽11.4、厚2.7厘米（图四四，5；图版六四，6）。

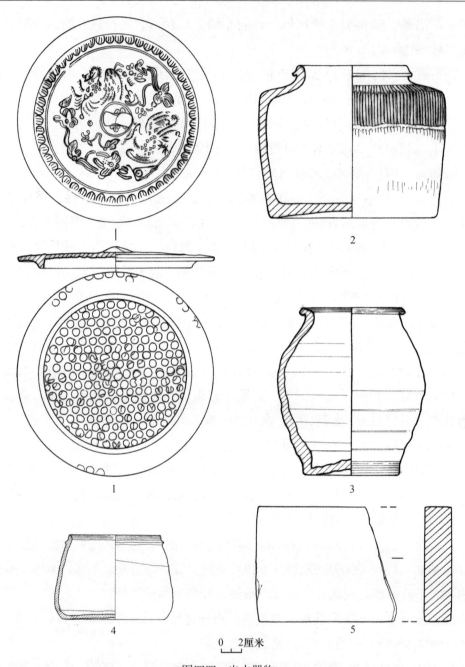

图四四　出水器物

1.酱釉盖（2012NXXBW1∶89）　2~4.酱釉罐（2008NXXBW1∶9、2014NXXBW1∶103、2014NXXBW1∶105）
5.砖块（2009NXXBW1∶33）

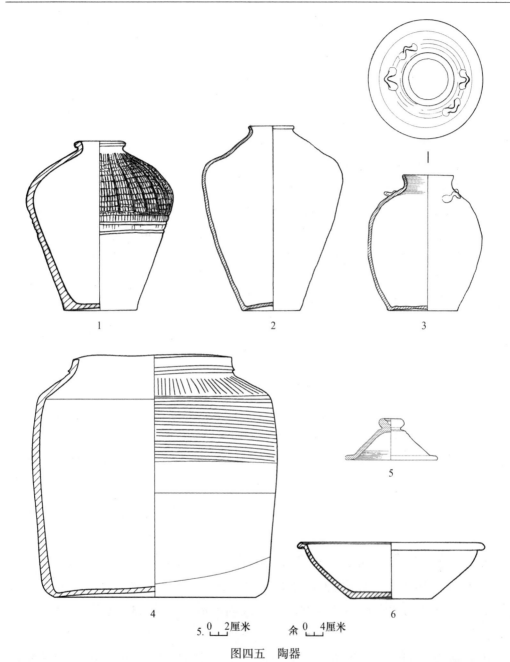

图四五 陶器

1～3.酱釉罐（2008NXXBW1：10、2014NXXBW1：6、2014NXXBW1：30） 4.酱釉缸（2009NXXBW1：28）

5.红陶盖（2014NXXBW1：56） 6.红陶盆（2012NXXBW1：92）

四、金 属 器

共73件。器类有铜制品、锡制品、铅制品、锌制品、银制品。

（一）铜制品

63件。器类有铜钱、螺栓、盖、构件。

1. 铜钱

57枚。表面均有铜锈，黄铜，圆形方穿，钱面与钱背内外郭尺寸相同，内郭厚0.1、宽0.1厘米，外郭厚0.1、宽0.3厘米。除4枚锈蚀不可辨外，余下可辨者有康熙通宝、雍正通宝、乾隆通宝、嘉庆通宝、道光通宝、景兴通宝、宽永通宝（表二四）。简介如下。

康熙通宝　2枚。面书汉文"康熙通宝"，背书满文、汉文。铸于清圣祖康熙年间（1662～1722年）。标本2012NXXBW1：94，背书左满文为"　"，右汉文为"云"，合读为"云云"，云南昆明宝云局铸造。钱径2.3、穿径0.5厘米（图四六，1）。

雍正通宝　1枚。2014NXXBW1：96，面书汉文"雍正通宝"。背书满文，左为"　"，右为"　"，合读为"宝泉"，直隶户部宝泉局铸造。铸于清世宗雍正年间（1723～1735年）。钱径2.5、穿径0.5厘米（图四六，2）。

乾隆通宝　33枚。面书汉文"乾隆通宝"，背书满文。铸于清高宗乾隆年间（1736～1795年）。标本2014NXXBW1：37，背书满文，左为"　"，右为"　"，合读为"宝泉"，直隶户部宝泉局铸造。钱径2.2、穿径0.5厘米（图四六，3）。

嘉庆通宝　11枚。面书汉文"嘉庆通宝"，背书满文。铸于清仁宗嘉庆年间（1796～1820年）。标本2014NXXBW1：102，背书满文，左为"　"，右为"　"，合读为"宝武"，湖北武昌宝武局铸造。钱径2.3、穿径0.6厘米（图四六，4）。

道光通宝　4枚。面书汉文"道光通宝"，背书满文。铸于清宣宗道光年间（1821～1850年）。标本2009NXXBW1：76，背书满文，左为"　"，右为"　"，合读为"宝浙"，浙江杭州宝浙局铸造。钱径2.2、穿径0.5厘米（图四六，5）。

景兴通宝　1枚。2009NXXBW1：77，面书汉文"景兴通宝"，光背。钱径2.3、穿径0.5厘米（图四六，6）。景兴通宝铸于后黎朝显宗黎维禟景兴年间（1740～1777年），时值清乾隆五至四十二年，为安南（越南的旧称）货币史上铸

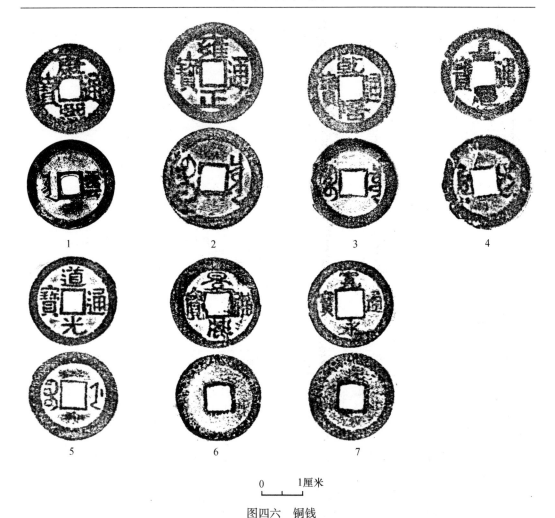

0　　1厘米

图四六　铜钱

1. 康熙通宝（2012NXXBW1：94.）　2. 雍正通宝（2014NXXBW1：96）　3. 乾隆通宝（2014NXXBW1：37）
4. 嘉庆通宝（2014NXXBW1：102）　5. 道光通宝（2009NXXBW1：76）　6. 景兴通宝（2009NXXBW1：77）
7. 宽永通宝（2009NXXBW1：78）

年最长、品种最多、数量最多的一种钱币。在长期的中越贸易及交往中不断流入我国，至今在我国各地均有发现。

　　宽永通宝　1枚。2009NXXBW1：78，面书汉文"宽永通宝"，光背。钱径2.2、穿径0.6厘米（图四六，7）。宽永通宝始铸于日本第108代后水尾天皇宽永三年（1626年），从1636年开始大量铸造。是日本历史上铸量最大、铸期最长、版别最多的一种钱币。在长期的中日贸易及交往中不断流入我国，至今在我国各地均有发现。

表二四　铜钱　　　　　　　　　　　　　　　　单位/厘米

序号	名称	器物编号	钱径	穿径	铸造地	备注
1	康熙通宝	2012NXXBW1：94	2.3	0.5	云南昆明宝云局	背书满文"云云"
2		2009NXXBW1：39	2.6	0.6	—	背面锈蚀不可辨
3	雍正通宝	2014NXXBW1：96	2.5	0.5	直隶户部宝泉局	背书满文"宝泉"
4	乾隆通宝	2009NXXBW1：40	2.7	0.7	直隶户部宝泉局	背书满文"宝泉"
5		2009NXXBW1：45	2.5	0.4		
6		2009NXXBW1：49	2.3	0.6		
7		2009NXXBW1：51	2.3	0.6		
8		2009NXXBW1：52	2.3	0.6		
9		2009NXXBW1：57	2.3	0.7		
10		2009NXXBW1：62	2.3	0.6		
11		2012NXXBW1：4	2.2	0.6		
12		2014NXXBW1：37	2.2	0.5		
13		2009NXXBW1：68	2.5	0.7		
14		2009NXXBW1：41	2.5	0.6	云南昆明宝云局	背书满文"宝云"
15		2009NXXBW1：42	2.5	0.6		
16		2009NXXBW1：43	2.5	0.6	直隶工部宝源局	背书满文"宝源"
17		2009NXXBW1：48	2.4	0.5		
18		2009NXXBW1：59	2.3	0.5		
19		2009NXXBW1：58	2.3	0.8	浙江杭州宝浙局	背书满文"宝浙"
20		2014NXXBW1：94	2.5	0.4	广西省宝桂局	背书满文"宝桂"
21		2009NXXBW1：44	2.4	0.6	—	背面满文左为 ，右锈蚀不可辨
22		2009NXXBW1：47	2.4	0.6		
23		2009NXXBW1：46	2.5	0.6	—	背面锈蚀不可辨
24		2009NXXBW1：50	2.4	0.6		
25		2009NXXBW1：53	2.4	0.8		
26		2009NXXBW1：54	2.3	0.6		
27		2009NXXBW1：55	2.3	0.7		
28		2009NXXBW1：56	2.3	0.7		
29		2009NXXBW1：60	2.3	0.7		
30		2009NXXBW1：61	2.3	0.8		
31		2009NXXBW1：63	2.3	0.8		
32		2009NXXBW1：469	2.4	0.7		
33		2009NXXBW1：470	2.4	0.6		
34		2012NXXBW1：59	2.4	0.5		

续表

序号	名称	器物编号	钱径	穿径	铸造地	备注
35	乾隆通宝	2014NXXBW1：33	2.2	0.8	—	背面锈蚀不可辨
36		2014NXXBW1：69	2.4	0.4		
37		2009NXXBW1：69	2.3	0.7	浙江杭州宝浙局	背书满文"宝浙"
38		2009NXXBW1：70	2.3	0.6		
39		2009NXXBW1：72	2.4	0.8	直隶户部宝泉局	背书满文"宝泉"
40		2014NXXBW1：102	2.3	0.6	湖北武昌宝武局	背书满文"宝武"
41	嘉庆通宝	2009NXXBW1：64	2.1	0.6	—	背面锈蚀不可辨
42		2009NXXBW1：65	2.2	0.5		
43		2009NXXBW1：66	2.4	0.8		
44		2009NXXBW1：67	2.4	0.7		
45		2009NXXBW1：71	2.4	0.8		
46		2009NXXBW1：468	2.3	0.5		
47		2012NXXBW1：1	2.1	0.8		
48	道光通宝	2009NXXBW1：74	2.3	0.6	浙江杭州宝浙局	背书满文"宝浙"
49		2009NXXBW1：75	2.2	0.7		
50		2009NXXBW1：76	2.2	0.5		
51		2009NXXBW1：73	2.2	0.6	—	背面锈蚀不可辨
52	景兴通宝	2009NXXBW1：77	2.3	0.5	越南	背面无文
53	宽永通宝	2009NXXBW1：78	2.2	0.6	日本	背面无文
54	铜钱	2009NXXBW1：471	2.3	0.6	—	锈蚀不可辨
55		2014NXXBW1：4	2.5	0.6		
56		2014NXXBW1：104	2.5	0.6		
57		2014NXXBW1：131	2.6	0.4		

2. 螺栓

3件。黄铜质。由头部和螺杆组成；头部圆形，正中与螺杆嵌接；螺杆上粗下细，上部截面为方形，下部截面为圆形，底端有螺纹。器表有铜锈。标本2014NXXBW1：67，基本完整。螺帽径1.4、通高5厘米（图四七，1；图版六五，1）。

3. 盖

1件。2008NXXBW1：14，口沿残。圆形，口沿平，圆弧面。器表泛铜绿。沿

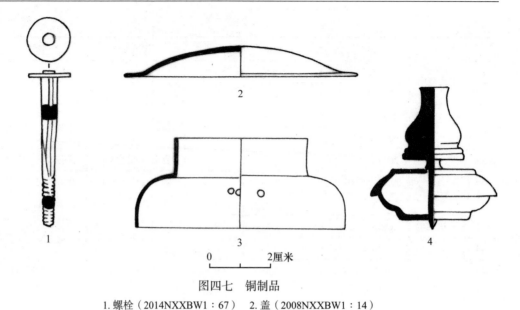

图四七 铜制品

1. 螺栓（2014NXXBW1：67）　2. 盖（2008NXXBW1：14）
3、4. 构件（2009NXXBW1：35、2012NXXBW1：93）

径7.8、高0.9厘米（图四七，2；图版六五，2、3）。

4. 构件

2件。2009NXXBW1：35，残。平口，直颈，圆肩，肩上对称位置各有一大一小的两个小圆孔，肩部稍残。口径4.4、底径7、高2.9厘米（图四七，3；图版六五，4）。2012NXXBW1：93，残。灰黑色，表面附着绿色铜锈。陀螺状，可分上下两部分，上部为塔式带针状，下部为折腹圆台状，中通圆孔。最大径4.1、通高4.5厘米（图四七，4；图版六五，5、6）。

（二）锡制品

3件。器类有砚、盒、构件。

砚　1件。2008NXXBW1：13，残。砚面、砚身上下黏合，砚身为长方形，底残，底四角下承四足。砚堂方正，下凹，较浅，长方形。墨池位于砚面上部，呈如意云纹形，较深。器表附着贝壳。长12.4、宽7.8、高6厘米（图四八，1；图版六六，1）。

盒　1件。2014NXXBW1：139，残。由两部分组成，下部分为一个长方形

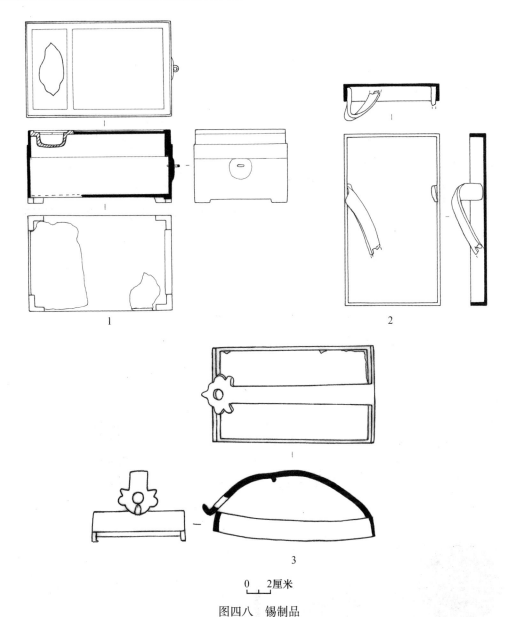

图四八　锡制品

1. 砚（2008NXXBW1∶13）　　2. 盒（2014NXXBW1∶139）　　3. 构件（2009NXXBW1∶36）

方盒，上部分一个弓状梁，已断裂，与盒连接处不详。长14.2、宽8.2、高1.4厘米（图四八，2；图版六六，2）。

构件　1件。2009NXXBW1∶36，残。由两部分组成，下部分为一个长方形方框，上部分一个弓状梁，一端连接方框的顶部，一端未连接，该端顶部为"花朵"状，内心空。整体造型奇特，疑为器物上的装饰性构件。长14.8、宽7.8、高5.8厘米（图四八，3；图版六六，3）。

（三）铅制品

3件。器类有锤、片。

锤　1件。2014NXXBW1：65，略残。铅质。圆锥状，上细下粗，顶面残，近顶面处有一圆孔，用于穿绳。器表锈蚀，有贝类附着物。用于行船时测量水深。底径3.4、高9.4厘米（图四九，1；图版六六，4）。

片　2件。碎裂。铅质。圆片状。灰黑色。表面氧化，器表粗糙。标本2014NXXBW1：130，残。直径4.1、厚0.1厘米（图四九，2；图版六六，5）。

（四）锌制品

构件　1件。2014NXXBW1：66，残。圆柱状，上端有一细长纽。通体锈蚀严重。直径3、高4.2厘米（图四九，3；图版六六，6）。

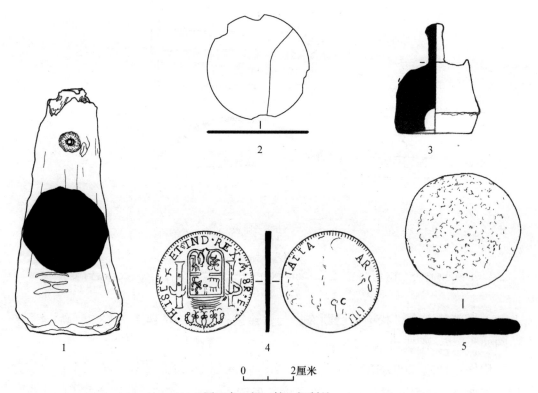

图四九　铅、锌、银制品

1. 铅锤（2014NXXBW1：65）　2. 铅片（2014NXXBW1：130）　3. 锌构件（2014NXXBW1：66）

4. 银币（2008NXXBW1：11）　5. 银饼（2014NXXBW1：450）

（五）银制品

3件。器类有币、饼。

币 1件。2008NXXBW1：11，基本完整。银质。表面磨损，图案模糊。圆形，边缘压花。正面图案、印文模糊不识，应为头像和铸造年代；背面是王冠、盾徽，两边双柱，周围镌刻西班牙文"HIS□□□·ET·IND·REX·M·8R·F·□"，并戳印有不同样式的字符。直径3.9、厚0.2厘米（图四九，4；图版六七，1、2）。

饼 2件。基本完整。银质。圆饼状。灰黑色。器表粗糙，有杂质。标本2014NXXBW1：450，基本完整。表面锈蚀。直径4.3、厚0.6厘米（图四九，5；图版六七，3）。

五、其 他

共335件。包括毛笔、砚台底座、印章、砺石、石板等。

毛笔 1支。2014NXXBW1：68，基本完整。由笔杆与笔头组成。笔杆为圆柱状，竹制，中空。笔头椭圆状，笔锋磨损严重，残留朱砂痕迹。通长22.2、笔杆直径1.1厘米（图五〇，1；图版六七，4）。

砚台底座 1件。2014NXXBW1：1，基本完整。近似椭圆状。子口，平底内凹，四矮足。内底平直，起泡，开裂，有划痕；外底心平直。长15.2、宽11、高1.1厘米（图五〇，2；图版六七，5、6）。

印章 1方。2008NXXBW1：12，完整。叶蜡石，方形柱状。印面正方形，双边框。阳刻楷体反纹"源合盛记"；顶面刻"上"字，与底面印文字上下方向相同。边长2.7、高3.1厘米（图五〇，3；图版六八，1~3）。

砺石 1件。2009NXXBW1：37，残。长条形，花岗岩。长12.2、宽5.7、高5.2厘米。（图五〇，4；图版六八，4）。

石板 331件。凝灰岩。形状基本一致，尺寸不一，薄长方体，大多长80~90、宽60~65、厚6~8厘米。质地均匀细密，色泽微红。粗加工，器表凹凸不平，附着贝类等海底生物。标本2014NXXBW1：150，完整。长82.5、宽60、厚7厘米（图五〇，5；图版六八，5）。

此外，还采集出水数块焦炭（未编号），火烧痕迹明显，炭化程度较高（图版六八，6）。

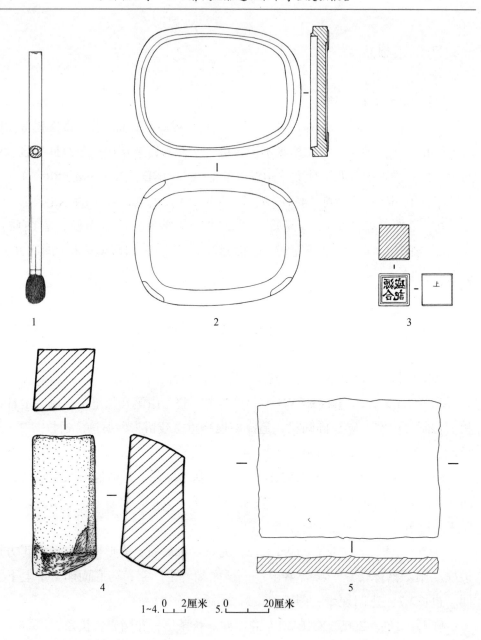

图五〇　其他出水器物

1. 毛笔（2014NXXBW1：68）　　2. 砚台底座（2014NXXBW1：1）　　3. 印章（2008NXXBW1：12）

4. 砺石（2009NXXBW1：37）　　5. 石板（2014NXXBW1：150）

第五章　出水文物保护

"考古工作与文物保护是密切联系、相互依存的。……应该把考古工作纳入到文物保护体系之中。"[54] 从这一理念出发，为保证出水文物的"合理利用、科学利用、持续利用"[55]，"小白礁Ⅰ号"沉船遗址水下考古始终强化合作意识，积极推动多学科的介入和多团队的合作，坚持发掘与保护并重，强调保护与展示并举[56]。

第一节　现场文物保护[57]

现场保护是考古发掘的重要环节，直接影响到文物保护的最终效果。如果在考古发掘现场没有对出水（土）文物进行及时、有效的保护，不仅会使文物本身受到较大的损伤，还会大大增加后期保护的难度。

由于"小白礁Ⅰ号"沉船长期埋存于海洋环境，各类器物和船体构件受高腐蚀性海水的作用，病害严重，本身理化性质较脆弱。此外，文物出水后所处环境剧变，腐蚀劣变速度加快，如饱水的船体构件失水后极易收缩、开裂、卷曲，甚至崩塌解体。所以，"小白礁Ⅰ号"沉船遗址现场文物保护始终坚持"以防为主、防治结合"的基本方针和指导原则[58]，提前决策，综合考虑，妥善实施，并一直与水下考古工作同步开展。

一、保护经过

2012年3月，在启动船载遗物发掘前，宁波市文物考古研究所便同步编制了《宁波"小白礁Ⅰ号"沉船遗址水下考古发掘方案》和《宁波"小白礁Ⅰ号"沉船遗址发掘现场文物保护方案》，并广泛邀请水下考古、科技保护与古船研究等领域的诸多知名专家对方案进行论证、修改、完善。

2012年6月，在发掘现场，根据方案，按材质分门别类地对出水文物进行了相应的现场保护。

2012年7月，在船载遗物发掘刚刚完成时，立即着手编制了《宁波"小白礁 I 号"船体科技保护初步设想》，并于同年10月召开了专家论证会。会后，通过公开招标的方式，与中国文化遗产研究院合作编制了《宁波"小白礁 I 号"沉船现场保护与保护修复方案（ I 期）》，并于2013年4月获得国家文物局批复立项。

2013年5月，因国家水下文化遗产保护宁波基地尚在工程建设中，考虑到发掘出水后的"小白礁 I 号"沉船船体构件不能及时运送到国家水下文化遗产保护宁波基地专用的沉船修复展示室内实施保护修复，经报请国家文物局和国家文物局水下文化遗产保护中心同意，原定于2013年度开展的船体发掘工作因保护需要顺延至2014年度实施。

2014年上半年，在充分了解"小白礁 I 号"沉船用材种属和保存状况的基础上，根据《宁波"小白礁 I 号"沉船现场保护与保护修复方案（ I 期）》，同时借鉴瑞典瓦萨号、英国玛丽露丝号、韩国新安沉船、我国泉州湾宋代沉船及蓬莱古船等国内外木质沉船的现场保护经验，编制完成《"小白礁 I 号"出水船体构件现场保护方案》。在完成保护设备、材料的招标采购等前期工作之后，方于5月正式启动"小白礁 I 号"沉船船体发掘与现场保护工作，并于7月将发掘出水的船体构件全部运至已基本建设成形的宁波基地沉船修复展示室内开展科技保护与修复，从而实现了发掘现场保护与室内保护修复的平稳过渡和无缝对接。

二、保护情况

受到场地、人员、设备等因素的制约，"小白礁 I 号"沉船遗址现场保护以预防性保护为主。具体实施时，遵循最小干预及可再处理原则，以初步清洗、抢救性保护和适当包装储存为主要手段，根据出水器物和船体构件自身的情况，因地制宜，灵活采取合理的保护方法和措施，力求使环境变化的影响降到最低。同时，对现场保护的每一个步骤都做好详细的记录，包括文字、图纸、照片及录像等，建立完整的保护档案。

（一）准备工作

水下考古工作的交通条件往往不如陆上考古工作便利。"小白礁 I 号"沉船遗址位于宁波市象山县石浦镇北渔山岛海域，距离最近的石浦码头约需3个小时的船程，物资采购较为不易且无法及时运送。再者，船体构件一般体量较大，处理难度远远大于小件或较为稳定的器物。工作条件的艰苦和保护任务的繁重，要求考古工作人员在项目实施前进行周密部署。

通过2009年的重点调查，对"小白礁Ⅰ号"沉船遗址的情况、船载遗物类型和船体保存状况有了较为明晰的了解。在此基础上，结合工作目标、场地条件、人员力量、资金预算等因素，针对可能发掘出水的船载遗物类型和船体构件种类、尺寸、保存状况及病害程度等情况，经过科学评估，制定各个年度发掘现场文物保护预案，配备专业保护技术人员，提前预备适当的保护材料，为考古现场的文物保护做好充足的准备。

1. 组建工作队伍

"小白礁Ⅰ号"沉船遗址发掘和现场保护工作是一个多学科介入和多团队合作的项目，有浙江大学、中山大学、武汉理工大学、中国文化遗产研究院、广州打捞局、美国劳雷工业有限公司、武汉海达数云技术有限公司、宁波镇海满洋船务有限公司、北京国洋联合潜水运动有限公司等多家来自不同领域的合作单位。此外，工作队伍下设考古发掘、现场保护、文物信息、技术装备、后勤保障、规程试行等若干工作小组，各组之间分工协作，扬长避短，相互支持。

为做好现场保护工作，必须保持认识上的统一和行动上的协调。认识上，水下考古队员、现场保护人员、合作单位人员等都要牢牢树立现场保护意识，正确认识现场保护的重要作用。行动上，在实践工作中加强统筹协调和具体落实，兼顾考古发掘进程与现场保护进度。

2. 样品采集与分析

为全面了解"小白礁Ⅰ号"沉船埋藏环境和水下文物病害状况，考古工作人员分门别类、有针对性地进行了多类型的样品采集和分析工作。

（1）水下埋藏环境分析[59]

根据"小白礁Ⅰ号"沉船遗址堆积特点、沉船保存状况及水文条件，分别在不同深度及地点采集了8个水样和15个沉积物样品。样品分析结果显示，"小白礁Ⅰ号"沉船处于含盐量高、有机质含量丰富的偏碱性水环境中。除氯根外，还存在多种酸根离子，如硝酸根、硫酸根、磷酸根、偏硅酸等，它们会与水环境中的钾、钙、钠、镁等阳离子形成以 NaCl 为主的多种盐类。这些高浓度的盐类及木船附近含有的较高量的铁离子，对金属材质文物有强烈的腐蚀作用，且极易在器物表面形成各类沉积物，同时会侵入木船表面和体内，造成木船微观形貌甚至宏观形貌的变化。硫铁化合物在有水有氧的条件下会生成硫酸，以及发生 Fe^{2+}/Fe^{3+} 氧化还原反应，可促进纤维素的降解，对木材造成危害[60]。

（2）海洋附着生物鉴定

海洋中生活着形形色色的生物。其中，海洋污损生物（生长在海中船体和其他人为设施表面的动物、植物和微生物的总称[61]）对水下文物的影响较为显著。通过对"小白礁 I 号"沉船遗址部分出水器物及船体构件上海洋附着物的形态学比对分析，初步发现了软体动物牡蛎、甲壳动物藤壶、苔藓动物苔藓虫、多毛类动物盘管虫以及椿蚶、雕刻拟蚶、海笋、水虱、船蛆、无疣结海虫、蛇尾等海生物[62]。这些海洋附着物既是了解、复原沉船埋藏环境的重要依据，也是分析、研究沉船遗迹遗物病害成因的重要资料。藤壶、牡蛎等一旦在文物表面附着，就终生不离开。藤壶在生长过程中不断分泌石灰质，形成坚硬的壁板[63]。牡蛎能够以左壳或足丝牢固地附着在船体和文物表面[64]。海笋、水虱、船蛆等钻蚀生物能穿凿木船船体，是影响古船船体保存的主要破坏因素[65]。

此外，微生物的破坏作用也不容忽视。通过对船体不同部位微生物样品的采集，分析细菌的种类、丰度和分布状况，评估其破坏机理、危害程度等情况，初步判断沉船船体受到表面侵蚀菌和遂钻式细菌的腐蚀[66]。

（3）造船用材树种鉴定及评估

为了解"小白礁 I 号"沉船用材特点，评估其保存状况，采集了船体不同部位不同类型的船体构件样品，进行了树种、含水率、形貌、化学组分、可溶盐及微生物等多方面的分析。

根据树种鉴定结果可知，"小白礁 I 号"沉船船体所用木材种类较多，有龙脑香科、马鞭草科、桃金娘科、使君子科等 9 个科 15 个属的 18 个种（含未定种）[67]，均为阔叶材乔木，且多产于东南亚热带地区，而在我国分布较少，用材有别于我国以往考古发现的古船，具有一定独特性。沉船所用木材结构细密紧致、质地坚实、力学强度大、耐腐蚀性强，适宜作为造船材料，且有利于船体发掘出水后的现场保护及后续保护修复工作。

通过对船体构件的全面调查和采样分析[68]，可知残存船体虽有一定程度的降解，但相对国内考古发现的其他沉船而言，总体保存状况较好。但不同部位保存状况差别较大，病害类型多样，常见病害包括饱水、残缺、断裂、裂隙、变形、变色、动物损害、微生物损害、盐类病害、槽朽等几类情况，必须有针对性地选择有效的保护处方法。

3. 配备工作平台

"小白礁Ⅰ号"沉船遗址所在位置远离大陆，距最近的岛屿驻地也需由运输船转运，客观条件决定了大量的发掘和保护工作只能在遗址海域现场展开。由于"小白礁Ⅰ号"沉船遗址出水器物种类多样，船体构件数目多、体量大，尤其是主龙骨和部分船壳板长10余米，对工作空间的要求很高。为充分保障相关工作的开展，考古工作人员特地租用了宁波镇海满洋船务有限公司的2000吨级工程船"满洋2004"作为工作平台。"满洋2004"总长63.5米，总宽15.4米，船体空余甲板面积超过600平方米，具有8级以上抗风能力和4锚定位功能，不仅具备必要的稳定性便于相关工作的开展，而且提供了宽裕的工作空间，能有效满足设备摆放、人员活动、工作开展和文物存放的需要。

4. 改造工作空间

根据工作需要，对工作平台可用空间进行了功能区分及设施改造，配备了以下保护功能区：①文物资料提取室，对出水文物进行拍照、绘图、档案记录等工作；②保护处理实验室，对出水文物做初步处理及抢救性保护；③文物临时存放室，出水文物的临时存放场所；④保护材料工具室，放置化学试剂、存储器皿、保存装备、包装材料等。

另外，针对船体构件的现场保护，为避免阳光曝晒、降低水分流失速度，专门搭建了遮阳区；为保证船体构件能够得到妥善存放，在工作平台上专门制作了2个长10、宽2、高0.5米的钢结构骨架、PP板内板的浸泡槽（图版六九，1），用于船体构件的临时浸泡存放，另外准备了1个长12、宽2.4、高2.6米的集装箱用于船体构件的装箱存放（图版六九，2）。

5. 保护设备及材料配置

根据"小白礁Ⅰ号"沉船出水器物及船体构件的性质、类型、尺寸、状况等方面的情况，准备了相应的出水文物现场保护所需的材料及设备（表二五）。

表二五   "小白礁Ⅰ号"沉船遗址出水文物现场保护所需的材料及设备一览表

种类	名称	用途
化学试剂	蒸馏水、乙醇、丙酮、EDTA二钠盐、六偏磷酸钠、倍半碳酸钠、碳酸钠、氢氧化钠、草酸、柠檬酸、双氧水等	清洗
	PEG600、PEG1500、Paralold B72等	加固
	ZJFC-1、硼酸、硼酸等	防霉防菌
实验器皿	各种规格的量筒、量杯、烧杯、具塞锥形瓶、试管、滴管、药匙、玻璃棒等	配制试剂
工具设备	手术刀、镊子、不锈钢锯、木材生长锥等	样品采集
	样品管、样品瓶、样品袋、具塞刻度试管、带塞比色管、保鲜盒、冷藏箱等	样品存放
	软毛刷、竹签、竹刀、棉签、美工刀、不锈钢针、刻字机、压缩空气驱动笔、牙科工具、钻头、凿子、锤子、组合工具箱、洗耳球、洒水壶、喷雾器等	初步清洗
包装材料	海绵、脱脂棉、中性宣纸、聚乙烯薄膜（透明、黑色）、聚酯泡沫、尼龙网布、防水塑料布等	保湿包装、衬垫缓冲
仪器设施	电子天平、台秤	试剂称量
	温湿度计	温湿度监控
	pH计、便携式电导率仪、氯离子浓度计等	浸泡液检测
	带盖整理箱、浸泡槽、低温储藏间	文物存放
防护用品	护目镜、口罩、手套、工作服等	安全防护

（二）具体操作

1. 出水器物的现场保护

"小白礁Ⅰ号"沉船遗址历年出水器物共计1064件，主要为陶瓷、石质、金属及钱币等，按照不同材质分别采取了相应的现场保护措施。

（1）陶瓷器

出水陶瓷器包括青花瓷592件、五彩瓷44件、紫砂陶2件、酱釉陶13件、红陶2件、青砖3件。

1）保存状况评估

大部分出水陶瓷器保存完好，其中多数光亮如新；部分有破损残缺现象。部分器物表面附着有沉积物、锈蚀物、海生物残骸或活体生物。五彩瓷器釉上彩大量脱落，图案模糊难辨，仅部分色彩仍旧鲜艳亮丽，残留颜料结合度较好，强度较高。

2）表面清洗

用清水配合软毛刷、竹片等工具，去除器物表面附着的淤泥、沉积物以及海洋生物尸体、躯壳、分泌物等。

大部分钙质沉积采用手术刀及超声波洁牙机剔除（图版六九，3）。顽固钙质沉积先用5%EDTA二钠盐溶液或5%六偏磷酸钠溶液清洗，待软化后再去除。

铁锈斑采用5%EDTA二钠盐溶液或10%草酸清洗去除。

黑色金属硫化物采用10%～25%双氧水去除。因为清洗过程中会产生气泡，所以在处理釉层脆弱的器物时须多加注意。

在使用化学试剂前，均先进行局部试验。经试验确认对文物本体无害后，具体操作时也要小心谨慎。首先，保持器物完全润湿。其次，用棉签或滴管将化学试剂作用在需处理的部位，减少胎体对化学试剂的吸收。最后，及时、充分地漂洗去除残留的化学试剂。

脆弱的陶器及釉上彩瓷器先用5% Paraloid B72丙酮溶液进行预加固，再进行清洗处理。

3）浸泡存放

经初步处理后的器物用淡水浸泡保存在带盖的整理箱中（图版六九，4）。定期采用电导率仪检测电导率，根据情况更换浸泡液，并做好记录。

器物本体与其碎片装在尼龙网兜中一同浸泡，以防遗失或混淆。

脆弱器物浸泡在1∶1的海水和淡水混合液中，之后逐步降低海水浓度，直至可用淡水浸泡。

（2）石质

出水石质遗物包括叶蜡石质印章1件、花岗岩质砺石1件、凝灰岩质石板331件。

1）保存状况评估

印章保存完好；砺石残缺；石板大部分完好，少数断裂或残缺，表面有大量泥沙和海生物附着（图版六九，5）。

2）表面清洗

印章和砺石表面光洁，采用淡水简单冲洗。

石板甫一出水，趁表面附着的泥沙未干结时用水冲洗即可清除。若不及时处理，泥沙干结后清除难度大大增加。对于附着的活体生物，用机械方式去除，以防后续保存时腐烂发臭。对于凝结的沉积物和贝壳等海生物残骸，因工作量较大，在发掘现场仅对较易清除的部分进行了初步处理。

3）浸泡存放

印章和砺石经初步清洗后，用淡水浸泡保存在保鲜盒中密封。定期用电导率仪检测电导率并换水，做好记录。

由于石板体量大、数量多，根据场地条件专门搭建了存放槽。存放槽以镀锌管为外框架，底面和四周装有木板，最后铺设防水塑料布。将石板整齐堆放其中，加水浸泡（图版六九，6），以防失水后盐分结晶对石板造成破坏。定期监测并换水，以防浸泡液长霉发臭。

（3）金属器

沉船遗址出水了金属器73件，材质有铜、锡、铅、锌、银等，以铜钱为多。

1）保存状况评估

大多数铜钱保存状况较好，部分有所粘连；金属器有一定锈蚀，或表层附有沉积物。

2）表面清洗

用机械方式去除表层浮垢。为避免损伤器物本体，部分粘连的铜钱及难以去除的表面硬结物予以保留，待在实验室中做进一步处理。

3）浸泡存放

清洗后的铜质、银质、锌质等器物分材质浸泡在5%碳酸钠溶液中，锡质、铅质器物则分材质浸泡在2%碳酸钠溶液中。定期采用氯离子浓度计检测并更换浸泡液，做好记录。

（4）其他器物

"小白礁 I 号"沉船遗址还出水了木质砚台底座和竹竿毛笔各1件。

1）保存状况评估

砚台底座和毛笔保存均较为完整。

2）表面清洗

将器物置于水中，用软毛刷将表面浮泥清洗干净。

3）浸泡保存

清洗后用淡水浸泡保存在保鲜盒中，低温冷藏，防止霉菌的滋生。定期用电导率仪检测电导率并换水，做好记录。

2. 船体构件的现场保护

出水船体构件共计236件，其中龙骨3件、肋骨及相关构件73件、船壳板94件、舱室构件65件、桅座1件。出水船体构件的现场保护是"小白礁 I 号"沉船遗址出水文物现场保护工作的重点。

（1）保存状况

由于"小白礁Ⅰ号"沉船浅埋于海床表面，船体上层和船舷等高出海床表面的构件已不存；残存的船体部分也因饱受海流的冲刷、激荡、侵蚀而崩解、摊散、断裂，裸露的铁钉锈蚀腐化（图版七〇，1），船体纵向、横向结构连接均有不同程度散离甚至局部断裂。

埋藏于泥沙和石板之下的船体构件保存状况大体较好，有不少船体构件木质如新；暴露于海床表面的船体构件由于遭受海水的浸泡和海洋生物的侵蚀（图版七〇，2），在多种破坏因素的直接作用下，木质水解、细胞组织破坏严重。木材质地松软，强度脆弱，木质手捻成末，部分似海绵，呈多孔状（图版七〇，3）；干燥时发皱，形成纵向撕裂；表面色泽加深，大部分船体构件表面呈浅褐色，部分呈黑色；还可见许多裂纹和一些海洋生物腐蚀的痕迹。

（2）工作目标

从文物保护和将来修复复原的角度出发，配合考古发掘进展，针对各种可能出现的问题，对船体构件进行必要的稳定性处理，维持原有形态，尽可能减少环境变化对船体构件的影响，使发掘出水的船体构件在现场及时得到妥善保护。针对不同的船体构件类型，增加糟朽文物强度使其可单独移动；确保文物不发生收缩和变形；控制微生物的滋生；尽可能保持木质文物的自然纹理及色调，为后续进一步保存以及实验室保护处理打下基础。

（3）保护策略

船体构件发掘出水后，环境的骤变不仅使原有劣变进程加速，还会引发许多新的病害。由于"小白礁Ⅰ号"沉船长期浸泡于海水中，木材本体中含有大量的盐分，船体构件已经发生较为严重的降解，木质纤维间的支撑力减少。发掘出水后，若船体构件中的水分和盐分发生剧烈变化，产生的各种应力必然引起严重的变形、收缩和开裂，造成不可逆转的破坏。因此，保持船体构件饱水状态，可有效防止大规模的收缩和变形的发生。

另外，虽然出水船体构件脱离了外部海洋大环境，不再受到洋流冲蚀以及减少了海生动植物的影响，但其与周围空气接触，且浸泡保存时水体相对静止，保存环境内温湿度均较高，部分有害生物和微生物更加容易滋生。因此，在发掘过程中需着重于对船体构件保湿和防腐防霉的控制。

（4）具体实施

船体构件出水后，首先，进行编号、登记、拍照、录像、保存状况评估和样品采集等工作。其次，对其进行初步清洗，去除表面泥沙、污垢、活体生物等。之后，进行测量绘图、图表记录、文字描述、建档造册等资料采集工作。待上述前期处理工作完成后，再对船体构件进行浸泡、防霉、包装、装箱等后续保护处理。操作过程中做好拍照和记录工作，定期喷淋海水保湿以防止船体构件过度失水，同时注意收集各类检测标本。

船体构件出水后的现场保护先后历经八个主要工作步骤，具体操作方法如图五一所示。

图五一　"小白礁Ⅰ号"沉船出水船体构件现场保护流程图

1）出水评估

船体构件出水后，对其编号、名称、质地、形状、尺寸、病害状况等基本情况进行文字、影像记录，评估其保存状况，为下一步保护提供翔实的依据（图版七〇，4）。

2）样品采集

为全面了解"小白礁Ⅰ号"沉船保存环境和船体构件病害状况，分门别类、有针对性地采集了船体不同部位的舱料、附着物、锈蚀物、海生物、微生物等样品（图版七〇，5）。所有样品做好标记后放入冰箱存放，并及时送往实验室进行检测分析。

3）初步清洗

用海绵、软毛刷配合水流冲刷，清洗船体构件表面的泥沙等浮垢。然后用竹刀、竹签等工具去除船体构件上的活体海洋生物、部分硬结物和碎屑等。

4）衬托加固

部分船体构件腐蚀严重、自身强度低，在处理及搬运过程中易出现断裂、破碎等情况。因此，制作相应规格的木板作为底托，用两层气泡膜作为衬垫，将脆弱的船体构件放置其上并加以固定（图版七〇，6）。

5）保湿防霉

由于发掘时间正值夏季，气候炎热，日照强烈，且海上风大、空气流通速度快，饱水船体构件易快速失水从而造成不可逆转的破坏。因此，须定时对船体构件进行喷水保湿（图版七一，1）。

此外，外界环境温度高、湿度大，微生物极易滋生，须根据现场实际环境和文物状况，对防霉措施的必要性进行充分评估后，选择适当的防腐剂进行处理。现场采用的防霉剂为5%浓度的硼酸：硼砂（7：3）溶液及6% ZJFC-1水性无色木材防腐剂。硼酸和硼砂混合物是使用较久的低毒防虫剂；ZJFC-1具有综合防腐、防霉效果好的特点，且对人体和环境无毒或者低毒，能满足高效、广谱要求，具有良好的抗流失性。具体做法是用喷壶将试剂喷洒在待处理的部位。

6）包装装箱

由于发掘现场远离大陆，为更好地保护船体构件及便于后期的搬运和运输，在完成初步清理和资料采集工作后，除了部分因长度过长而无法装箱的船体构件（主龙骨、艉龙骨及部分船壳板等）之外，将其余所有船体构件及时包装装箱，并放入装有空调的集装箱中存放，待发掘工作结束后整体运往国家水下文化遗产保护宁波基地。

根据出水船体构件的具体尺寸，在现场制作相应的保护箱。用宣纸将待装箱的船体构件包裹两层（图版七一，2），喷洒防霉剂（图版七一，3），再用塑料薄膜多层密封（图版七一，4），然后装入量身定制的木箱中，用气泡膜填充、衬垫，用泡沫进行必要的固定，并在保护箱的多个表面注明装箱日期、箱内船体构件名称、编号等信息（图版七一，5）。

7）临时存放

由于船体构件出水后的现状评估、样品采集、初步清洗、测量绘图、摄影摄像等工作环节所需时间较长，加上发掘现场船体构件提取出水的效率较高，包装、装箱工作跟不上，会导致船体构件大量积压。对此，根据实际情况，因地制宜采取了多种临时存放措施。

覆盖存放：对于仍需进行前期处理的船体构件，喷水保湿后用不透明塑料布进行覆盖，避光保存（图版七一，6），定期检查并喷水保湿。此方式用于数小时至一两天内的短期存放。

浸泡存放：对于已经完成资料采集工作、等待包装装箱的船体构件，暂时放置在浸泡槽中用海水饱水浸泡（图版七二，1），并在浸泡槽上铺不透明塑料布以避光、减少空气流通，定期监测、换水。此法适用于数天内的暂时存放。

装箱存放：装箱完成后的船体构件运入文物存放室存放（图版七二，2）。存放室内配置空调，使温度保持在较低水平。

8）环境监测

定期检查，保证船体构件潮湿，以防失水导致开裂、收缩、变形。定期检测文物存放室的温度与湿度并做好记录，严格控制适宜船体构件保存的环境，避免微生物滋生。

（三）现场储存

经过长期的水下埋藏，"小白礁 I 号"沉船遗址已经与周围环境形成了动态平衡，文物得以保存。文物被发掘出水后，所处环境剧烈变化，特别是与空气接触、温湿度骤变、光辐射等，不仅会加速其原有的腐蚀，还可能引发新的破坏。因此，创造适宜的现场储存条件，采用合理的储存方法，对保证出水文物的安全及信息资料的完整性具有重要意义。

理想的出水文物储存环境应满足以下要求：饱水浸泡，低温冷藏，遮光避光，分类保存。在考古发掘现场，采取了以下措施。

第一，专门搭建了用于存放船体构件和石板的浸泡槽；在用于临时储存出水器物及装箱后船体构件的文物存放室中专门配置了空调，使环境温度保持在较低水平，避免微生物的滋生。

第二，小件出水遗物饱水浸泡在带盖整理箱中，容器用聚乙烯薄膜封口并盖上盖子，以减少其与空气的接触。

第三，出水文物特别是金属文物按材质分类保存，避免混合存放时发生原电池腐蚀；来自同一器物的碎片整体装袋保存，避免混淆；小件文物单独装袋保存。

第四，定期检查并加水，以保证液面始终在器物之上。定期换水并清洗容器，以避免微生物滋生。在操作过程中，尽量减少文物在空气及光照中的暴露程度。定期检查文物标签，避免在保存过程中漶漫不清。为保险起见，可做多份标签。

第五，对文物保存环境进行实时监测，便于及时掌握文物保存环境的变化情况。

（四）档案记录

现场保护档案是出水文物保护修复的第一手资料，贯穿"小白礁 I 号"沉船遗址出水文物现场保护的始终。在操作过程中，对全过程进行了信息记录。现场保护档案包括所有操作程序的文字记录、照相、录像等资料和工作日志。

　　水下埋藏阶段：记录文物的材质、器型、埋藏情况、相对位置、保存概况、叠压情况等。

　　文物提取出水：记录提取手段、方式等。

　　出水后现场处理：记录保护方法、处理步骤、所用保护材料、取样信息等。

　　资料收集整理：器物登记编号、拍照、绘图、文物记录等。

　　文物现场存放：存放场地、储存方式、存放环境、定期检测数据等。

　　文物包装运输：打包方式、运输手段、转移过程，以及转移过程的环境数据等。

（五）注意事项

1. 确保文物安全

　　发掘工作现场应具备一定的储存条件，以备文物出水后进入现场保护场所前的临时存放。

　　若确需使用化学试剂加以处理，都须经小范围试验可行后再加以采用。操作时，确保器物整体润湿以减少化学试剂的渗透，并在操作完成后用水充分淋洗确保无化学试剂残留。

　　对现场处理有难度的器物，保持其稳定状态并尽快送至有条件的实验室进行保护。

2. 确保人身安全

　　进行保护操作时，时刻注意人身安全，戴好手套、口罩等防护措施。

3. 防止环境污染

　　避免溶剂挥发：存放溶剂的容器要求密闭，溶剂使用时应避免过量或滴洒。

　　废弃物的处理：大量废弃的溶剂要求回收，少量废弃的溶剂可以自由挥发到空气中。废弃的棉签、手术刀等不可任意丢弃，要收集起来集中处理，手术刀可以用石膏固定后掩埋处理。

第二节　室内保护与展示

得益于准备工作的预判性、保护措施的合理性、现场处理的及时性、发掘保护的协调性，"小白礁 I 号"沉船遗址出水器物及船体构件的现场保护工作顺利开展并取得良好效果。2014年7月，拆卸出水后的"小白礁 I 号"沉船所有船体构件进入国家水下文化遗产保护宁波基地沉船修复展示室内进行保护处理。至此，"小白礁 I 号"沉船遗址水下考古项目在完成现场保护任务后，全面转入保护修复、展示宣传、资料整理和学术研究等后续工作阶段。

一、实验室保护修复

（一）出水器物的实验室保护修复

"小白礁 I 号"沉船遗址出水器物以陶瓷器、石板材和金属器为主。实验室开展的保护措施基本上是进一步清理表面附着物及脱盐处理。瓷器本身较致密，海水及盐分不易渗透，经简单脱盐即可。相对而言，陶器需要进行较长时间的浸泡脱盐。对于石板，将附着的海生物残骸清理干净后进行浸泡或宣纸包裹脱盐。金属器则大部分处于稳定状态，分类浸泡在碱液中进行脱盐，然后用去离子水将残留的化学物质淋洗干净。

（二）船体构件的实验室保护修复[69]

1. 保护修复总体计划

海洋出水木质沉船船体的保护目前仍是世界性的难题。"小白礁 I 号"沉船残存船体浅埋于海蛎壳夹沙堆积之下，受海水中各类成分腐蚀等化学作用、海生物滋生、附着、侵蚀等生物作用的影响，部分木材降解和糟朽程度严重[70]；绝大多数造船所用船钉在海水、氧气和微生物的联合作用下快速锈蚀，生成大量的硫铁化合物。由于"小白礁 I 号"沉船船体构件中存在大量的可溶盐和难溶硫铁化合物，对发掘后的船体保存有巨大的潜在威胁，因此必须采取有效措施加以脱除，可采用淡水浸泡的方式去除可溶盐，而对硫铁化合物可采用络合试剂与铁形成稳定的配合物从而加以去除[71]。

根据《宁波"小白礁Ⅰ号"沉船现场保护与保护修复方案（Ⅰ期）》设计的"小白礁Ⅰ号"沉船船体保护的工作目标、总体计划、技术路线、操作步骤和进度安排，出水船体构件的实验室保护修复拟分以下三个阶段。

第一阶段：2014年8月～2018年12月，脱盐保护处理。

完成"小白礁Ⅰ号"沉船船体构件内硫铁化合物和盐分的脱除处理。以去离子水为溶剂，采用10mmol/L的乙二胺四乙酸二钠（EDTA-2Na）为络合剂，NaOH调配成中性溶液后，通过静水浸泡结合循环水的方法，有效脱除船体构件中以Na^+、K^+、Mg^{2+}、Ca^{2+}、Cl^-、SO_4^{2-}为主的可溶性盐以及以FeS和FeS_2为主的硫铁化合物。利用2～3年时间，通过定期换水，使得浸渍液的电导率趋于稳定。然后再用2年左右的时间，采用去离子水脱除残留药液和可溶盐。此外，对后续脱水定型工作开展进一步研究，选择在树种、保存现状等方面有代表性的构件，进行脱水定型工艺试验，并对不同脱水定型工艺方法的保护效果（质感、吸水性等）进行评估，筛选或研发出适用于"小白礁Ⅰ号"沉船船体构件的保护方法。

第二阶段：2019年1月～2022年12月，船体构件的脱水、填充加固、干燥定型，同时开展船体复原研究。①根据第一阶段的试验研究结果，完成船体构件的脱水工作。针对不同的树种以及构件的腐蚀状况，采取相应的脱水、填充加固方法。②对脱水、填充加固后的船体构件进行干燥定型。针对不同构件采用相应的干燥方法，如自然干燥、真空冷冻干燥等。③对干燥后的船体构件进行表面封护。④搜集古代船体形制相关资料，咨询相关造船专家及船史研究学者，制订船体复原计划。

第三阶段：2023年1月～2024年12月，船体复原安装。①根据第二阶段制订的船体复原计划，对"小白礁Ⅰ号"进行复原。②整理出版保护修复报告。

2. 保护工作进展

由于"小白礁Ⅰ号"沉船船体构件数量多、体量大、病害情况复杂，故在实验室保护修复中秉持了一贯以来的合作理念。除了主要与中国文化遗产研究院合作实施第一阶段脱硫脱盐的具体工作外，还先后与中山大学、中国科学院大学、武汉理工大学、北京大学、国家文物局水下文化遗产保护中心、中国丝绸博物馆及浙江大学宁波理工学院等多家科研院所合作开展了一系列保护与研究项目（表二六）。

表二六　"小白礁Ⅰ号"船体保护与研究合作项目一览表

合作单位	项目名称	时间周期
中国文化遗产研究院	2015～2016年度工作项目	2015年6月～2016年12月
	2017～2018年度工作项目	2017年1月～2018年12月
中山大学生命科学学院	木质文物材质鉴定及损伤评估	2014年6月～2015年5月
中国科学院大学考古学与人类学系	船体构件脱硫效果监测与评估	2014年6月～2018年12月
武汉理工大学	船体结构有限元分析及造船工艺评估	2015年6月～2016年3月
北京大学考古文博学院	船体连接材料分析研究及相关出水文物检测鉴定	2015年6月～2016年6月
上海尤为文化传播有限公司	船体模型制作	2015年9月～2016年1月
国家文物局水下文化遗产保护中心	2016年度沉船脱盐保护	2016年6～11月
	船体木材新型脱水定型材料研发	2017年12月～2018年12月
	《宁波"小白礁Ⅰ号"清代沉船保护修复方案（Ⅱ期）》编制	2018年6月～2019年2月
北京嘉元文博科技有限公司	船体构件X光照相检测	2016年11、12月
浙江大学宁波理工学院	船体构件内部顽固硫铁化合物脱除研究	2017年12月～2018年12月
中国丝绸博物馆	纤维样品检测	2018年9月

3. 具体实施

　　根据双方工作特点和各自条件优势，宁波市文物考古研究所与中国文化遗产研究院共同制定了"小白礁Ⅰ号"沉船船体保护修复（Ⅰ期）项目实施方案，划分了工作任务，组建了现场保护操作与定期技术指导有机配合的业务团队。同时，邀请中国文化遗产研究院詹长法研究员，南京博物院奚三彩研究员，泉州海外交通史博物馆李国清研究员，浙江省博物馆郑幼明研究员、卢衡研究员，浙江大学人文学院张秉坚教授等组成专家组，指导项目工作开展。

　　截至目前，"小白礁Ⅰ号"沉船船体构件实验室保护工作进展顺利，开展的主要工作如下。

　　第一，完成了沉船修复展示室的功能分区、设施改造和设备配置（图五二；图版七二，3），建设了配套的科技保护实验室（图版七二，4），具备了开展船体构件保护修复的条件。

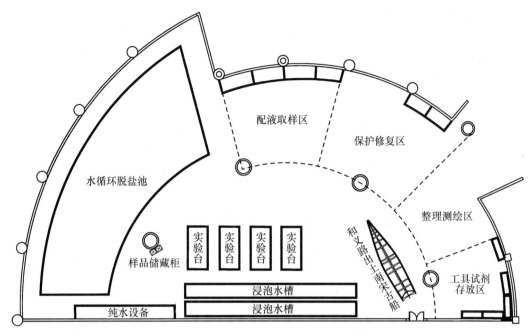

图五二　国家水下文化遗产保护宁波基地沉船修复展示室平面图

　　根据相关设计，在沉船修复室内专门施工建造了用于浸泡船体构件的扇形脱盐池，面积160平方米，深1.2米，并配备了水循环系统，于2014年10月13日投入使用（图版七二，5）。由于船体构件数量较多，尺寸大小不一，同时考虑到对外展示的需要，有部分船体构件放置在靠近通电玻璃的两个脱盐槽内进行循环脱盐。

　　第二，完成了对"小白礁Ⅰ号"沉船所有船体构件的整理、资料采集及其他前期准备工作。

　　通过将"小白礁Ⅰ号"沉船所有船体构件的拼接复原，仔细辨别、周密考证，并广泛征求造船史专家的意见，最终统计"小白礁Ⅰ号"沉船出水船体构件数量为236件，并对尺寸数据进行了重新测定。为消除水下发掘时固定标签的铁钉生锈对船体构件的破坏，将铁钉拔除，重新制作了部分已漫漶不清的标签并全部改用扎带进行固定。为加快船体浸泡脱硫脱盐速度，完成了专门定制的三层托架的组装和船体构件的整理。

　　第三，完成对船体构件的脱硫脱盐保护处理。

　　开展了船体构件木材特性及保存状况评估，选择典型构件进行取样，分析其病害特征（图版七二，6）。根据前期实验的结果，启动脱硫脱盐防霉工作。采用扫描电子显微镜-X射线能谱仪(scanning electron microscope with energy dispersive X-ray，SEM-EDX）、X射线衍射分析（X-ray diffraction analysis，XRD）、电感耦合等离子体发射光谱（inductively coupled plasma atomic emission spectrometry, ICP）元素分析、离子色谱分析等测试手段，分别检测船体构件基体、浸泡溶液的可溶性盐及硫铁化合物的含量。定期检测船体构件三维形貌和色差变化，同时对沉船修复展示室温湿度和可见光强度进行长期环境监测。周期性更换浸泡液，开展船体构件和浸泡池清洗等日常维护工作。分别开展实验室和现场的脱水加固试验，尝试研发适合"小白礁Ⅰ号"沉船船体构件的保护方法，提出船体构件加固及脱水定型的保护工作建议。截至2018年12月，船体构件中的硫铁化合物和可溶盐已经基本脱除干净，表面露出木材本体的颜色，标志着沉船船体保护工作完成了第一阶段——脱硫脱盐的处理。

第四，完成《宁波"小白礁Ⅰ号"清代沉船保护修复方案（Ⅱ期）》的编制。

为做好第二阶段即脱水定型阶段工作，确保整体保护修复工作的平稳过渡与有序实施，委托国家文物局水下文化遗产保护中心在前期实验的基础上编制完成了《宁波"小白礁Ⅰ号"清代沉船保护修复方案（Ⅱ期）》。目前，已将该方案上报，待国家文物局批复立项后，立即着手实施。

第五，不定期组织召开专家论证会进行多方会诊。

由于"小白礁Ⅰ号"沉船所有木材均为阔叶材硬木，有别于我国以往考古发现的沉船较常采用的松木、杉木、樟木等，具有一定独特性。而且船体构件数量多、体量大、保存状况不一、病害类型多样，对保护修复工作提出了很高的要求。为此，宁波市文物考古研究所牵头先后于2014年10月、2015年12月、2016年6月、2017年5月、2019年1月分别召开了"小白礁Ⅰ号"沉船船体科技保护专家论证会、"小白礁Ⅰ号"船体科技保护暨宁波基地科技保护实验室建设专家论证会、"小白礁Ⅰ号"船体复原研究论证会暨船体报告编写座谈会、"小白礁Ⅰ号"清代沉船保护修复（Ⅰ期）2015～2016年度工作项目专家验收会暨2017～2018年度工作项目专家论证会、"小白礁Ⅰ号"清代沉船保护修复（Ⅰ期）专家验收会等学术会议，广泛邀请国内知名的木船保护专家学者共同为"小白礁Ⅰ号"沉船船体保护修复工作建言献策。此外，还与相关文博同行及研究机构专家学者建立了密切的合作关系，共同攻关。

二、对外展示宣传

2014年10月16日，国家水下文化遗产保护宁波基地即宁波中国港口博物馆正式建成投用。"小白礁Ⅰ号"沉船所有船体构件在国家水下文化遗产保护宁波基地沉船修复展示室内边保护边展示，游客透过颇具科技含量的通电玻璃可观看船体科技保护与修复的全过程；发掘复原场景及部分船载遗物作为"水下考古在中国"专题陈列的一部分在国家水下文化遗产保护宁波基地专题陈列室内正式对外公开展示（图版七三），使公众共享水下考古与水下文化遗产保护成果[72]。截至目前，展览参观人次已逾百万，收到了良好的社会效果。

　　此外，还先后在《中国文物报》《宁波日报》等媒体推出专版报道，出版《水下24米——浙江宁波象山"小白礁Ⅰ号"水下考古实录》《水下考古在中国专题陈列图录》《渔山遗珠——宁波象山"小白礁Ⅰ号"出水文物精品图录》等多部科普读物或图录[73]。形式多样、广泛深入的宣传报道，不仅极大地扩展了"小白礁Ⅰ号"沉船遗址水下考古项目在业界的知名度和影响力，还打造了一道全民共享的文化盛宴，实现了考古发掘项目由专业保护向全民共享的嬗变。

第六章 初步认识

第一节 沉船年代与性质[74]

从"小白礁Ⅰ号"沉船遗址出水遗物来看，不乏"道光""嘉庆"年款青花瓷器和康熙通宝、乾隆通宝、嘉庆通宝、道光通宝等铜钱。"小白礁Ⅰ号"沉船遗址出水的五彩碗、"孟臣制"底款紫砂壶、酱釉壶、青花瓷碗等器物与马来西亚海域迪沙如号沉船（The Desaru ship，下沉年代为1840年）[75]所出同类器物基本相似，两船的使用与沉没年代亦当相近。据此推断，"小白礁Ⅰ号"沉船年代应当在清代道光年间（1821~1850年）。

在"小白礁Ⅰ号"沉船船艏舱位底部发现成排成摞分层整齐码放的景德镇青花瓷碗，残存2~4层，计有300余件，且大小、器型基本一致，无使用痕迹，当为贸易货物。集中叠置于船体中后部最底层的五列石板经粗加工，形状、大小也基本一致，共计300余块，总重约20吨，显然是最先装载的货物，兼具压舱作用。出水的一方"源合盛记"印章应是当时商号（帮）的公章凭信。沉船上发现的清代铜钱以及日本宽永通宝、越南景兴通宝、西班牙银币等多国货币，当为当时商品贸易的流通货币。据此推测，"小白礁Ⅰ号"沉船应是一艘商贸运输船。

"小白礁Ⅰ号"沉船沉没的渔山列岛海域远离大陆（图版一），在明代文献中被称为"极海远洋"[76]与"大洋绝岛"[77]。《郑和航海图》中绘注有渔山岛（图二）[78]，这表明至少在明代，渔山列岛已是我国远洋航线上一个重要站点，郑和下西洋时也曾航经此海域。如今，北渔山岛东的五虎礁是我国领海基点，其东12海里即为公海。

"小白礁Ⅰ号"沉船所有船体构件均为木质，也发现了桅杆底座，应是木帆船。

综上所述，"小白礁Ⅰ号"沉船沉没于清代道光年间，是一艘从事海运贸易、具有远岸航行能力的木质帆船。

第二节　沉没原因

经考古发掘，"小白礁 I 号"沉船船体在海底大致呈南北向，与东西向的小白礁基本垂直（图版一四，1），且船体南端（船艉）断裂面参差不齐，几乎紧贴着礁体岩石（图版七，1），初步推测应为触礁沉没。

其实，渔山列岛扼居我国沿海南北航线中端，船只南来北往频繁，航路繁忙，加之岛礁奇险，暗流密布，气候多变，险象环生，历来是一个船难事故高发区。成书于清朝康熙末年的《两种海道针经·指南正法》明确记载："东开二更是大鱼、小鱼，山上有淡水。小鱼北边有沉礁，当使开，不可近小鱼。"[79] 这段珍贵的文字，不仅告诉过往船只可以在这里补给淡水，而且提醒船员在小渔山的北边有暗礁（沉礁），船舶航行时应当避开。《中国沿海灯塔志》载："该岛[80]附近险象四伏，南有沙滩险阻，东则暗礁丛生，东北及偏北亦危岩棋布，四面碇泊处所则峭石环抱……"[81] "光绪九年十一月（一八八三年十二月）间，曾有华轮'怀远'号在该处[82]附近失事，旅客船员葬身鱼腹者计达一百六十五名之多，嗣于光绪十六年五月（一八九〇年六月）复有德轮'扬子'号相继遇险。"[83] 鉴于此，上海海关总税务司海务科曾多次动议建造灯塔，但因经费有限，直至光绪二十一年灯塔始得落成，建于北渔山岛东南端高岩之巅，并设警雾炮台两处，为过往船只引航。然而即便是灯塔建成投用之后，渔山列岛海域船难事故仍时有发生，"但民国二十年内，附近遇难船只竟有三次之多。缘该年三月，有法轮'长江'号在灯塔西南偏西约半浬地方触礁，船员旅客六十名则为灯站所收容。又同年四月，有华轮'华阳'号在南鱼山西北角搁浅，旅客船员悉为大英火轮船公司之'瑞普太那'轮船救护而去。又同年九月，复有日本打捞轮船东洋丸，方在打捞上述触礁两轮之际，忽遇飓风，触该站西面礁石之上，船身破碎"[84]。

清代，深居海中的渔山列岛时常成为盗匪窝顿之所，是朝廷缉盗剿匪的前沿阵地。康熙年间，海盗郑尽心就曾在渔山列岛活动过，康熙皇帝下令追捕，"飞檄黄岩镇民兵官王文煜亲统官兵前往鱼山查拿"[85]。嘉庆时期，中国沿海最大的海盗蔡牵进入浙江沿海，渔山列岛是其主要活动区域之一。嘉庆十一年（1806年）八月，清军将领李长庚与蔡牵大战于渔山，李长庚受伤，蔡牵逃脱[86]。嘉庆十四年（1809年）七月，蔡牵从舟山洋面向南逃窜，途经象山县的檀头山等岛屿，清军追击；八月十七日，浙江提督邱良功、福建提督王得禄在渔山列岛洋面追上蔡牵，蔡牵战败，落水而死[87]。道光时期，渔山列岛又有海盗聚集。《（民国）象山县志》载："道光二十九年（1849年），有海盗聚于渔山，四出劫掠，商船路梗。"[88]该海盗首领为陈双喜，王肇谦就因为"承审渔山盗匪陈双喜案"而获得道光皇帝嘉奖并得以升官[89]。同年，道光皇帝要求闽浙总督刘韵珂、浙江巡抚吴文镕"即严饬黄岩镇于该镇所属中、左、右三营内，每月轮派游击一员，亲率本营舟师前往巡查，并着该镇于游击轮巡一周后，亲往覆查，分别具结，总期渔山盗窟捣除净尽，不准再有人迹往来，以副朕绥靖海疆至意"[90]。《清史稿》亦载："道光三十年（1850年），以渔山孤悬海外，令黄岩镇总兵以舟师靖盗。"[91]

由此可见，渔山列岛附近岛礁奇险、海况复杂、气候多变、海盗猖獗，历代船家航经此处可谓险象环生，沉船事故屡有发生。航经北渔山岛的"小白礁 I 号"沉船也不幸触礁船裂、货沉大海，可能与渔山列岛海域的岛礁、海况、气候或海盗等有关。

第三节　始发港与目的地

"小白礁 I 号"沉船中后部整齐排列着五列薄石板，南北向斜立并靠，陈放在船舱的最底部（图八；图版七，2），显然是最先装载的货物，又起到良好的压舱作用。

"宁波名石，鄞江镇有二：一曰小溪，一曰梅园。"[92]此两种石材的产地和堆积层位相近，加工后的表面性状也较为相似。不过，两者还是有所区别："小溪石淡红，为凝灰质流纹岩，其间亦偶夹砾岩状流纹岩或凝灰砾岩，倾斜甚平，层理清楚，成层普通一公寸左右。岩工即利用天然层理采取，故工程经济，石料便宜，旧宁属以此铺路及充坟料者极多。""梅园石为棕灰色之凝灰岩，成层厚而质细密。岩工采石无天然层理可依，采工自然较前者为费。但梅园石厚薄大小可任人自由，石质又细致，充雕刻、碑碣极为相宜，故其价格可高于小溪石。"[93]

经鉴定，"小白礁 I 号"沉船中的石板为小溪石，开采自宁波鄞江镇。所以，就石板产地分析，该船当时应是从宁波始发的。

康熙二十三年，清政府宣布取消海禁，次年在宁波设置浙海关，日本是宁波主要对外贸易地。彼时正值日本锁国时期，禁止本国商船出国，对外开放的港口仅限仅长崎。至道光十年（1830年），清朝对日贸易仅限宁波一港，年发船10艘[94]，只通长崎港。清代由宁波出发前往日本，船舶大多需取道普陀（舟山群岛）前往日本长崎港。而"小白礁Ⅰ号"沉船沉没地——渔山列岛海域位于普陀（舟山群岛）南面数十海里，相距甚远，航向也不同，所以日本虽为清代宁波主要对外贸易地，但似乎不是"小白礁Ⅰ号"沉船的航行目的地。不过，也有学者根据相关线索及研究成果推测，"小白礁Ⅰ号"沉船还是前往日本长崎贸易的，只是在航行过程中可能遭遇风暴向南漂流至渔山海域后沉没[95]。

"小白礁Ⅰ号"沉船从宁波始发，向东南扬帆破浪约26海里后不幸下沉于渔山列岛海域，从航行路线看，向东、向南应该是其航行贸易的目的地。

从渔山列岛向东是琉球群岛。据史籍记载，洪武五年（1372年）正月，明太祖遣行人杨载诏谕琉球，诏曰："太祖即位建元，遣使外夷，使者所至，蛮夷酋长称臣入贡。琉球远在海外，未及报知，特遣使谕之。"同年十二月，琉球国"中山王察度遣弟泰期等随载入朝，贡方物"[96]。洪武十六年（1383年），明朝赐给琉球国中山王察度驼纽镀金银印一枚。自明永乐十三年（1415年）始，每位琉球"国王嗣立，皆请命册封"[97]，而明清政府也多应其所请，派员前往册封，直到清光绪五年（1879年）琉球为日本吞并，中琉之间长达500年之久的朝贡和册封的密切关系中断。道光年间，清政府和琉球国之间还是宗主国和藩属国的关系，清政府也已取消海禁，除了册封和朝贡等官方往来以外，民间贸易往来也甚为活跃。所以"小白礁Ⅰ号"沉船此行的目的地有可能是渔山列岛东方的琉球国。

从渔山向南有二途：一是我国东南沿海地区，二是东南亚国家和地区。

清代宁波是我国国内南北沿海贸易的枢纽港之一。道光年间，宁波与福建、广东之间贸易往来十分频繁，大量闽、粤商人在宁波贸易。历史上，商船从明州（宁波）前往闽、粤主要港口从事中转贸易，也屡见不鲜。然而，若是开往我国东南沿海地区进行内销或中转贸易，"小白礁Ⅰ号"沉船船载货物中似乎不应出现大量景德镇青花瓷器，因为当时从江西景德镇销往我国东南沿海的瓷器一般是向东南取道福建闽江水系，进而走海路等便捷路线，无须绕道北上宁波，再折行南下，如此徒增运输成本与风险。所以"小白礁Ⅰ号"沉船以福建、台湾、广东、海南等我国东南沿海地区为最终航行目的地的可能性不大。

另一路是从宁波始发，经过渔山列岛海域后，驶经台湾海峡，继续向南穿越西沙群岛海域直至东南亚某个国家或地区。近年来的一些沉船考古发现也提供了一些佐证，如在西沙群岛石屿6号沉船采集到的景德镇产的嘉庆款青花瓷碗，以及马来西亚海域迪沙如号沉船出水的青花瓷碗、五彩盖碗、紫砂壶、酱釉壶、铜钱等器物，都与"小白礁Ⅰ号"沉船遗址所出同类器物基本相似，说明这些船货作为当时的畅销商品从中国港口始发，劈波斩浪，越过碧波万里的西沙群岛源源不断地运到东南亚各国。

第四节　船体特征与工艺[98]

"小白礁 I 号"沉船船体结构特征明确，造船工艺复杂。

残存的船底中后部呈"U"形，中部至艏部呈勺型，艏部呈"U"向"V"过渡形态（图九）。

船体纵向结构以龙骨和船壳板为主。

龙骨整体厚度较薄，主龙骨尤为扁平单薄，从前往后、自上而下由艏龙骨、主龙骨和艉龙骨三段木材搭接而成，主龙骨与艏龙骨为直角企口搭接，与艉龙骨采用凹凸定位榫和三根矩形木榫搭接，并有大船钉钉连加固，但未见铁包箍，也未见补强材（图一三）。"小白礁 I 号"沉船主龙骨在上、艉龙骨在下并有木榫的连接方式，在我国已出土（水）古船中尚属首例[99]。值得注意的是，艉龙骨中部有一方形槽，槽内置两片圆形铅片，可能与造船习俗有关。

船壳板除了主龙骨底面及两侧附近部位为双重板外，其余位置均为单层板。内外船壳板之间夹有一层较薄的、掺和少量艌料的植物纤维物（图版三五，5），似有防水兼粘接作用，这在国内是首次发现[100]。外层船壳板均为长方形薄板，厚度不及内层船壳板的一半，且集中分布于主龙骨底面及两侧附近，其主要目的应是加强船壳外底的安全防护与水密作用，一定程度上也增强了外层船壳板的强度。内层船壳板的端接缝有滑肩同口和平面同口两种（图版三四，1、2），边接缝均为平面对接。外层船壳板的端接缝均为平面同口，边接缝均为平面对接。

横向结构以肋骨和隔舱板为支撑。

肋骨有船底肋骨和舷侧肋骨两种，各残存20余道，分布密集且间距大体相当，有力地支撑着船体的横向结构。发现的3道隔舱板厚度分别为7、7.5、7厘米，底面均有数量较多的从内层船壳板外侧钉入的方形钉孔痕迹，应是永久设置的舱壁，却均设置于两道肋骨之间，并且隔1和隔2之间还有隔舱板补强材和顶杠定位扶强舱壁（图二八；图版一五，1），显然主要不是出于加强船体强度考虑，推测其主要作用应是分隔舱室装货，客观上也在一定程度加强了船体横向强度[101]。

桅座中部开有两个凹槽，槽内有两个圆形排水孔，槽形特殊，与中国传统的海船不同（图三〇；图版四四）。

此外，"小白礁 I 号"沉船船底肋骨和隔舱板均开设有流水孔，板缝之间使用艌料捻缝，使用铲形船钉和方形船钉钉连船体，这些都是中国古代造船的常用传统技术与典型工艺特征[102]。

第五节 造船用材与建造地

"小白礁Ⅰ号"沉船船体用材所属树种多而杂，105个受检样品分属9个科15个属的18个种（含未定种），大多产于东南亚热带地区，而在我国较少分布，未见松、杉、樟、楠等我国古代造船常用木材。受检样品均为阔叶材乔木，均属硬木，质地细密坚实，力学强度大，耐腐蚀性强，非常适宜作为造船用材，且有利于船体发掘出水后的保护修复工作[103]。

自明代以来，由于海疆不宁，东南沿海官方大量造船活动持续不断。康熙二十三年开海禁，到嘉庆后期，清政府对民间造船的限制逐渐解除[104]。由于明清时期造船业的迅猛发展消耗了大量的木材，沿海地区的木材首先消耗殆尽，随后内地木材也日益稀少。由于木材紧缺，造船费用急剧上升，到清代，大船的造价至少在七八千两以上[105]。而东南亚地区如暹罗、广南、苏禄、吕宋、婆罗洲等地木材资源丰富，质量上乘[106]，价格低廉。所以，解决国内木材危机的出路之一，就是从东南亚进口木材，尤其是国内最为紧缺的桅木、舵木和碇木[107]。厦门港是进口南洋木材最多的港口，广州、宁波、上海和天津等港也有暹罗木材[108]。东南亚船材的大量输入，有力地支持了国内造船业的生存和发展。除了进口木材外，经福建巡抚陈大受请求，乾隆十二年（1747年），正式允许国内商民在海外造船，中国人在东南亚开始了大规模的造船运动[109]。由于"小白礁Ⅰ号"沉船所处时代背景及所用木材的特殊性，据此可推测："小白礁Ⅰ号"沉船可能是中国船匠参照中国船的式样、结构、工艺在东南亚建造的，并融合了当地的某些造船技艺[110]。

注　　释

［ 1 ］此处内容摘自《象山县地名志》编纂委员会：《象山县地名志》，浙江人民出版社，1995年。

［ 2 ］本节内容主要摘自《象山县地名志》编纂委员会：《象山县地名志》，浙江人民出版社，1995年；余维新主编：《象山县渔业志》，方志出版社，2008年。

［ 3 ］本节内容主要摘自《象山县地名志》编纂委员会：《象山县地名志》，浙江人民出版社，1995年；余维新主编：《象山县渔业志》，方志出版社，2008年。

［ 4 ］本节内容主要摘自《象山县地名志》编纂委员会：《象山县地名志》，浙江人民出版社，1995年；余维新主编：《象山县渔业志》，方志出版社，2008年。

［ 5 ］（唐）李吉甫撰，故宫博物院编：《钦定武英殿聚珍版丛书·第14册·元和郡县志》，故宫出版社，2010年。

［ 6 ］（宋）张津等撰：《中国方志丛书·华中地方·第五七三号·乾道四明图经》，清咸丰四年刊本影印，（台湾）成文出版社，1983年。

［ 7 ］"南田八岛"包括南田、高塘、花岙、坦塘、对面山、檀头山、北渔山、南渔山及附近岛礁，以南田岛得名。

［ 8 ］《象山县地名志》编纂委员会：《象山县地名志》，浙江人民出版社，1995年。

［ 9 ］《象山县地名志》编纂委员会：《象山县地名志》，浙江人民出版社，1995年。

［10］陈汉章总纂：民国《象山县志》点校本，方志出版社，2004年，第542页。

［11］陈汉章总纂：民国《象山县志》点校本，方志出版社，2004年，第543页。

［12］（明）张时彻等纂修：《中国方志丛书·华中地方·第四九五号·宁波府志》，明嘉靖三十九年刊本影印，（台湾）成文出版社，1983年；（清）史鸣皋修，姜炳璋等纂：《中国方志丛书·华中地方·第四七六号·象山县志》，清乾隆二十三年刊本影印，（台湾）成文出版社，1983年。

［13］（清）史鸣皋修，姜炳璋等纂：《中国方志丛书·华中地方·第四七六号·象山县志》，清乾隆二十三年刊本影印，（台湾）成文出版社，1983年。

［14］陈汉章总纂：民国《象山县志》点校本，方志出版社，2004年。

［15］陈汉章：《陈汉章全集·第十三册·南田志略》，浙江古籍出版社，2014年，第791页。

［16］（明）范涞：《两浙海防类考续编》第4卷，《续修四库全书》，上海古籍出版社，2002年，第368、369页。

［17］（明）王在晋：《海防纂要》卷八，《四库禁毁书丛刊》史部第17册，第614页。

［18］《象山县志》编纂委员会：《象山县志》，浙江人民出版社，1988年，第272页。

［19］《象山县地方志》编纂委员会：民国《南田县志》点校本，中华书局，2011年，第94页。

［20］陈汉章总纂：民国《象山县志》点校本，方志出版社，2004年，第136页。

［21］《象山县地方志》编纂委员会：民国《南田县志》点校本，中华书局，2011年，第94页。

［22］《象山县地方志》编纂委员会：民国《南田县志》点校本，中华书局，2011年，第228页。

［23］英国海军海图官局纂，陈寿彭译：《新译中国江海险要图志》，《海疆文献初编》（第1辑），知识产权出版社，2011年，第553页。

［24］《象山县志》编纂委员会：《象山县志》，浙江人民出版社，1988年，第13页。

［25］《象山县地方志》编纂委员会：民国《南田县志》点校本，中华书局，2011年，第94页。

［26］〔英〕班思德（Banister T. Roger）著，李廷之译：《中国沿海灯塔志》（*The coastwise lights of China*），上海海关总税务司公署统计科，1933年印行。

［27］朱正元：《浙江沿海图说》，中国方志丛刊，第162、163页。

［28］《象山县地方志》编纂委员会：民国《南田县志》点校本，中华书局，2011年，第137页。

［29］《象山县地方志》编纂委员会：民国《南田县志》点校本，中华书局，2011年，第39页。

［30］《象山县地名志》编纂委员会：《象山县地名志》，浙江人民出版社，1995年，第376页。

［31］《象山县地名志》编纂委员会：《象山县地名志》，浙江人民出版社，1995年，第376页。

［32］《石浦镇地方志》编纂委员会，竺桂良编：《石浦镇志稿选编》（未刊），第169页。

［33］余维新主编：《象山县渔业志》，方志出版社，2008年，第63页。

［34］石浦镇地方志编纂委员会，竺桂良编：《石浦镇志稿选编》（未刊），第170页。

［35］中国国家博物馆水下考古研究中心、宁波市文物考古研究所：《浙江宁波渔山小白礁一号沉船遗址调查与试掘》，《中国国家博物馆馆刊》2011年第11期。

［36］宁波市文物考古研究所、国家文物局水下文化遗产保护中心：《浙江象山县“小白礁Ⅰ号”清代沉船遗址2012年发掘简报》，《考古》2015年第6期；国家文物局水下文化遗产保护中心、宁波市文物考古研究所：《水下24米——浙江宁波象山“小白礁Ⅰ号”水下考古实录》，中国广播电视出版社，2014年。

［37］宁波市文物考古研究所、国家文物局水下文化遗产保护中心：《我国水下考古的又一创新之作——浙江宁波象山“小白礁Ⅰ号”2014年度发掘》，《中国文物报》2014年8月29日第5版；林国聪、王结华：《“小白礁Ⅰ号”水下考古取得重要成果》，《浙江文物》2014年第4期；金涛、梁国庆、赵鹏等：《“小白礁Ⅰ号”出水船体构件的现场保护》，《新技术·新方法·新思路——首届“水下考古·宁波论坛”文集》，科学出版社，2015年；林国聪、王结华：《“小白礁Ⅰ号”水下考古项目管理与创新》，《新技术·新方法·新思路——首届“水下考古·宁波论坛”文集》，科学出版社，2015年。

［38］宁波中国港口博物馆、国家水下文化遗产保护宁波基地、宁波市文物考古研究所：《众志志城铸华章——国家水下文化遗产保护宁波基地建设巡礼》，《中国文物报》2014年10月10日第6、7版；宁波市文物考古研究所、宁波中国港口博物馆、国家文物局水下文化遗产保护中心编著：《水下考古在中国：专题陈列图录》，宁波出版社，2015年；宁波市文物考古研究所、象山县文物管理委员会办公室、国家文物局水下文化遗产保护中心编著：《渔山遗珠——宁波象山“小白礁Ⅰ号”出水文物精品图录》，宁波出版社，2015年。

［39］林国聪：《浅谈水下考古的陆上调查》，《宁波文物考古研究文集》，科学出版社，2008年。

［40］冯雷、朱滨：《高科技探测方法在水下考古调查工作中的应用》，《水下考古学研究》（第一卷），科学出版社，2012年。

［41］向达整理：《郑和航海图》，中华书局，2000年，第31页。

［42］向达整理：《两种海道针经·指南正法》，中华书局，2000年，第150页。

［43］〔英〕班思德（Banister T. Roger）著，李廷之译：《中国沿海灯塔志》（*The coastwise lights* of China），上海海关总税务司公署统计科，1933年，第173、177、181页。

[44]（明）王在晋：《海防纂要》卷八，《四库禁毁书丛刊》史部第17册，第614页。

[45]（明）王在晋：《海防纂要》卷十，《四库禁毁书丛刊》史部第17册，第640、642页；（明）范涞：《两浙海防类考续编》第七卷，《续修四库全书》，上海古籍出版社，2002年，第496页；（明）项笃寿：《小司马奏草》，明刻本《续修四库全书》第478册，第629、630页。

[46]（清）贺长龄：《清经世文编》第八十六卷"兵政"十七，广陵书社，2011年影印本，第2册，第298、299页；（清）焦循：《神风荡寇后记》，《国朝耆献类征初编》第39卷及"补录"，广陵书社，2007年影印本，第5册，第2587~2591页；（清）梁章巨：《浪迹三谈》卷四，中华书局，1981年点校本。

[47]张辉：《浅谈水下考古之水下探摸》，《中国文物报》2012年9月14日第7版；罗鹏：《水下考古圆周搜索法浅析》，《宁波文物考古研究文集》（二），科学出版社，2012年。

[48]中国国家博物馆水下考古研究中心、宁波市文物考古研究所：《浙江宁波渔山小白礁一号沉船遗址调查与试掘》，《中国国家博物馆馆刊》2011年第11期。

[49]1987年12月，时任日本水中考古学研究所所长田边昭三教授来华讲授水下考古学时提供了此示意图。

[50]宁波市文物考古研究所、国家文物局水下文化遗产保护中心：《我国水下考古的又一创新之作——浙江宁波象山"小白礁Ⅰ号"2014年度发掘》，《中国文物报》2014年8月29日第5版；林国聪、王结华：《"小白礁Ⅰ号"水下考古项目管理与创新》，《新技术·新方法·新思路——首届"水下考古·宁波论坛"文集》，科学出版社，2015年。

[51]中山大学生命科学学院、宁波市文物考古研究所：《宁波"小白礁Ⅰ号"沉船木质文物材质鉴定及损伤评估报告》，2015年4月，内部资料。

[52]在福建漳州地区有"龙骨吊"，是指龙骨与舱壁板连接的木镉（顿贺：《中国古代造船与航海技术》，《CHINA与世界——海上丝绸之路沉船和贸易瓷器》，文物出版社，2017年，第36页）。此处指连接龙骨与肋骨以固定龙骨位置的构件。

[53]桅夹：紧贴在桅杆部左右两侧的两块厚长板，下端插入桅座。见《水运技术词典》编纂委员会：《水运技术词典（试用本）·古代水运与木帆船分册》，人民交通出版社，1980年，第157页。

[54]张忠培：《应将考古工作纳入文物保护体系中（纲要）》，《宁波文物考古研究文集》，科学出版社，2008年，第v页。

[55]张忠培：《应将考古工作纳入文物保护体系中（纲要）》，《宁波文物考古研究文集》，科学出版社，2008年，第vi页。

[56]林国聪、王结华：《"小白礁Ⅰ号"水下考古项目管理与创新》，《新技术·新方法·新思路——首届"水下考古·宁波论坛"文集》，科学出版社，2015年，第109、113页。

[57]本节系以以下几篇文章为基础写作而成：金涛、梁国庆、赵鹏等：《"小白礁Ⅰ号"出水船体构件的现场保护》，《新技术·新方法·新思路——首届"水下考古·宁波论坛"文集》，科学出版社，2015年；宁波市文物考古研究所：《宁波"小白礁Ⅰ号"沉船遗址发掘现场文物保护方案》，2012年，内部资料；中国文化遗产研究院：《宁波"小白礁Ⅰ号"清代沉船现场保护与保护修复方案（Ⅰ期）》，2013年，内部资料；宁波市文物考古研究所：《宁波"小白礁Ⅰ号"出水船体构件现场保护方案》，2014年5月，内部资料；林国聪、王结华：《"小白礁Ⅰ号"水下考古项目管理与创新》，《新技术·新方法·新思路——首届"水下考古·宁波论

坛"文集》，科学出版社，2015年；宁波市文物考古研究所、国家文物局水下文化遗产保护中心：《我国水下考古的又一创新之作——浙江宁波象山"小白礁Ⅰ号"2014年度发掘》，《中国文物报》2014年8月29日第5版。

［58］王蕙贞：《文物保护学》，文物出版社，2009年，第509页。

［59］金涛、阮啸、陈家旺：《宁波"小白礁Ⅰ号"遗址水下埋藏环境及对沉船影响研究》，《中国文物科学研究》2016年第1期，第59～62页。

［60］沈大娲、葛琴雅、杨森等：《海洋出水木质文物保护中的硫铁化合物问题》，《文物保护与考古科学》2013年第1期，第84页。

［61］黄宗国主编：《海洋污损生物及其防除》（下册），海洋出版社，2008年，第219页。

［62］中山大学生命科学学院、宁波市文物考古研究所：《宁波"小白礁Ⅰ号"沉船木质文物材质鉴定及损伤评估报告》，2015年，内部资料。

［63］黄宗国主编：《海洋污损生物及其防除》（下册），海洋出版社，2008年，第5页。

［64］黄宗国主编：《海洋污损生物及其防除》（下册），海洋出版社，2008年，第5、28页。

［65］金涛：《海洋条件下的水下文物埋藏环境概述》，《文物保护与考古科学》2017年第1期，第100页。

［66］高梦鸽、张勤奋、金涛等：《"小白礁Ⅰ号"沉船部分木质文物微生物病害观察与损伤评估》，《文物保护与考古科学》2017年第6期，第102～111页。

［67］金涛：《浙江宁波象山"小白礁Ⅰ号"清代沉船树种鉴定和用材分析》，《文物保护与考古科学》2015年第2期，第34～39页；冯欣欣、高梦鸽、金涛等：《宁波"小白礁Ⅰ号"清代沉船部分构件木材树种的补充鉴定》，《文物保护与考古科学》2017年第1期，第72～77页。

［68］金涛、李乃胜：《宁波"小白礁Ⅰ号"船体病害调查和现状评估》，《文物保护与考古科学》2016年第2期，第92～100页。

［69］本部分内容系以下几篇文章为基础写作而成：中国文化遗产研究院：《宁波"小白礁Ⅰ号"清代沉船现场保护与保护修复方案（Ⅰ期）》，2013年6月，内部资料；宁波市文物考古研究所、国家水下文化遗产保护宁波基地：《2016年度"小白礁Ⅰ号"沉船脱盐保护项目报告》，2016年11月，内部资料；中国文化遗产研究院：《"小白礁Ⅰ号"清代沉船保护修复（Ⅰ）期2015～2016年度工作项目结项报告》，2017年3月，内部资料；中国文化遗产研究院：《"小白礁Ⅰ号"清代沉船保护修复（Ⅰ）期2017～2018年度工作项目结项报告》，2018年12月，内部资料。

［70］金涛、阮啸、陈家旺：《宁波"小白礁Ⅰ号"遗址水下埋藏环境及对沉船影响研究》，《中国文物科学研究》2016年第1期，第62页。

［71］张治国、李乃胜、田兴玲等：《宁波"小白礁Ⅰ号"清代木质沉船中硫铁化合物脱除技术研究》，《文物保护与考古科学》2014年第4期，第30～38页。

［72］国家水下文化遗产保护宁波基地、宁波市文物考古研究所：《风雨兼程十六载——宁波水下考古的回顾与展望》，《中国文物报》2014年9月26日第5版；宁波中国港口博物馆、国家水下文化遗产保护宁波基地、宁波市文物考古研究所：《众志成城铸华章——宁波中国港口博物馆与国家水下文化遗产保护宁波基地建设巡礼》，《中国文物报》2014年10月10日第6、7版。

［73］国家文物局水下文化遗产保护中心、宁波市文物考古研究所：《水下24米——浙江宁波象山"小白礁Ⅰ号"水下考古实录》，中国广播电视出版社，2014年；宁波市文物考古研究所、象山县文物管理委员会、国家文物局水下文化遗产保护中心：《渔山遗珠——宁波象山"小白礁

I 号"出水文物精品图录》，宁波出版社，2015年；宁波市文物考古研究所、宁波中国港口博物馆、国家文物局水下文化遗产保护中心：《水下考古在中国专题陈列图录》，宁波出版社，2015年。

[74] 宁波市文物考古研究所、国家文物局水下文化遗产保护中心、象山县文物管理委员会办公室：《浙江象山县"小白礁 I 号"清代沉船2014年发掘简报》，《考古》2018年第11期。

[75] 中国嘉德四季拍卖会：《明万历号、清迪沙如号海捞陶瓷》，《嘉德四季》2005年第4期。中国嘉德四季拍卖会：《南海瓷珍》，《嘉德四季》2006年第4期。

[76] （明）范涞：《两浙海防类考续编》第4卷，《续修四库全书》，上海古籍出版社，2002年，第368页。

[77] （明）王在晋：《海防纂要》卷八，《四库禁毁书丛刊》史部第17册，第614页。

[78] 向达整理：《郑和航海图》，中华书局，2000年，第31页。

[79] 向达整理：《两种海道针经·指南正法》，中华书局，2000年，第150页。根据向达校注的《两种海道针经地名索引》，此处"大鱼"和"小鱼"即为大、小渔山。

[80] 该岛指北渔山岛。

[81] 〔英〕班思德（Banister T. Roger）著，李廷之译：《中国沿海灯塔志》（*The coastwise lights of China*），上海海关总税务司公署统计科，1933年印行，第177页。

[82] 该处指北渔山岛。

[83] 〔英〕班思德（Banister T. Roger）著，李廷之译：《中国沿海灯塔志》（*The coastwise lights of China*），上海海关总税务司公署统计科，1933年印行，第173页。

[84] 〔英〕班思德（Banister T. Roger）著，李廷之译：《中国沿海灯塔志》（*The coastwise lights of China*），上海海关总税务司公署统计科，1933年印行，第181页。

[85] 中国第一历史档案馆：《康熙朝汉文朱批奏折汇编》，档案出版社，1985年，第212～223页。

[86] （清）贺长龄：《清经世文编》第八十六卷"兵政"十七，广陵书社，2011年，第298、299页。

[87] （清）焦循：《神风荡寇后记》，《国朝耆献类征初编》第39卷及"补录"，广陵书社，2007年，第2587～2591页。

[88] 李涐修，陈汉章纂：《（民国）象山县志》卷九，史事考目，《中国地方志集成》，上海书店，1993年，第302页。

[89] （清）王肇晋纂修：《（咸丰）深泽县志》卷之八，同治元年刊本。

[90] （清）王先谦：《东华续录（道光朝）》，道光五十九，《续修四库全书》，上海古籍出版社，2002年，第728页。

[91] （民国）赵尔巽等编修：《清史稿》卷一三八，兵九，中华书局，1977年点校本，第4110页。

[92] 杜锺文编著：《宁波文化名石——梅园石》，宁波出版社，2016年。

[93] 张传保、汪焕章：民国《鄞县通志·博物志》，上海图书馆藏，第73页。

[94] 〔日〕大庭修：《日清贸易概观》，《社会科学辑刊》1980年第1期。

[95] 刘恒武、王力军：《关于小白礁一号沉船若干问题的思考》，《东南文化》2015年第2期。

[96] 张廷玉：《明史》卷323，外国4，中华书局，1974年，第8361页。

[97] 高岐：《福建市舶提举司志》考异，1939年铅印本。

[98] 宁波市文物考古研究所、国家文物局水下文化遗产保护中心、象山县文物管理委员会办公室：《浙江象山县"小白礁 I 号"清代沉船2014年发掘简报》，《考古》2018年第11期。

［99］顿贺、金涛：《"小白礁Ⅰ号"古船研究》，《新技术·新方法·新思路——首届"水下考古·宁波论坛"文集》，科学出版社，2015年，第124页；何国卫：《议古沉船水下考古，探"小白礁Ⅰ号"沉船》，《新技术·新方法·新思路——首届"水下考古·宁波论坛"文集》，科学出版社，2015年，第154页。

［100］顿贺、金涛：《"小白礁Ⅰ号"古船研究》，《新技术·新方法·新思路——首届"水下考古·宁波论坛"文集》，科学出版社，2015年，第127页；何国卫：《议古沉船水下考古，探"小白礁Ⅰ号"沉船》，《新技术·新方法·新思路——首届"水下考古·宁波论坛"文集》，科学出版社，2015年，第154页。

［101］顿贺、金涛：《"小白礁Ⅰ号"古船研究》，《新技术·新方法·新思路——首届"水下考古·宁波论坛"文集》，科学出版社，2015年，第127页；何国卫：《议古沉船水下考古，探"小白礁Ⅰ号"沉船》，《新技术·新方法·新思路——首届"水下考古·宁波论坛"文集》，科学出版社，2015年，第154页。

［102］顿贺、金涛：《"小白礁Ⅰ号"古船研究》，《新技术·新方法·新思路——首届"水下考古·宁波论坛"文集》，科学出版社，2015年，第120～123页；何国卫：《议古沉船水下考古，探"小白礁Ⅰ号"沉船》，《新技术·新方法·新思路——首届"水下考古·宁波论坛"文集》，科学出版社，2015年，第153页。

［103］详见本书附录一《宁波象山"小白礁Ⅰ号"清代沉船树种鉴定和用材分析》。

［104］徐建青：《清朝前期的民间造船》，《中国经济史研究》1992年第4期，第135、136页。

［105］陈希育：《十八世纪中国人在东南亚的造船活动》，《南洋问题研究》1989年第3期，第102、103页。

［106］陈希育：《中国帆船与海外贸易》，厦门大学出版社，1991年，第118页。

［107］陈希育：《中国帆船与海外贸易》，厦门大学出版社，1991年，第105页。

［108］陈希育：《中国帆船与海外贸易》，厦门大学出版社，1991年，第124页。

［109］陈希育：《中国帆船与海外贸易》，厦门大学出版社，1991年，第117页。

［110］顿贺、金涛：《"小白礁Ⅰ号"古船研究》，《新技术·新方法·新思路——首届"水下考古·宁波论坛"文集》，科学出版社，2015年，第129页；袁晓春：《"小白礁Ⅰ号"古沉船与中国古船复原技术》，《新技术·新方法·新思路——首届"水下考古·宁波论坛"文集》，科学出版社，2015年，第145页；何国卫：《议古沉船水下考古，探"小白礁Ⅰ号"沉船》，《新技术·新方法·新思路——首届"水下考古·宁波论坛"文集》，科学出版社，2015年，第154页。

附　表

宁波象山"小白礁Ⅰ号"清代沉船出水船体构件一览表

序号	编号	尺寸/厘米			保存状况	树种鉴定	备注
		长	宽	厚			
龙骨/3件							
1	龙1	109	39.2	13.3	头部残损	龙脑香科龙脑香属 未定种	艏龙骨
2	龙2	1452.9	47.6	16.4	基本完整	龙脑香科龙脑香属 未定种	主龙骨
3	龙3	585.5	43.4	25.5	尾部残损	马鞭草科石梓属 石梓	艉龙骨
肋骨及相关构件/73件							
4	肋东1	352.6	17.2	18.5	两端残损， 表面腐蚀严重	马鞭草科柚木属 柚木	船底肋骨 /22件
5	肋东2	415.1	17.5	16.5	两端残损， 上部腐蚀严重	马鞭草科佩龙木属 佩龙木	
6	肋东3	408.3	19	19	两端残损	马鞭草科柚木属 柚木	
7	肋东4	415.5	16.3	16.7	两端残损	—	
8	肋东5	409.3	14.3	17	两端略残	马鞭草科柚木属 柚木	
9	肋东6	423.6	18.5	15.9	两端略残	—	
10	肋东7	411	20.8	14.5	两端略残	—	
11	肋东8	418.5	16.8	17	左端略残	龙脑香科坡垒属 芳香（软）坡垒	
12	肋东9	348	18.3	17.9	两端残损	—	
13	肋东10	354.6	21.6	17.2	左端残损	—	
14	肋东11	329.7	18.4	13.8	两端残损， 上沿腐蚀	龙脑香科坡垒属 芳香（软）坡垒	
15	肋东12	356.9	19.2	15.8	完整	—	
16	肋东13	352.3	20.3	15.1	完整	—	

序号	编号	尺寸/厘米			保存状况	树种鉴定	备注
		长	宽	厚			
肋骨及相关构件/73件							
17	肋东14	349.9	20.3	16.1	基本完整	桃金娘科子楝树属 五瓣子楝树	船底肋骨 /22件
18	肋东15	343	20	16.7	左端残损	—	
19	肋东16	335	19.1	16.5	左端残损	龙脑香科坡垒属 芳香（软）坡垒	
20	肋东17	313.5	24.1	15.6	左端残损， 右端开裂	—	
21	肋东18	307.3	19.3	17.5	左端残损	—	
22	肋东19	283.9	19.7	17.1	左端残损	桃金娘科子楝树属 五瓣子楝树	
23	肋东20	237.8	17.5	14.6	两端残损	桃金娘科子楝树属 五瓣子楝树	
24	肋东21	190.7	20.6	14.9	两端残损	—	
25	肋东22	108.2	16.8	13.4	两端残损	龙脑香科坡垒属 芳香（软）坡垒	
26	肋西1	206.2	15.4	14.4	两端残损	龙脑香科坡垒属 芳香（软）坡垒	舷侧肋骨 /21件
27	肋西2	169.5	14.6	16.1	残损严重	—	
28	肋西3	184.6	11.6	11.8	残损严重	—	
29	肋西4	222.4	12.8	13.1	两端残损	龙脑香科龙脑香属 未定种	
30	肋西5	139.4	14.3	12	残损严重	—	
31	肋西6	155.2	11.4	12	残损严重	龙脑香科龙脑香属 未定种	
32	肋西7	105.7	14.1	8.7	残损严重	—	
33	肋西8	161.4	16.3	12.4	残损严重	龙脑香科坡垒属 芳香（软）坡垒	
34	肋西9	197.9	12.1	9.3	残损严重	—	
35	肋西10	197.9	15	10.2	两端残损	龙脑香科龙脑香属 未定种	
36	肋西11	257.2	15	14.2	左端残损	—	
37	肋西12	237	15.5	12.9	左端残损	—	
38	肋西13	258.2	14.2	12.4	左端残损	龙脑香科冰片香属 芳味冰片香	

序号	编号	尺寸/厘米			保存状况	树种鉴定	备注
		长	宽	厚			
					肋骨及相关构件/73件		
39	肋西14	202.5	15.6	13.8	两端残损	—	舷侧肋骨/21件
40	肋西15	221.4	13.1	10.6	两端残损	—	
41	肋西16	285.9	17.8	12.8	两端残损	楝科麻楝属麻楝	
42	肋西17	236.4	14.5	14	两端残损	—	
43	肋西18	242.7	18.3	17.3	两端残损	—	
44	肋西19	208	17.4	13.6	两端残损，断为两截	番荔枝科依兰属香依兰	
45	肋西20	201.7	15.7	10.8	两端残损	—	
46	肋西21	188.6	17.3	12.5	两端残损	—	
47	肋采1	206.1	15	4.6	两端残损	—	肋骨残件/6件
48	肋采2	148.7	14.3	12.8	残损严重	—	
49	肋采3	99.4	15.1	12.4	残损严重	—	
50	肋采4	66.9	15	11.5	残损严重	马鞭草科柚木属柚木	
51	肋采5	124.5	17	9.7	残损严重	—	
52	肋采6	48.5	11.7	4.2	残损严重	—	
53	肋骨补强材1	112.8	17.7	17	基本完整	—	肋骨补强材/12件
54	肋骨补强材2	121.5	19.8	14.7	基本完整	马鞭草科柚木属柚木	
55	肋骨补强材3	62.8	17.2	10.9	右端残损严重	—	
56	肋骨补强材4	73.7	13.4	13.3	右端残损严重	—	
57	肋骨补强材5	48.9	11.4	12	右端残损严重	龙脑香科坡垒属芳香（软）坡垒	
58	肋骨补强材6	46.1	17.5	12.4	右端残损严重	桃金娘科子楝树属五瓣子楝树	
59	肋骨补强材7	55.8	17.1	10.4	左端残损严重	使君子科榄仁树属 *T. pallida*	
60	肋骨补强材8	57.9	16.7	12.8	左端残损严重	—	
61	肋骨补强材9	49.5	15.9	11.5	表面受一定腐蚀	—	
62	肋骨补强材10	33.3	9.5	11.8	左端残损严重	龙脑香科坡垒属芳香（软）坡垒	
63	肋骨补强材11	44.8	14.1	16.9	端残损严重	—	
64	肋骨补强材12	36	7	4.9	端残损严重	马鞭草科柚木属柚木	

续表

序号	编号	尺寸/厘米			保存状况	树种鉴定	备注
		长	宽	厚			
肋骨及相关构件/73件							
65	肋骨补强板1	51.9	23.2	5.1	基本完整	—	肋骨补强板/12件
66	肋骨补强板2	52.9	16.9	4.1	基本完整	—	
67	肋骨补强板3	46.1	24.2	4.1	基本完整	龙脑香科龙脑香属未定种	
68	肋骨补强板4	47.3	19.5	3.3	基本完整	—	
69	肋骨补强板5	54.9	20.3	7.2	基本完整	马鞭草科柚木属柚木	
70	肋骨补强板6	30.6	19.7	5.4	基本完整	—	
71	肋骨补强板7	53.7	20.7	5.8	基本完整	—	
72	肋骨补强板8	49.5	19.8	4.5	基本完整	—	
73	肋骨补强板9	29.8	16.4	5.5	基本完整	—	
74	肋骨补强板10	36.1	30.4	3.5	基本完整	—	
75	肋骨补强板11	39.4	18.7	4.5	基本完整	马鞭草科柚木属柚木	
76	肋骨补强板12	53.4	19.2	3.8	基本完整	马鞭草科柚木属柚木	
船壳板/94件							
77	壳西1-1/2	439.5	35.5	5.4	残损严重	—	左侧内层船壳板/12列34件
78	壳西1-2/2	813.9	34.2	4.8	头尾均残损	桃金娘科子楝树属五瓣子楝树	
79	壳西2-1/2	1175	40.2	5.7	头尾残损，断为五截	桃金娘科子楝树属五瓣子楝树	
80	壳西2-2/2	323.6	33.8	3.2	基本完整	—	
81	壳西3-1/5	628.2	24.4	3.4	头部残损	—	
82	壳西3-2/5	389.8	15.3	4.2	基本完整	—	
83	壳西3-3/5	1012.3	24	5	尾部残损，断为三截	桃金娘科子楝树属五瓣子楝树	
84	壳西3-4/5	415.7	16.1	5.2	基本完整	—	
85	壳西3-5/5	266.4	24.6	4.3	尾部残损	—	
86	壳西4-1/3	751.6	36.3	3.8	头部残损，断为两截	—	
87	壳西4-2/3	825.4	28	5.2	尾部残损，断为两截	龙脑香科龙脑香属未定种	

序号	编号	尺寸/厘米			保存状况	树种鉴定	备注
		长	宽	厚			
					船壳板/94件		
88	壳西4-3/3	143.7	8.6	3.6	基本完整	—	
89	壳西5-1/2	808	29.3	4.4	头部残损，断为两截	龙脑香科坡垒属芳香（软）坡垒	
90	壳西5-2/2	820.6	22.4	5.7	尾部残损		
91	壳西6-1/4	612.7	30.5	4.4	头部残损，断为三截		
92	壳西6-2/4	142.3	11.3	5.5	基本完整	桃金娘科子楝树属五瓣子楝树	
93	壳西6-3/4	567.3	23.3	4.1	尾部残损	—	
94	壳西6-4/4	798.9	29.7	4.7	尾部残损		
95	壳西7-1/2	499	27.3	4.2	头部及中部右侧残损	龙脑香科龙脑香属未定种	
96	壳西7-2/2	667.1	26.5	4.7	尾部残，中部开裂	龙脑香科坡垒属芳香（软）坡垒	
97	壳西8-1/4	562.9	29.7	5	基本完整		
98	壳西8-2/4	509.7	23.2	4.2	尾部残损	—	
99	壳西8-3/4	146.5	16.7	4.6	基本完整	—	左侧内层船壳板／12列34件
100	壳西8-4/4	370.4	18.1	4.2	尾部残损	桃金娘科子楝树属五瓣子楝树	
101	壳西9-1/2	1265.7	29.3	4.2	头部残损，断为两截	马鞭草柚木属柚木	
102	壳西9-2/2	210.8	27.2	5	尾部残损		
103	壳西10-1/4	513	33.8	4.7	头部残损，断为两截	桃金娘科子楝树属五瓣子楝树	
104	壳西10-2/4	212.2	33.6	4.9	基本完整	—	
105	壳西10-3/4	441.8	28	6	基本完整	桃金娘科子楝树属五瓣子楝树	
106	壳西10-4/4	467	30.4	5.3	尾部残损		
107	壳西11-1/2	1480.7	26.9	2.6	头部残损，断为两截		
108	壳西11-2/2	264.1	26.5	4.9	尾部残损	龙脑香科坡垒属芳香（软）坡垒	
109	壳西12-1/2	1114.3	29.2	5.5	头部残损	—	
110	壳西12-2/2	649.4	30.7	5.6	尾部残损	龙脑香科坡垒属芳香（软）坡垒	

序号	编号	尺寸/厘米			保存状况	树种鉴定	备注
		长	宽	厚			
			船壳板/94件				
111	壳东1-1/2	118	18.1	5	头部残损	—	右侧内层船壳板／6列21件
112	壳东1-2/2	472.8	26.1	4	右侧及尾部残损	龙脑香科坡垒属芳香（软）坡垒	
113	壳东2-1/5	136	28.5	5	尾部稍残	—	
114	壳东2-2/5	358.5	31.4	5	基本完整	—	
115	壳东2-3/5	233.6	20.2	5.2	头部稍残	—	
116	壳东2-4/5	675.6	22.1	5.4	头部稍残	马鞭草科柚木属柚木	
117	壳东2-5/5	533	18	4.6	尾部残损	—	
118	壳东3-1/4	1186.6	31.9	4.2	头部残损，断为三截，有一处补漏	龙脑香科坡垒属芳香（软）坡垒	
119	壳东3-2/4	138.4	14.2	4.7	基本完整	—	
120	壳东3-3/4	147.6	17.7	4.9	基本完整	—	
121	壳东3-4/4	495.5	30.3	5.6	尾部残损	—	
122	壳东4-1/3	1456.9	30.3	4.1	头部残损，断为四截，有两处补漏	龙脑香科坡垒属芳香（软）坡垒	
123	壳东4-2/3	213.4	14.4	4.5	基本完整	—	
124	壳东4-3/3	279.6	25.5	4.5	尾部残损	—	
125	壳东5-1/5	727.2	31.3	5.3	头部残损，断为三截	龙脑香科坡垒属芳香（软）坡垒	
126	壳东5-2/5	71.5	13	4.7	基本完整	—	
127	壳东5-3/5	218	10	5	基本完整	—	
128	壳东5-4/5	655.2	31.2	4.9	基本完整	—	
129	壳东5-5/5	596.7	29.9	4.9	尾部残损	龙脑香科娑罗双属疏花（深红）娑罗双	
130	壳东6-1/2	1136.5	28.3	6.2	头部残损，断为两截	—	
131	壳东6-2/2	692.6	33.7	5.1	尾部残损	龙脑香科坡垒属芳香（软）坡垒	

序号	编号	尺寸/厘米			保存状况	树种鉴定	备注
		长	宽	厚			
船壳板/94件							
132	主龙骨下 1-1/3	343	29.8	2	基本完整	龙脑香科龙脑香属 未定种	主龙骨下外层船壳板1列/3件
133	主龙骨下 1-2/3	345.2	5.5	2	断为两截	龙脑香科龙脑香属 未定种	
134	主龙骨下 1-3/3	51.6	4.8	1.6	残损严重	—	
135	壳西下1-1/1	529.8	17.4	2	头尾残损, 断为四截	—	左侧外层船壳板／5列14件
136	壳西下2-1/2	499.3	22.6	2.3	断为两截	龙脑香科龙脑香属 未定种	
137	壳西下2-2/2	529	21.7	2.1	断为两截	—	
138	壳西下3-1/4	240.6	22.7	2.1	头部残损	—	
139	壳西下3-2/4	80.2	19.9	2	残损严重	—	
140	壳西下3-3/4	76.8	22.1	2.1	残损严重	—	
141	壳西下3-4/4	436.3	25.4	2.6	基本完整	—	
142	壳西下4-1/4	435.7	23.4	2.5	基本完整	—	
143	壳西下4-2/4	378.4	21.3	2.3	尾部残损, 断为三截	龙脑香科龙脑香属 纤细龙脑香	
144	壳西下4-3/4	393.8	21.3	2	头部及中部左侧 残损	—	
145	壳西下4-4/4	187.6	22.7	2.1	尾部残损	—	
146	壳西下5-1/3	304	23.4	2.4	头部残损	—	
147	壳西下5-2/3	815.7	23.7	1.8	断为两截	龙脑香科龙脑香属 未定种	
148	壳西下5-3/3	219.6	23.8	2.4	尾部残损	—	
149	壳东下1-1/1	434	23	1.9	断为两截	龙脑香科坡垒属 芳香（软）坡垒	右侧外层船壳板／7列22件
150	壳东下2-1/2	384.5	24.3	1.4	基本完整	—	
151	壳东下2-2/2	392.6	24.1	3.3	尾部残损	龙脑香科龙脑香属 未定种	
152	壳东下3-1/3	374.1	24.5	3.1	基本完整	—	
153	壳东下3-2/3	423	26	1.8	基本完整	—	
154	壳东下3-3/3	176	22.4	3.2	尾部残损	龙脑香科坡垒属 芳香（软）坡垒	

序号	编号	尺寸/厘米			保存状况	树种鉴定	备注
		长	宽	厚			
船壳板/94件							
155	壳东下4-1/4	203.4	22.1	1.6	头部残损	龙脑香科龙脑香属未定种	右侧外层船壳板／7列22件
156	壳东下4-2/4	443.9	20.9	2.9	基本完整	—	
157	壳东下4-3/4	428.1	21	2.6	断为两截	—	
158	壳东下4-4/4	151.1	22.6	1.5	尾部残损	—	
159	壳东下5-1/4	210.3	19.9	2.2	头部残损，断为两截	—	
160	壳东下5-2/4	224.6	23.2	2.3	头部残损	—	
161	壳东下5-3/4	398.1	23.7	3.7	基本完整	—	
162	壳东下5-4/4	259.9	22.8	3.2	尾部残损	龙脑香科坡垒属芳香（软）坡垒	
163	壳东下6-1/4	380.9	23.3	2.4	头部残损	龙脑香科坡垒属芳香（软）坡垒	
164	壳东下6-2/4	380	23.9	2.3	基本完整	—	
165	壳东下6-3/4	397	25	2	基本完整	—	
166	壳东下6-4/4	246.9	22.3	1.8	尾部残损	—	
167	壳东下7-1/4	441.9	22.5	1.8	基本完整	—	
168	壳东下7-2/4	416.3	21	2.2	基本完整	—	
169	壳东下7-3/4	446.3	22.9	3.4	基本完整	龙脑香科龙脑香属纤细龙脑香	
170	壳东下7-4/4	261.1	23.8	2.5	尾部残损		
舱室构件/65件							
171	隔1	329.2	37.3	7	左端残损，上沿受一定腐蚀	龙脑香科坡垒属芳香（软）坡垒	隔舱板/3件
172	隔2	333.9	27.5	7.5	左端略残	龙脑香科龙脑香属纤细龙脑香	
173	隔3	253.3	35.7	7	左端及上沿略有残损	龙脑香科龙脑香属未定种	
174	铺1	312.5	23.5	1.7	头尾两端有开裂	龙脑香科坡垒属芳香（软）坡垒	铺舱板/43件
175	铺2	393.6	25.2	1.6	头部有开裂	—	
176	铺3	394.2	25.6	2.7	尾端有缺口	使君子科榄仁树属 T. pallida	
177	铺4	373.4	24.6	1.9	残损，断为两截	—	

序号	编号	尺寸/厘米			保存状况	树种鉴定	备注
		长	宽	厚			
舱室构件/65件							
178	铺5	396.2	26.6	2.9	腐蚀较严重，尾部有开裂	龙脑香科坡垒属芳香（软）坡垒	
179	铺6	393.2	26.1	2.4	基本完整	—	
180	铺7	391.4	24.1	2.5	基本完整	使君子科榄仁树属 *T. pallida*	
181	铺8	186.4	25	2.4	残损严重	千屈菜科紫薇属大花紫薇	
182	铺9	144.1	18.6	2.9	基本完整	—	
183	铺10	82.4	6	2.8	残	龙脑香科坡垒属芳香（软）坡垒	
184	铺11	87.8	18.7	3.2	残	—	
185	铺12	95.8	12.1	2.9	残	—	
186	铺13	121.7	31.7	1.9	残	—	
187	铺14	138.9	17.6	1.6	尾部稍有残损	—	
188	铺15	110.9	14.1	2.2	残	楝科樫木属戟叶樫木	铺舱板/43件
189	铺16	133.9	22.9	1.7	基本完整	—	
190	铺17	90.1	11.1	2.7	残	—	
191	铺18	119.3	18.2	3.1	基本完整	—	
192	铺19	123.2	26.2	1.5	头部左侧稍有残损	—	
193	铺20	120.1	28.7	2.7	基本完整	龙脑香科坡垒属芳香（软）坡垒	
194	铺21	121.7	14.2	1.5	基本完整	—	
195	铺22	122.9	19.1	2	基本完整	—	
196	铺23	121.1	22.2	2.4	左后端残损	—	
197	铺24	200.1	32.8	2.2	基本完整	—	
198	铺25	202	27.5	2	基本完整	千屈菜科紫薇属副萼紫薇	
199	铺26	201.8	24.1	1.8	基本完整	—	
200	铺27	199.4	30.7	2.6	基本完整	—	
201	铺28	202.3	26.9	1.3	基本完整	—	
202	铺29	203.1	29.9	1.9	基本完整	—	

序号	编号	尺寸/厘米			保存状况	树种鉴定	备注
		长	宽	厚			
舱室构件/65件							
203	铺30	200	31.3	2.3	头部残损	龙脑香科坡垒属芳香（软）坡垒	铺舱板/43件
204	铺31	188.1	32	1.9	头部残损	—	
205	铺32	97.8	21	3	残		
206	铺33	59.4	14.2	3.2	残	龙脑香科龙脑香属未定种	
207	铺34	81.4	17.7	2.6	基本完整	—	
208	铺35	93.6	14	4	基本完整	—	
209	铺36	120.9	20.6	2.2	后部残损	龙脑香科坡垒属芳香（软）坡垒	
210	铺37	103.8	22.1	2.4	残	—	
211	铺38	104	22.9	2.6	残	—	
212	铺39	58.6	16.7	2.5	基本完整	—	
213	铺40	85	36	4	受腐蚀严重	—	
214	铺41	66	17.2	2	残	—	
215	铺42	112	21.4	1.1	残	—	
216	铺43	100	19	2	残	—	
217	隔舱板补强材	150.2	27.7	20.1	基本完整	龙脑香科龙脑香属未定种	隔舱板补强材/1件
218	顶杠	125	12	22	基本完整	马鞭草科佩龙木属佩龙木	顶杠/1件
219	隔舱板扶强材1	39.6	8.4	5.5	上部残损	山榄科铁线子属铁线子	隔舱板扶强材/2件
220	隔舱板扶强材2	31.9	8.8	5.8	上部残损	—	
221	压1	112.5	6.5	5.5	右端及后侧残损	—	压条/15件
222	压2	97	6	4	左端残损	—	
223	压3	73.5	5.8	2.5	基本完整	—	
224	压4	160.1	10.1	3.5	基本完整	龙脑香科龙脑香属纤细龙脑香	
225	压5	148.5	6.7	2.5	基本完整	—	
226	压6	30.5	5.9	4	基本完整	—	
227	压7	40	3	3	一端残损	—	
228	压8	48.9	4.3	4	一端残损	—	

续表

序号	编号	尺寸/厘米			保存状况	树种鉴定	备注
		长	宽	厚			
舱室构件/65件							
229	压9	100.9	4	4	一端残损	—	压条/15件
230	压10	104.7	7	5	一端残损	—	
231	压11	30	3	6	基本完整	—	
232	压12	37	5	6	基本完整	—	
233	压13	38.2	4.5	7	基本完整	—	
234	压14	55	3.5	3.1	基本完整	—	
235	压15	98.9	4.5	3.5	基本完整	—	
桅座/1件							
236	桅座	186	88	19	基本完整	龙脑香科坡垒属 芳香（软）坡垒	桅座/1件

附　　录

附录一　宁波象山"小白礁Ⅰ号"清代沉船树种鉴定和用材分析

金　涛[1]　徐润林[2]　田兴玲[3]　腰希申[4]

（1. 宁波市文物考古研究所；2. 中山大学生命科学学院；

3. 中国文化遗产研究院；4. 中国林业科学研究院老科技工作者协会）

为了解"小白礁Ⅰ号"沉船造船用材情况，并为造船地研究及船体保护提供重要依据和参考，特采集其船体木材样品进行了种属鉴定。

一、船　材　取　样

先后集中取样三批次，共计取样105个。其中，2012年6月取样19个，由中国林业科学研究院老科技工作者协会（以下简称"林科院"）进行鉴定；2014年7月取样33个，由中山大学生命科学学院（以下简称"中山大学"）进行鉴定；2015年8月取样53个，由林科院进行鉴定（表一）。这些样品长度为一至数厘米，宽度和厚度为一至数毫米，分别取自龙骨、肋骨、肋骨补强材、肋骨补强板、船壳板、隔舱板、铺舱板、隔舱板补强材、顶杠、隔舱板扶强材、压条、桅座及部分未编号的船体构件残块等船体构件。船材样品大多截取于船体构件的边缘小裂片或碎片，对于较坚硬的船体构件则在不显著部位取样，尽可能减少因取样而产生的人为破坏。

表一　"小白礁Ⅰ号"沉船船体构件树种鉴定取样情况表

取样时间	样品数量/个	取样构件类型	取样单位	鉴定单位
2012年6月	19	龙骨、肋骨、船壳板、隔舱板、铺舱板、顶杠、隔舱板扶强材、桅座	宁波市文物考古研究所	林科院
2014年7月	33	龙骨、肋骨、肋骨补强材、船壳板、隔舱板、铺舱板、隔舱板补强材、压条	宁波市文物考古研究所、中山大学	中山大学
2015年8月	53	肋骨、肋骨补强材、肋骨补强板、船壳板、铺舱板、	宁波市文物考古研究所、中国文化遗产研究院	林科院

二、样品制备[1]

1. 晾晒

由于木材在海水中浸泡多年，内部结构含水量过高，为提高切片的完整性，须将样品在阴凉通风处晾至半干。

2. 软化

由于木材样品较硬，不易切片，须先进行软化。对于材质比较轻软的样品，可直接水煮将其软化。对于较为坚硬、致密的样品，则须采用甘油-乙醇法进行软化：普通甘油与95%的乙醇按1∶1混合配比；样品经水煮排除空气后，放入甘油乙醇混合液中浸泡，放入烘箱，在60~70℃条件下软化；期间用单面刀片试削以感觉其软化程度。

3. 切片

样品经软化后进行切片。由于各受检样品规格不同，特根据具体情况分别采用了徒手切片和切片机切片等方式，切出面积较大、厚度薄而均匀的横切、径切、弦切等三个切面。

4. 制片

第一，将切片用蒸馏水洗干净。第二，用番红染液染色。第三，用不同浓度的酒精脱水。第四，用丁香油或二甲苯进行透明处理。第五，用镊子取出切片置于载玻片上，加中性树胶封固，制成永久切片标本。

三、鉴定方法

木材鉴定采用解剖学方法，将切片放在显微镜下进行观察、分析和鉴定。镜检时，将木材样品的3个切面逐一在光学显微镜下观察，从低倍镜到高倍镜；利用测量软件对各样品的解剖特征进行测量、拍照，综合描述其解剖特征；根据样品切片的显微观察结果和测量数据，对照相关文献资料和标准图谱，并与现存相近科属的木材切片对比，确定受检木材的系统分类位置。此外，查阅相关资料，确定造船所用木材的树木、地理分布等情况。

由于现代高等植物的自然分类系统是根据植物的花、果和种子等生殖器官特征建立的，而木材为营养器官。另外，对大部分植物的木质部并没有进行系统的阐述，因此，在种类鉴定的准确性上，科、属级相对高些，鉴定到种则存在一定的困难[2]。

四、鉴定结果

经鉴定，"小白礁Ⅰ号"沉船受检样品分属9个科15个属的18个种（含未定种），造船用材包括龙脑香科（坡垒属、龙脑香属、冰片香属、娑罗双属）、马鞭草科（柚木属、佩龙木属、石梓属）、桃金娘科子楝树属、使君子科榄仁树属、千屈菜科紫薇属、楝科（樫木属、麻楝属）、山榄科铁线子属、番荔枝科依兰属、大戟科黄桐属，以龙脑香科（坡垒属、龙脑香属）、马鞭草科（柚木属）和桃金娘科（子楝树属）为主（表二、表三；图版七四～图版七六）。

龙骨方面，艏龙骨和主龙骨（及其木榫）均为龙脑香科龙脑香属未定种，艉龙骨为马鞭草科石梓属石梓。

肋骨及相关构件方面，船底肋骨有龙脑香科坡垒属芳香（软）坡垒、桃金娘科子楝树属五瓣子楝树、马鞭草科柚木属柚木、马鞭草科佩龙木属佩龙木等树种，其中船体前半部船底肋骨以龙脑香科、桃金娘科为主，后半部则以马鞭草科为主；舷侧肋骨多为龙脑香科，有少量的楝科和番荔枝科；肋骨补强材用材较杂，有马鞭草科、龙脑香科、桃金娘科、使君子科等；肋骨补强板多为马鞭草科柚木属柚木，少量为龙脑香科。

船壳板方面，内层船壳板多为桃金娘科、龙脑香科等树种，有少量马鞭草科；内层船壳板残件多为龙脑香科，有少量马鞭草科、大戟科、使君子科等树种；外层船壳板均为龙脑香科，包括龙脑香属和坡垒属，以前者为主。

舱室及附属构件方面，隔舱板均为龙脑香科；铺舱板用材较杂，以龙脑香科为主，另有部分为使君子科、千屈菜科、楝科等；隔舱板补强材为龙脑香科龙脑香属未定种；顶杠为马鞭草科佩龙木属佩龙木；隔舱板扶强材板有山榄科铁线子属铁线子；压条有龙脑香科龙脑香属。

桅座为龙脑香科坡垒属芳香（软）坡垒。

以下为部分"小白礁 I 号"沉船受检样品的解剖特征。

1. 桅座——龙脑香科坡垒属芳香（软）坡垒

生长轮不明显，散孔材。管孔略少，大小中等，颇一致，散生。导管横切面为圆形及卵圆形，多为单管及短径列复管孔（2或3个）；具有侵填体，壁薄；单穿孔，穿孔板水平至略倾斜。管间纹孔式互列，系附物纹孔。轴向薄壁组织与环管管胞相混杂呈环管束状、翼状或聚翼状，星散或星散聚合成弦向排列为带状。木纤维壁厚至甚厚，单纹孔，具缘纹孔数少。木射线单列者较少；多列射线宽2～5个细胞（多数3或4个细胞），高多为30～70个细胞。射线组织为异形Ⅱ型及Ⅲ型。射线细胞多列部分为圆形及卵圆形，鞘细胞较少，具有非典型的榴椌形瓦状细胞，菱形晶体常见。射线与导管间纹孔式为大圆形。胞间道系正常轴向者，埋藏于薄壁组织中，呈长弦列（图版七四，1）。

2. 内层船壳板残件3——龙脑香科坡垒属俯重（硬）坡垒

生长轮不明显，散孔材。管孔略少，大小中等，颇一致，散生。导管横切面为圆形及卵圆形，多为单管孔及短径列复管孔（2或3个）；具有侵填体，壁薄；单穿孔，穿孔板水平至略倾斜。管间纹孔式互列，系附物纹孔。轴向薄壁组织与环管管胞相混杂呈环管束状、翼状或聚翼状，星散或星散聚合成弦向排列为带状。木纤维壁厚至甚厚，单纹孔，具缘纹孔数少。木射线单列者较少；多列射线宽2～5细胞（多数3～5细胞），高多为25～40细胞。射线组织为异形Ⅱ型及Ⅲ型。射线细胞多列部分圆形及卵圆形，具有非典型的榴椌形瓦状细胞，菱形晶体常见。射线与导管间纹孔式为大圆形。胞间道系正常轴向者，埋藏于薄壁组织中，呈长弦列（图版七四，2）。

3. 壳西下4-2/4——龙脑香科龙脑香属纤细龙脑香

生长轮未见，散孔材。导管为单管孔或2或3径列复管孔。管孔大小有两类，弦向直径为80～180微米，平均130微米。侵填体和螺纹加厚均未见。穿孔板单生，末端有时倾斜。导管间纹孔式互列，密集，直径较小，成圆形或卵圆形，壁厚，中间有圆形小孔。导管与射线间纹孔式的形状和大小均与导管间纹孔式类似。纤维壁厚，不分隔，弦向壁上具大量具缘纹孔。轴向薄壁组织较多，主要环管成带状，少量离管星散状分布。射线1~5列，单列较少，异型，由平卧细胞及1~4列直立或方形细胞组成。射线细胞较小。晶体未见（图版七四，3）。

4. 壳东5-5/5——龙脑香科娑罗双属疏花（深红）娑罗双

生长轮不明显，散孔材。导管横切面为圆形及卵圆形，单管孔，偶见短径列复管孔，最大弦径260微米；侵填体可见。管间纹孔式少见，系附物纹孔。穿孔板单一。轴向薄壁组织较多，疏环管状，少数环管为束状、星散、星散-聚合或带状，弦列于射线之间，围绕于胞间道四周，弦向伸展呈翼状或相连成带状。具分室含晶细胞。木纤维壁由薄至厚。木射线单列者数少，高1~9细胞或以上；多列射线宽2~5细胞（多数3~4细胞），高12~50细胞。射线组织异形Ⅱ型及Ⅲ型。射线细胞常含树胶，菱形晶体偶见。射线与导管间纹孔式为大圆形。胞间道正常轴向者比管孔小，埋于薄壁细胞中，呈长弦列（图版七四，4）。

5. 艉龙骨——马鞭草科石梓属石梓

生长轮略明显，散孔至半环孔材，宽度不均匀。导管横切面为圆形及卵圆形，单管孔及短径列复管孔（2或3个），稀管孔团；侵填体丰富，壁薄。单穿孔，穿孔板略倾斜及倾斜。管间纹孔式互列。轴向薄壁组织为环管束状、环管状、翼状及轮界状，偶呈星散状。木纤维壁薄，具缘纹孔明显，卵圆形。木射线单列者数少；多列射线宽2~5个细胞（多数3或4个细胞）。射线组织同形多列及异形多列，稀异形Ⅲ型。射线细胞部分菱形晶体常见。射线与导管间纹孔式类似管间纹孔式。胞间道缺如（图版七五，1）。

6. 顶杠——马鞭草科佩龙木属佩龙木

生长轮明显，环孔材。导管在早材带横切面为卵圆形及椭圆形，最大弦径260微米，在晚材带横切面为圆形及椭圆形。单管孔及径列复管孔（2~3个）。管间纹孔式互列，为多角形。穿孔板单一，略倾斜至倾斜。轴向薄壁组织为环管状，生长轮外部侧向伸展似翼状及轮界状。木纤维壁薄至厚。木射线单列者很少，高1~6细胞或以上；多列射线宽2~4（多数3）细胞，高5~35（多数15~25）细胞。射线组织异形Ⅱ型，稀Ⅲ型。射线与导管间纹孔式类似管间纹孔式。胞间道缺如（图版七五，2）。

7. 肋东19——桃金娘科子楝树属五瓣子楝树

生长轮不明显，散孔材，主要为单管孔（90%），少数呈径列复管孔（2或3个）。管孔弦径60～180微米（平均120微米），管孔密度较大。纤维壁很厚，不分隔，弦向壁上无纹孔。轴向薄壁组织极少，少量细胞环绕在管孔周围。穿孔板单生，末端有时倾斜。侵填体及螺纹加厚均未见。导管间纹孔式较小，互列，密集，壁厚，圆形或卵圆形，有时呈多角形，中间具有圆形小孔，直径较小，为4～7微米，具有附物纹孔。导管与射线间纹孔式在形状和大小上均与导管间纹孔式类似，有时水平拉长，近梯状。射线1～5列，4～12根/毫米，异型，平卧及直立方形细胞交错排列；单列较少，高2～6细胞；多列射线由平卧细胞及2～4列直立或方形的边界细胞构成，高10～25细胞。晶体未见（图版七五，3）。

8. 肋骨补强材7——使君子科榄仁属 *T. pallida*

生长轮不明显，散孔材。管孔为单管孔或2～5径列复管孔，管孔团稀见。管孔弦向直径35～120微米，平均70微米，密度20～40个/平方毫米，平均26个/平方毫米。穿孔板单生，末端倾斜，导管中螺纹加厚未见。导管间纹孔式互列或对列，密集排布，壁较厚，内涵口扁平倾斜，弦向直径5.3～6.5微米，平均6微米。导管与射线间纹孔式互列或对列，形状和大小均与导管间纹孔式类似。纤维壁薄到厚，横切面呈圆形或卵圆形，有时呈多角形，主要不分隔，偶尔分隔。轴向薄壁组织丰富且多样，少数呈环管状，主要离管分布，散生或带状。射线10～20根/毫米，全部单列，同型，全部由平卧细胞组成，高2～18细胞。菱形晶体普遍分布于分隔的轴向薄壁组织中（图版七五，4）。

9. 铺25——千屈菜科紫薇属副萼紫薇

导管横切面为卵圆形，单管孔，径列复管孔（2～5个），及管孔团，散生。侵填体丰富。管间纹孔式互列，具有附物纹孔。穿孔板单一。导管与射线间纹孔式为大圆形及刻痕状。轴向薄壁组织为带状（宽1～5细胞），环管状及轮界状，内含晶细胞。木纤维壁薄及略厚。射线组织同形单列（偶见方形细胞）。无胞间道（图版七六，1）。

10. 肋西16——楝科麻楝属麻楝

散孔材。导管横切面圆形及卵圆形，单管孔及径列复管孔（2~3个）；偶见管孔团，部分含树胶；螺纹加厚未见。管间纹孔式互列，多角形。穿孔板单一。导管与射线间纹孔式类似管间纹孔式。轴向薄壁组织为轮界状、环管状及星散状。具有含晶细胞。木纤维壁由薄至厚。单列射线甚少，多列射线宽2~4细胞。射线组织异形Ⅲ型。细胞内含树胶。胞间道未见（图版七六，2）。

11. 隔舱板扶强材1——山榄科铁线子属铁线子

生长轮不明显，散孔材。管孔在放大镜下可见，由略少至略多，略小，径列，侵填体丰富。导管横切面为圆形，少数为卵圆形，部分略具多角形轮廓；多数为径列复管孔2~8（多数3~5）个，少数单管孔，稀管孔团；径列；最大弦径107微米。管间纹孔式互列，多角形。穿孔板单一，略倾斜。轴向薄壁组织丰富，为不规则带状（宽1~3细胞），星散及星散-聚合状。具有分室含晶细胞，可达10个以上。木纤维薄壁甚厚，纹孔可见。木射线单列者高1~12个细胞；多列射线宽2（稀3）个细胞，多列射线有时与单列部分近等宽，多数高为10~15个细胞。射线组织异形Ⅰ型，菱形晶体可见。射线与导管间纹孔式为大圆形及刻痕状。胞间道缺如（图版七六，3）。

12. 肋西19——番荔枝科依兰属香依兰

散孔材。导管横切面圆形及卵圆形，单管孔及径列复管孔（2~5个），分布均匀。树胶及侵填体未见。螺纹加厚未见。管间纹孔式互列，密集。穿孔板单一。导管与射线间纹孔式类似管间纹孔式。轴向薄壁组织略多，离管带状（1或2细胞），不连续，与射线组织交错。树胶与晶体未见。木纤维壁薄。木射线单列者偶见，多列射线宽2~8（多数3~6）细胞。射线组织异形Ⅲ型，胞间道缺如（图版七六，4）。

表二 "小白礁Ⅰ号"沉船船体构件树种鉴定结果

序号	树种样品名称		取样位置	树种检测结果	鉴定单位
龙骨					
1	艏龙骨		头部	龙脑香科龙脑香属未定种	中山大学
2	主龙骨		尾部左侧	龙脑香科龙脑香属未定种	
3	主龙骨木榫		第二个木榫	龙脑香科龙脑香属未定种	
4	艉龙骨		尾部	马鞭草科石梓属石梓	林科院
肋骨及相关构件					
5	船底肋骨	肋东1	左端	马鞭草科柚木属柚木	林科院
6		肋东2	左端	马鞭草科佩龙木属佩龙木	
7		肋东3	右端	马鞭草科柚木属柚木	
8		肋东5	右端	马鞭草科柚木属柚木	
9		肋东8	左端	龙脑香科坡垒属芳香（软）坡垒	
10		肋东11	右端	龙脑香科坡垒属芳香（软）坡垒	
11		肋东14	上表面左端	桃金娘科子楝树属五瓣子楝树	中山大学
12		肋东16	左端	龙脑香科坡垒属芳香（软）坡垒	林科院
13		肋东19	底面左端	桃金娘科子楝树属五瓣子楝树	中山大学
14		肋东20	底面右端	桃金娘科子楝树属五瓣子楝树	
15		肋东22	左端	龙脑香科坡垒属芳香（软）坡垒	林科院
16	舷侧肋骨	肋西1	北端	龙脑香科坡垒属芳香（软）坡垒	
17		肋西4	前侧面左端	龙脑香科龙脑香属未定种	中山大学
18		肋西6	右端	龙脑香科龙脑香属未定种	
19		肋西8	右端	龙脑香科坡垒属芳香（软）坡垒	林科院
20		肋西10	上表面左端	龙脑香科龙脑香属未定种	中山大学
21		肋西13	右端	龙脑香科冰片香属芳味冰片香	林科院
22		肋西16	左端	楝科麻楝属麻楝	
23		肋西19	中部断裂处	番荔枝科依兰属香依兰	
24	肋骨残件	舷侧肋骨残件	—	龙脑香科坡垒属芳香（软）坡垒	
25		肋采4	左端	马鞭草科柚木属柚木	
26	肋骨补强材	肋骨补强材2	左端	马鞭草科柚木属柚木	
27		肋骨补强材5	右端底部	龙脑香科坡垒属芳香（软）坡垒	
28		肋骨补强材6	右端	桃金娘科子楝树属五瓣子楝树	中山大学
29		肋骨补强材7	上表面中部	使君子科榄仁树属 T. pallida	
30		肋骨补强材10	—	龙脑香科坡垒属芳香（软）坡垒	林科院
31		肋骨补强材12	—	马鞭草科柚木属柚木	
32	肋骨补强板	肋骨补强板3	—	龙脑香科龙脑香属未定种	

续表

序号	树种样品名称		取样位置	树种检测结果	鉴定单位
肋骨及相关构件					
33	肋骨补强板	肋骨补强板5	—	马鞭草科柚木属柚木	林科院
34		肋骨补强板11	—	马鞭草科柚木属柚木	
35		肋骨补强板12	右端	马鞭草科柚木属柚木	
内层船壳板					
36	壳西1-2/2		上表面尾部	桃金娘科子楝树属五瓣子楝树	中山大学
37	壳西2-1/2		上表面中部	桃金娘科子楝树属五瓣子楝树	
38	壳西3-3/5		断裂处	桃金娘科子楝树属五瓣子楝树	
39	壳西4-2/3		上表面头部	龙脑香科龙脑香属未定种	
40	壳西5-1/2		—	龙脑香科坡垒属芳香（软）坡垒	林科院
41	壳西6-2/4		上表面头部	桃金娘科子楝树属五瓣子楝树	中山大学
42	壳西7-1/2		头部	龙脑香科龙脑香属未定种	林科院
43	壳西7-2/2		尾部	龙脑香科坡垒属芳香（软）坡垒	
44	壳西8-4/4		尾部	桃金娘科子楝树属五瓣子楝树	中山大学
45	壳西9-1/2		尾部	马鞭草科柚木属柚木	林科院
46	壳西10-1/4		头部	桃金娘科子楝树属五瓣子楝树	中山大学
47	壳西10-3/4		断裂处	桃金娘科子楝树属五瓣子楝树	
48	壳西11-2/2		尾部	龙脑香科坡垒属芳香（软）坡垒	林科院
49	壳西12-2/2		尾部	龙脑香科坡垒属芳香（软）坡垒	
50	壳东1-2/2		南端	龙脑香科坡垒属芳香（软）坡垒	
51	壳东2-4/5		北端	马鞭草科柚木属柚木	
52	壳东3-1/4		北端	龙脑香科坡垒属芳香（软）坡垒	
53	壳东4-1/3		—	龙脑香科坡垒属芳香（软）坡垒	
54	壳东5-1/5		北端	龙脑香科坡垒属芳香（软）坡垒	
55	壳东5-5/5		尾部	龙脑香科娑罗双属疏花（深红）娑罗双	
56	壳东6-2/2		尾部	龙脑香科坡垒属芳香（软）坡垒	
57	内层船壳板残件1		—	龙脑香科冰片香属芳味冰片香	
58	内层船壳板残件2		—	龙脑香科坡垒属俯重（硬）坡垒	
59	内层船壳板残件3		—	龙脑香科坡垒属俯重（硬）坡垒	
60	内层船壳板残件4		—	龙脑香科龙脑香属未定种	
61	内层船壳板残件5		—	龙脑香科坡垒属芳香（软）坡垒	
62	内层船壳板残件6		—	龙脑香科坡垒属俯重（硬）坡垒	
63	内层船壳板残件7		—	使君子科榄仁树属 *T. pallida*	中山大学

续表

序号	树种样品名称		取样位置	树种检测结果	鉴定单位
内层船壳板					
64	内层船壳板残件8		—	马鞭草科柚木属柚木	林科院
65	内层船壳板残件9		—	龙脑香科坡垒属芳香（软）坡垒	
66	内层船壳板残件10		—	龙脑香科坡垒属芳香（软）坡垒	
67	内层船壳板残件11		—	龙脑香科坡垒属芳香（软）坡垒	
68	内层船壳板残件12		—	龙脑香科坡垒属芳香（软）坡垒	
69	内层船壳板残件13		—	大戟科黄桐属印马黄桐	
70	内层船壳板残件14		—	马鞭草科柚木属柚木	
外层船壳板					
71	主龙骨下1-1/3		头部右侧	龙脑香科龙脑香属未定种	中山大学
72	主龙骨下1-2/3		头部	龙脑香科龙脑香属未定种	
73	壳西下2-1/2		尾部	龙脑香科龙脑香属未定种	林科院
74	壳西下4-2/4		断裂处	龙脑香科龙脑香属纤细龙脑香	中山大学
75	壳西下5-2/3		尾部	龙脑香科龙脑香属未定种	林科院
76	壳东下1-1/1		头部左侧	龙脑香科坡垒属芳香（软）坡垒	
77	壳东下2-2/2		右侧	龙脑香科龙脑香属未定种	中山大学
78	壳东下3-3/3		尾部	龙脑香科坡垒属芳香（软）坡垒	林科院
79	壳东下4-1/4		左侧	龙脑香科龙脑香属未定种	中山大学
80	壳东下5-4/4		尾部	龙脑香科坡垒属芳香（软）坡垒	林科院
81	壳东下6-1/4		头部	龙脑香科坡垒属芳香（软）坡垒	
82	壳东下7-3/4		右侧	龙脑香科龙脑香属纤细龙脑香	中山大学
83	外层船壳板残件		—	龙脑香科龙脑香属未定种	
舱室及附属构件					
84	隔舱板	隔1	上表面左端	龙脑香科坡垒属芳香（软）坡垒	林科院
85		隔2	上表面左端	龙脑香科龙脑香属纤细龙脑香	中山大学
86		隔3	上表面左端	龙脑香科龙脑香属未定种	林科院
87	铺舱板	铺1	头部	龙脑香科坡垒属芳香（软）坡垒	
88		铺3	尾部缺失处	使君子科榄仁树属 T. pallida	中山大学
89		铺5	头部	龙脑香科坡垒属芳香（软）坡垒	林科院
90		铺7	尾部缺失处	使君子科榄仁树属 T. pallida	中山大学
91		铺8	中部	千屈菜科紫薇属大花紫薇	林科院
92		铺10	头部	龙脑香科坡垒属芳香（软）坡垒	
93		铺15	头部	楝科樫木属戟叶樫木	
94		铺20	尾部	龙脑香科坡垒属芳香（软）坡垒	

续表

序号	树种样品名称		取样位置	树种检测结果	鉴定单位
			舱室及附属构件		
95		铺25	头部	千屈菜科紫薇属副萼紫薇	
96		铺30	头部	龙脑香科坡垒属芳香（软）坡垒	
97		铺33	中部	龙脑香科龙脑香属未定种	中山大学
98	铺舱板	铺36	尾部	龙脑香科坡垒属芳香（软）坡垒	
99		铺舱板残件1	—	龙脑香科坡垒属芳香（软）坡垒	林科院
100		铺舱板残件2	—	龙脑香科龙脑香属未定种	
101	隔舱板补强材		上表面左端	龙脑香科龙脑香属未定种	中山大学
102	顶杠		上表面尾部	马鞭草科佩龙木属佩龙木	林科院
103	隔舱板扶强材1		顶部	山榄科铁线子属铁线子	
104	压条4		—	龙脑香科龙脑香属纤细龙脑香	中山大学
105	桅座		上表面	龙脑香科坡垒属芳香（软）坡垒	林科院

表三　"小白礁Ⅰ号"沉船树种鉴定结果分类统计表

序号	科	属	种	船体构件类型	数量/个			所占比例/%
					种	属	科	
1	龙脑香科	坡垒属	芳香（软）坡垒	船底肋骨	4	36	67	64
				舷侧肋骨	3			
				肋骨补强材	2			
				内层船壳板	14			
				外层船壳板	4			
				隔舱板	1			
				铺舱板	7			
				桅座	1			
			俯重（硬）坡垒	内层船壳板	3	3		
		龙脑香属	未定种	艉龙骨、主龙骨及木榫	3	21	25	
				舷侧肋骨	3			
				肋骨补强板	1			
				内层船壳板	3			
				外层船壳板	7			
				隔舱板	1			
				铺舱板	2			
				隔舱板补强材	1			

续表

序号	科	属	种	船体构件类型	数量/个 种	属	科	所占比例/%
1	龙脑香科	龙脑香属	纤细龙脑香	外层船壳板	2	25	67	64
				隔舱板	1 (种4)			
				压条	1			
		冰片香属	芳味冰片香	舷侧肋骨	1	2		
				内层船壳板	1 (种2)			
		娑罗双属	深红（疏花）娑罗双	内层船壳板	1	1		
2	马鞭草科	柚木属	柚木	船底肋骨	3	13	16	15
				肋骨残件	1			
				肋骨补强材	2 (种13)			
				肋骨补强板	3			
				内层船壳板	4			
		佩龙木属	佩龙木	船底肋骨	1	2		
				顶杠	1 (种2)			
		石梓属	石梓	艉龙骨	1	1		
3	桃金娘科	子楝树属	五瓣子楝树	船底肋骨	3	11	11	10
				肋骨补强材	1 (种11)			
				内层船壳板	7			
4	使君子科	榄仁树属	T. pallida	内层船壳板	1	4	4	4
				铺舱板	2 (种4)			
				肋骨补强材	1			
5	千屈菜科	紫薇属	大花紫薇	铺舱板	1	2	2	2
			副萼紫薇	铺舱板	1 (种2)			
6	楝科	樫木属	戟叶樫木	铺舱板	1	1	2	2
		麻楝属	麻楝	舷侧肋骨	1	1		
7	山榄科	铁线子属	铁线子	隔舱板扶强材	1	1	1	1
8	番荔枝科	依兰属	香依兰	舷侧肋骨	1	1	1	1
9	大戟科	黄桐属	印马黄桐	内层船壳板	1	1	1	1
合计	9	15	18	—	105			100

五、分析与讨论

1. "小白礁Ⅰ号"沉船船体用材树种多而杂

　　根据鉴定结果，105个样品分属龙脑香科、马鞭草科、桃金娘科、使君子科、千屈菜科、楝科、山榄科、番荔枝科和大戟科等9个科15个属的18个种（含未定种）。其中以龙脑香科为主，占64%；马鞭草科和桃金娘科分别占15%、10%；其余树种数量较少。

除外层船壳板和隔舱板均用龙脑香科外，船体其他不同构件类型之间以及相同构件类型的各个构件之间的用材也较多样：龙骨有龙脑香科和马鞭草科；船底肋骨有龙脑香科、桃金娘科、马鞭草科；舷侧肋骨有龙脑香科、楝科、番荔枝科；肋骨补强材有马鞭草科、龙脑香科、桃金娘科、使君子科；肋骨补强板有马鞭草科、龙脑香科；内层船壳板有龙脑香科、桃金娘科、马鞭草科、大戟科、使君子科；铺舱板有龙脑香科、使君子科、千屈菜科、楝科。

可见，"小白礁Ⅰ号"沉船船体用材树种多而杂。

2. "小白礁Ⅰ号"沉船船体用材均为硬木，产地多为东南亚地区

船体所用木材树种均为阔叶材乔木，多分布在东南亚热带地区和我国西南及华南地区（表四）。

表四　"小白礁Ⅰ号"造船用材树木及分布[3]

科	属	种	树木	分布
龙脑香科	坡垒属	芳香（软）坡垒	大乔木，树高30～40米，偶至60米，直径0.4～1米	缅甸、孟加拉国、老挝、越南、柬埔寨、泰国、马来西亚和中国
		俯重（硬）坡垒	—	马来西亚、文莱等地
	龙脑香属	未定种	中至大乔木，枝下高达30～70米，直径1～2米	集中分布于马来半岛、加里曼丹和苏门答腊，我国仅两种，即云南龙脑香和陀螺龙脑香
		纤细龙脑香	大乔木，高约40米	我国产于云南西部（盈江那帮坝、揭羊河）。印度、缅甸、泰国、越南、老挝、马来西亚、印度尼西亚等有分布
	冰片香属	芳味冰片香	大乔木，树高可达60米，直径1米	印度尼西亚（苏门答腊、加里曼丹）、马来西亚、文莱等
	婆罗双属	疏花（深红）婆罗双	大乔木，树高约70米，直径约1.5米	泰国、马来西亚、苏门答腊、加里曼丹、沙捞越、文莱、沙巴、菲律宾
马鞭草科	柚木属	柚木	乔木，高可达35～45米，直径0.9～2.5米	原产于缅甸、印度、泰国、越南和爪哇，后不少热带地区引种栽培
	佩龙木属	佩龙木	乔木，高可达20～25米，直径0.6米或以上	缅甸、泰国、马来半岛、爪哇、苏门答腊、加里曼丹等
	石梓属	石梓	乔木，高17～30米，直径0.7～1米	印度、缅甸、柬埔寨、泰国、菲律宾及中国

续表

科	属	种	树木	分布
桃金娘科	子楝树属	五瓣子楝树	—	马来群岛、中南半岛（泰国、柬埔寨、老挝、越南）
使君子科	榄仁树属	T. pallida	—	印度、巴基斯坦、缅甸、中南半岛（泰国、柬埔寨、老挝、越南）
千屈菜科	紫薇属	大花紫薇	大乔木，在菲律宾高可达25米以上，直径可达1.2米	缅甸、泰国、越南、菲律宾、马来西亚、印度尼西亚及中国南部
		副萼紫薇	常绿乔木，高可达40米，直径0.4~0.7米	泰国和缅甸
楝科	樫木属	戟叶樫木	小乔木，直径0.6米	主产于菲律宾
	麻楝属	麻楝	乔木，高10米余，直径可达0.5米或以上	巴基斯坦、缅甸、泰国、越南、老挝、印度和马来西亚等地
山榄科	铁线子属	铁线子	小至大乔木，在立地条件好的情况下能长成大乔木，如在斯里兰卡直径可达0.5米	印度、泰国、斯里兰卡、柬埔寨等
番荔枝科	依兰属	香依兰	常绿中乔木，高达20米，直径0.6米	缅甸、印度、印度尼西亚、菲律宾、马来西亚等地。中国台湾、福建、广东、广西、云南、四川有引种
大戟科	黄桐属	印马黄桐	乔木，高可达25米，直径0.7米	马来西亚及印度尼西亚

    "小白礁Ⅰ号"沉船所用船材均为硬木，且宜作造船材。除番荔枝科依兰属香依兰、大戟科黄桐属印马黄桐、马鞭草科石梓属石梓较轻外，大部分木材较重，气干密度在0.6~0.8克/立方厘米，龙脑香科坡垒属俯重（硬）坡垒和山榄科铁线子属铁线子的气干密度甚至超过1克/立方厘米[4]。一般来讲，硬木较软木细密紧致，质地坚实，力学强度大，耐腐蚀性强。因此，相比泉州湾宋代海船、西沙"华光礁Ⅰ号"宋代沉船等用松杉类材质制作且年代较久远的木船，"小白礁Ⅰ号"沉船用材质地坚硬，且在水下埋藏时间较短，受腐蚀破坏程度较轻。在进行树种鉴定样品取样时，某些样品即使用刀刃或锯子也难以割取，可见材质之坚硬、保存状况之好，这为"小白礁Ⅰ号"沉船船体发掘出水后的保护修复工作创造了非常有利的条件。

3. "小白礁Ⅰ号"沉船船体用材有别于我国目前考古发现的其他沉船

    我国南方古代造船常用木材为松、杉、樟、楠等木材[5]。例如，宁波和义路出土的南宋沉船，船板用材为杉木，隔舱板用材为香樟[6]；泉州湾宋代海船，龙骨用材为马尾松，舷侧板、船底板、舱底板和隔舱板用材为杉木，肋骨、艉柱、绞关木和艏柱用材为香樟[7]；海南西沙"华光礁Ⅰ号"宋代沉船船体构件材质主要为松木[8]。

根据"小白礁Ⅰ号"沉船现有树种采样鉴定结果，尚未发现上述我国古代造船常用木材。"小白礁Ⅰ号"沉船所用木材的特殊性，为其建造地的判断提供了重要依据，但仍需结合造船工艺、船载遗物等方面的信息进行综合研究。

六、结　　语

现有种属鉴定结果表明，"小白礁Ⅰ号"沉船船体所用木材所多为龙脑香科、马鞭草科和桃金娘科等阔叶林硬木，整体用材多而杂。所用木材多产于东南亚热带地区而在我国分布较少，用材有别于我国以往考古发现的古船，甚至有部分为首次在国内的沉船中检测到，具有一定独特性。"小白礁Ⅰ号"沉船船体所用木材结构细密紧致、质地坚实、力学强度大、耐腐蚀性强，适宜作为造船材，且有利于船体发掘出水后的保护修复工作。

注　释

[1] 中山大学生命科学学院：《宁波"小白礁Ⅰ号"沉船木质文物材质鉴定及损伤评估项目的结题报告》，2015年，内部资料；金涛：《浙江宁波象山"小白礁Ⅰ号"清代沉船树种鉴定和用材分析》，《文物保护与考古科学》2015年第2期，第35、36页。

[2] 冯欣欣、高梦鸽、金涛等：《宁波"小白礁Ⅰ号"清代沉船部分构件木材树种的补充鉴定》，《文物保护与考古科学》2017年第1期，第75、76页。

[3] 刘鹏、杨家驹、卢鸿俊：《东南亚热带木材（第2版）》，中国林业出版社，2008年，第25、61、65~68、95、163、164、177、248、279~282页。

[4] 刘鹏、杨家驹、卢鸿俊：《东南亚热带木材（第2版）》，中国林业出版社，2008年，第65、66、248页。

[5] （明）王象晋：《二如亭群芳谱》卷十八，明天启刻本；（清）周凯：《夏门志》卷五，道光十九年刊本。

[6] 陈潇俐、万俐、褚晓波等：《浙江宁波和义路出土古船的树种鉴定和用材分析》，《宁波文物考古研究文集》，科学出版社，2008年，第189~194页。

[7] 陈振瑞：《泉州湾出土宋代海船木材鉴定》，《泉州湾宋代海船发掘与研究》，海洋出版社，1987年，第147~150页。

[8] 包春磊：《南海"华光礁Ⅰ号"沉船水下考古试析》，《南海学刊》2005年第3期，第56、57页。

附录二　宁波象山“小白礁Ⅰ号”清代沉船复原研究初探

顿　贺[1]　李　铖[1]　金　涛[2]　王光远[2]

（1.武汉理工大学造船史研究中心；2.宁波市文物考古研究所）

　　“小白礁Ⅰ号”沉船遗址位于浙江省宁波市象山县石浦镇渔山列岛海域北渔山岛小白礁北侧水下24米。该沉船于2008年10月在浙江省沿海水下文物普查中被发现。2009年6月，实施了重点调查和试掘[1]。2011年4月，国家文物局批复同意“小白礁Ⅰ号”沉船遗址水下考古发掘项目立项。2011年6～7月，结合首届“国家水下文化遗产保护（考古）培训班”开展了遗址表面清理工作。2012年5～7月，基本完成船载遗物的清理发掘[2]。2014年5～7月，完成船体发掘与现场保护工作[3]。“小白礁Ⅰ号”沉船船体虽仅存船底部分，但龙骨、肋骨、隔舱板、船壳板、铺舱板、桅座等主要构件仍清晰可辨[4]，具有较高的复原可能性。在对沉船船体整体和所有出水构件进行详细测绘的基础上，对该船的主尺度、线型、船体结构等方面做了初步研究，据此提出了总布置复原方案的初步构想。

一、“小白礁Ⅰ号”沉船主尺度及型线复原

　　“小白礁Ⅰ号”沉船型线复原的主要方法是以船体结构实测图为基础，再结合“小白礁Ⅰ号”沉船结构工艺特点，经过推断、初定和校核，最后绘制出型线。具体主尺度确定与型线复原过程如下。

1. 关于船长

　　根据现场发掘时水下布方实测图和船体构件编号进行拼装拟合，“小白礁Ⅰ号”沉船残留艏、艉龙骨和较完整的主龙骨，其中艏龙骨长109厘米，主龙骨长1452.9厘米，艉龙骨长585.5厘米，三段龙骨搭接残存总长1861厘米（图一）。截取龙骨上表面边线，定出船底中纵剖面，并按照龙骨上翘趋势将艏龙骨补齐，在侧视图中绘制出船舶艏艉轮廓线。

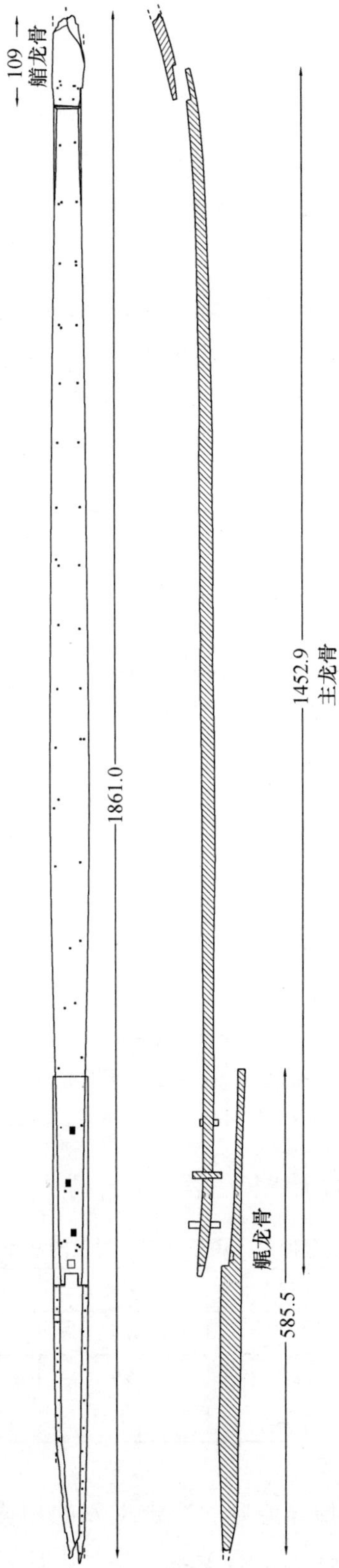

图一 龙骨搭接图
（单位/厘米）

2. 关于型深、吃水及干舷

经发掘,"小白礁Ⅰ号"沉船残存肋骨22道,隔舱板仅发现3道,且隔舱板都位于两个相邻船底肋骨之间,因此在型线复原设计的过程中,横剖线主要以肋骨的现场测绘图作为参考依据进行复原。测绘中发现编号为"肋东10"和"肋西16"的肋骨残存总长度接近最长,且位置基本上在船舯,所以可通过该肋位的线型绘制出中横剖面图,根据"肋东10"和"肋西16"残存情况进行合理拼合顺延,测算出"肋西16"顶端距基线的高度约2.4米,距中心线的宽度约为3.5米,推断复原后型深应不小于2.4米,型宽约7米。肋位实测图中的虚线部分为该肋位处的横剖线的合理延伸(图二)。

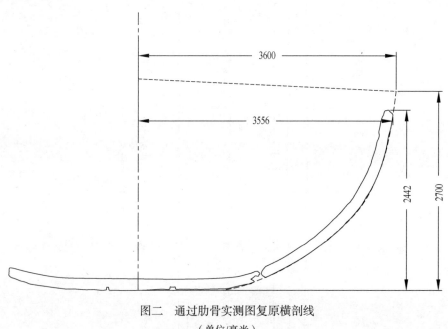

图二　通过肋骨实测图复原横剖线

(单位/毫米)

按不同的吃水计算出相应的水线长(表一)。

表一　型线复原设计中不同吃水对应的水线长

方案	吃水d/米	水线长L_{wl}/米	水线宽B_{wl}/米	B_{wl}/d	L_{wl}/B_{wl}
1	1.6	21.7	6.8	4.25	3.19
2	1.8	22	6.9	3.83	3.19
3	2	22.4	7	3.5	3.2

依据船舶设计原理的相关指导原则,决定B_{wl}/d的相关因素很多,快速性、稳性、横摇、纵摇、升沉、操纵性等都有关系。从其中比较关键的稳性和横摇来考

虑，为保证船的稳性且不至于过于剧烈摇摆，B_{wl}/d 的数值不能太小，也不能太大，此处取折中方案即方案2作为复原参考。根据经验值，干舷的范围 F/B_{wl} 在0.12~0.15比较适宜，试取 $F/B_{wl}=0.13$ 即折中值，则 $F≈0.9$ 米，$D=d+F=2.7$ 米。

根据上述型线复原过程确定主尺度后，利用专业船舶三维设计软件进行建模仿真，可以得到"小白礁Ⅰ号"沉船复原方案的型线图（图三~图五）及静水力数据。据此可知，"小白礁Ⅰ号"沉船型线特征是平底，浅吃水，方形系数不大。

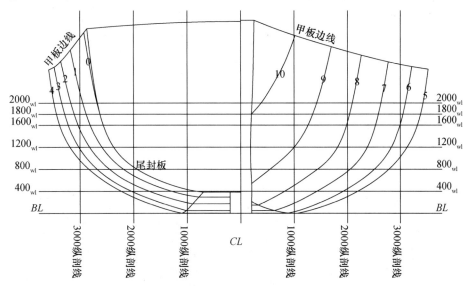

图三　"小白礁Ⅰ号"沉船横剖线复原图

（单位/毫米）

BL 为船体基线，CL 为船体中心线，wl为水线

3. 复原方案尺度小结

根据上述型线复原方案，可得到相应的船舶复原尺度（表二）。

表二　"小白礁Ⅰ号"沉船建议复原尺度

船长 L_{oa}	25米
水线长 L_{wl}	22米
型宽 B	7.2米
型深 D	2.7米
吃水 d	1.8米
干舷 F	0.9米
方形系数 C_b	0.55
棱形系数 C_p	0.73
水线面系数 C_w	0.77
排水量 $\triangle$	155吨

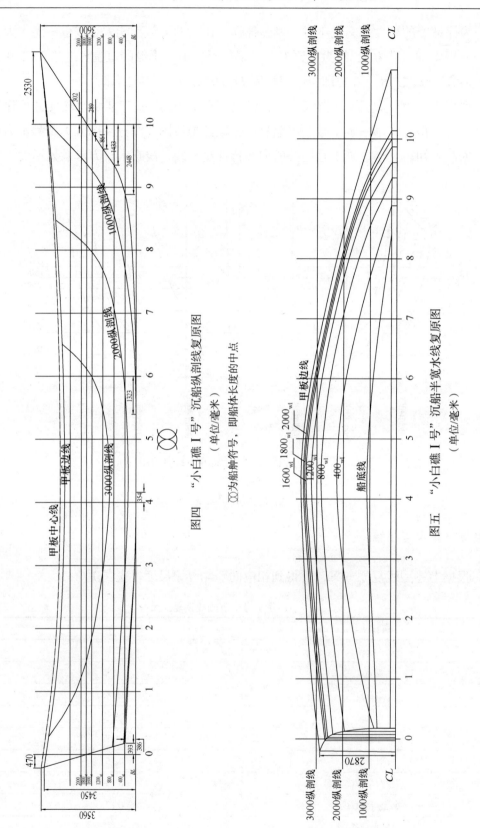

图四 "小白礁 I 号" 沉船纵剖线复原图
（单位/毫米）
⊠为船舯符号，即船体长度的中点

图五 "小白礁 I 号" 沉船半宽水线复原图
（单位/毫米）

4. 复原方案三维模型

根据上述型线复原方案，可得到船舶的三维数据模型（图六～图九）。

图六 船体三维模型轴测图

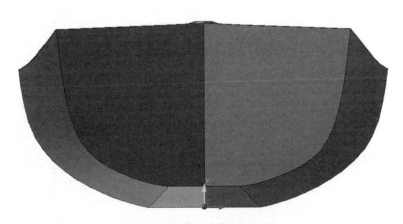

图七 船体三维模型尾视图

图八 船体三维模型侧视图

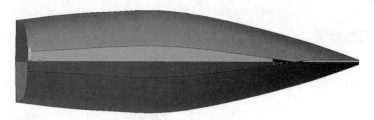

图九　船体三维模型俯视图

二、沉船总布置复原设想方案

　　"小白礁Ⅰ号"沉船仅残存一个桅座，位于船体中部稍靠前的位置，故复原设计中只设置主桅，取桅高18.6米；取帆高13米，帆宽9米，帆面积117平方米。考虑到载货分舱的需要，在残存3道隔舱板的基础上，增设了3道隔舱板。在船艏设置锚绞车1台，舯部设置帆绞车1台，艉部设置舵绞车1台，船艉舵面积约3.6平方米。在船舶中后部设置落舱式甲板室，船艉设雨棚。总布置设想方案见图一〇～图一二。

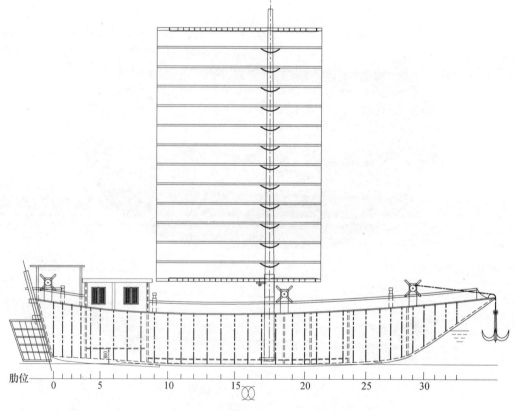

图一〇　"小白礁Ⅰ号"沉船侧视复原图

（单位/毫米）

⊠为船舯符号，即船体长度的中点

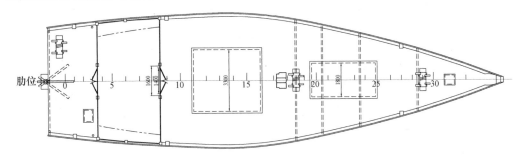

图一一　　"小白礁 I 号"沉船主甲板平面复原图

（单位/毫米）

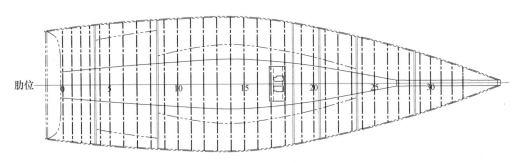

图一二　　"小白礁 I 号"沉船舱内平面复原图

（单位/毫米）

三、沉船船基本结构复原

"小白礁 I 号"沉船船复原基本结构（图一三～图一六）如下。

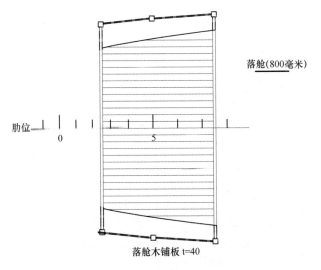

图一三　　"小白礁 I 号"沉船落舱结构复原图

（单位/毫米）

落舱（800毫米）表示这个落舱地平面距基线的高度为800毫米，为经验值；落舱木铺板t=40表示木铺板厚度为40毫米

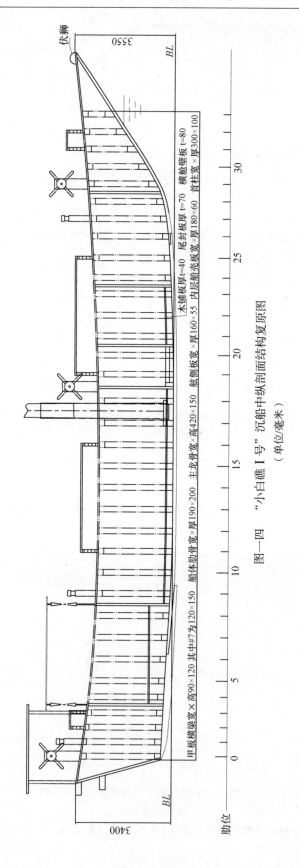

图一四 "小白礁Ⅰ号"沉船中纵剖面结构复原图
（单位/毫米）

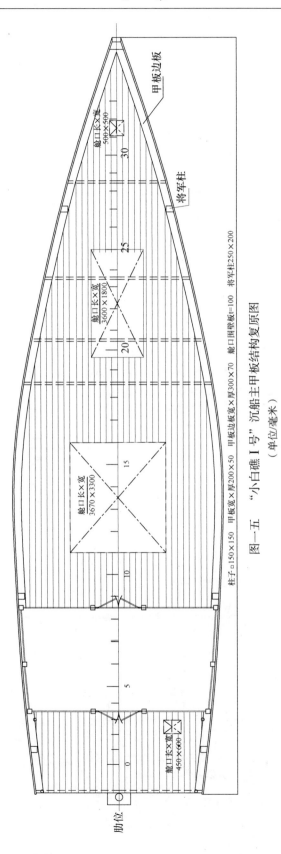

图一五　"小白礁Ⅰ号"沉船主甲板结构复原图

（单位/毫米）

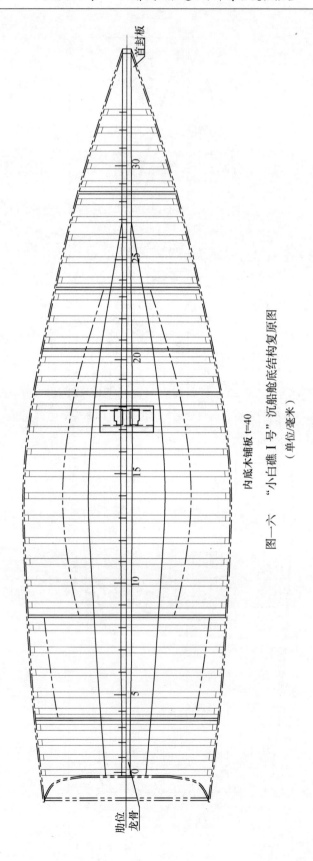

图一六　"小白礁Ⅰ号"沉船舱底结构复原图
（单位/毫米）

四、沉船典型横剖面结构复原

"小白礁Ⅰ号"沉船典型横剖面结构复原图（图一七~图二二）如下。

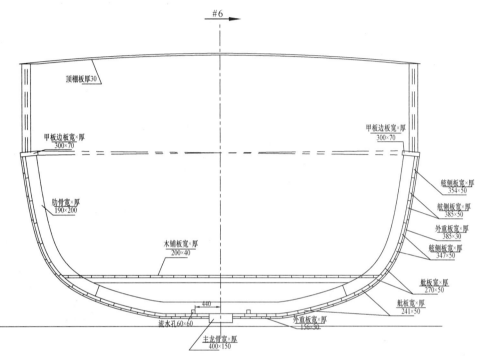

图一七　　"小白礁Ⅰ号"沉船#6肋位横剖面结构复原示意图

（单位/毫米）

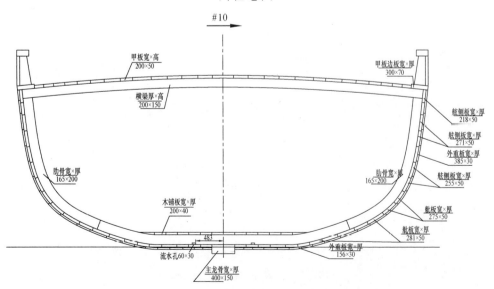

图一八　　"小白礁Ⅰ号"沉船#10肋位横剖面结构复原示意图

（单位/毫米）

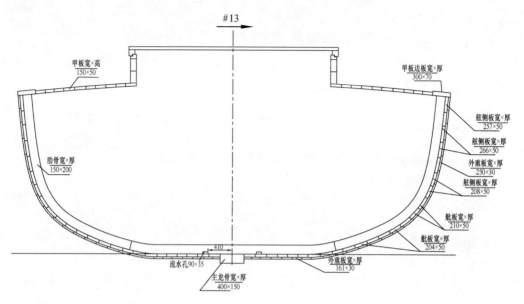

图一九　　"小白礁 I 号"沉船#13肋位横剖面结构复原示意图
（单位/毫米）

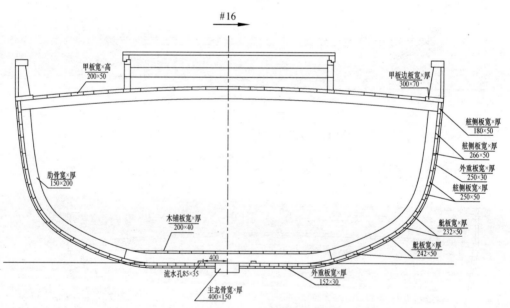

图二〇　　"小白礁 I 号"沉船#16肋位横剖面结构复原示意图
（单位/毫米）

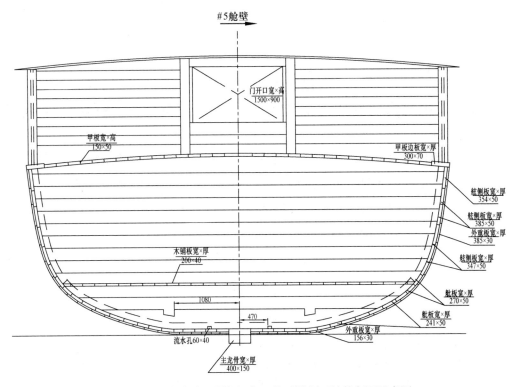

图二一　"小白礁Ⅰ号"沉船#5舱壁横剖面结构复原示意图
（单位/毫米）

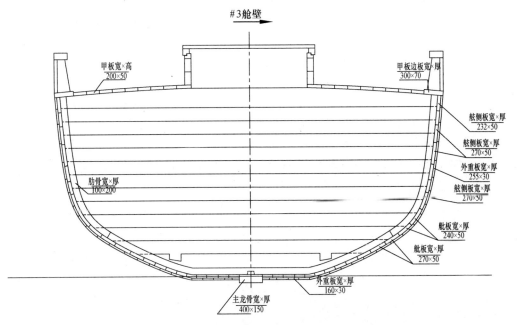

图二二　"小白礁Ⅰ号"沉船#3舱壁横剖面结构复原示意图
（单位/毫米）

五、结　　语

通过上述测绘复原分析，可以发现"小白礁Ⅰ号"沉船具有以下特点。

第一，船体结构横向以肋骨框架为主，同时使用了隔舱板，纵向以龙骨、船壳板为结构特征。

第二，船体主要以船钉连接，船用艌料进行捻缝，设桅座及使用可倒桅等。

第三，"小白礁Ⅰ号"沉船应该是从事远洋航行与国际贸易的商船。

第四，"小白礁Ⅰ号"沉船型线特征是平底，浅吃水，方形系数不大。

本文提出的总体布置方案为初步构想，仅供参考。

注　　释

［1］中国国家博物馆水下考古研究中心、宁波市文物考古研究所：《浙江宁波渔山小白礁一号沉船遗址调查与试掘》，《中国国家博物馆馆刊》2011年第11期。

［2］宁波市文物考古研究所、国家文物局水下文化遗产保护中心：《浙江象山县"小白礁Ⅰ号"清代沉船遗址2012年发掘简报》，《考古》2015年第6期；国家文物局水下文化遗产保护中心、宁波市文物考古研究所：《水下24米——浙江宁波象山"小白礁Ⅰ号"水下考古实录》，中国广播电视出版社，2014年。

［3］宁波市文物考古研究所、国家文物局水下文化遗产保护中心：《我国水下考古的又一创新之作——浙江宁波象山"小白礁Ⅰ号"2014年度发掘》，《中国文物报》2014年8月29日第5版；林国聪、王结华：《"小白礁Ⅰ号"水下考古取得重要成果》，《浙江文物》2014年第4期；金涛、梁国庆、赵鹏等《"小白礁Ⅰ号"出水船体构件的现场保护》，《新技术·新方法·新思路——首届"水下考古·宁波论坛"文集》，科学出版社，2015年；林国聪、王结华：《"小白礁Ⅰ号"水下考古项目管理与创新》，《新技术·新方法·新思路——首届"水下考古·宁波论坛"文集》，科学出版社，2015年。

［4］见本发掘报告图九："小白礁Ⅰ号"沉船船体遗迹平、剖面图（2014年发掘实测）。

Abstract

The "Xiaobaijiao 1" shipwreck was located in 24 meters under the sea, north to the Xiaobaijiao Reef, Northern Yushan Island, Yushan Archipelago in Shipu Town, Xiangshan County, Ningbo City, Zhejiang Province. In October 2008, it was discovered during the general investigation of cultural heritage under coastal waters in Zhejiang Province. In June 2009, a key-point survey and a test excavation to the shipwreck had been conducted. From June to July 2011, combined with the first National Underwater Cultural Heritage Protection (Archaeology) Training Course, the shipwreck was surface-cleaned. From May to July 2012, the excavation of the artifacts from the shipwreck was generally completed. From May to July 2014, the excavation of the shipwreck body and in-site protection had been completed. Later the ship components and the artifacts of the shipwreck had been transferred to Ningbo Base, National Centre of Underwater Cultural Heritage to preserve and display at the same time.

According to the archaeological investigations and excavations, it is acknowledged that "Xiaobaijiao 1" is a wooden commercial vessel designed for ocean-going, which sank in Daoguang Reign of Qing Dynasty (1821-1850 AD). The remaining part is about 20.35 meters long and 7.85 meters wide. A total of 236 components of the shipwreck had been excavated, including keel, frame, shell, bulkhead, dunnage board, mast base, etc. Most of the wooden materials came from Southeast Asia. In addition, there were all 1064 artifacts discovered from the "Xiaobaijiao 1" shipwreck, including elaborated blue-and-white porcelain like bowls, stem plates, plates, dishes, cups, spoons, lids and lamps, as well as Wucai porcelain such as bowls, jars and lids. Other finds contain an expert-signed Zisha clay teapot, a jade seal with trade name, a wooden stand of inkstone, a calligraphy painting brush, Qing Dynasty Chinese coins, Japanese coins, Vietnam coins, a Spanish silver coin, Ningbo locally-produced stone slabs, etc.

Based on the preliminary study, "Xiaobaijiao 1" is a shipwreck with great historical, scientific and artistic value, providing important resource for the researches of commercial development, the ship-building history and ancient ship routes in Qing Dynasty.

后　记

　　自2008年10月"小白礁Ⅰ号"发现至今，已经过去了整整十年；自2014年7月"小白礁Ⅰ号"发掘工作全部完成至今，又已过去了将近五年。今天，这本汇集近六年调查、发掘与四年多整理、研究成果的《小白礁Ⅰ号——清代沉船遗址发掘报告》终于付梓出版，得以相对较为全面、详尽地向业界和社会介绍"小白礁Ⅰ号"清代沉船遗址水下考古的工作经过、主要成果及初步认识等，甚为欣慰。

　　本报告由林国聪、王光远、金涛（宁波市文物考古研究所），史伟、贺俊彦（象山县文物管理委员会办公室），梁国庆、王亦晨（国家文物局水下文化遗产保护中心），曾瑾（吉安市博物馆），赵鹏（蓬莱市文物管理局），韩飞（海南省博物馆），司久玉（山东省水下考古研究中心）等人负责执笔编写；执笔人员具体分工情况详见报告前面插页说明；报告全文最后由林国聪负责统稿完成。

　　本报告器物线图由刘晓红（聘请技工）、王光远等绘制；船体线图由王光远、李泽琛、罗鹏（宁波市文物考古研究所），顿贺、李铖（武汉理工大学）等绘制；器物照片由冯毅、范玉（宁波中国港口博物馆），孙臣（宁波市天一阁博物馆）等拍摄；船体照片由金涛，向寅峰、胡强（武汉海达数云技术有限公司）等拍摄；现场照片由李滨（国家文物局水下文化遗产保护中心）、黎飞艳（广东省文物考古研究所）、韩飞、金涛等拍摄；附表由金涛、林国聪、李泽琛等制作；英文提要由周昳恒、洪欣（宁波市文物考古研究所）翻译。

　　本报告的编著出版得到了诸多领导和学者的指导支持。谨此致谢：国家文物局水下文化遗产保护中心副主任（主持工作）宋建忠研究员、水下考古研究所所长姜波研究员、办公室副主任（主持工作）赵嘉斌研究员；北京大学考古文博学院周双林副教授；中山大学生命科学学院徐润林教授；武汉理工大学造船史研究中心顿贺教授、蔡薇教授；中国船级社武汉规范研究所何国卫教授级高工；中国船史研究会副会长袁晓春副研究员；浙江大学海洋学院陈家旺副教授；宁波大学人文与传媒学院龚缨晏教授；宁波市文化广电旅游局张爱琴局长、韩小寅副局长、文博处李怿人处长；象山县文物管理委员会办公室郑松才主任；科学出版社编辑王琳玮。特别致谢：国家水下文化遗产保护宁波基地主任、宁波市文物考古研究所所长王结华研究员；福建博物院考古研究所原所长栗建安研究员。

由于编者水平有限，本报告编著过程中出现疏漏当在所难免，恳请各位读者见谅并指正。

编　者

2019年4月

图　版

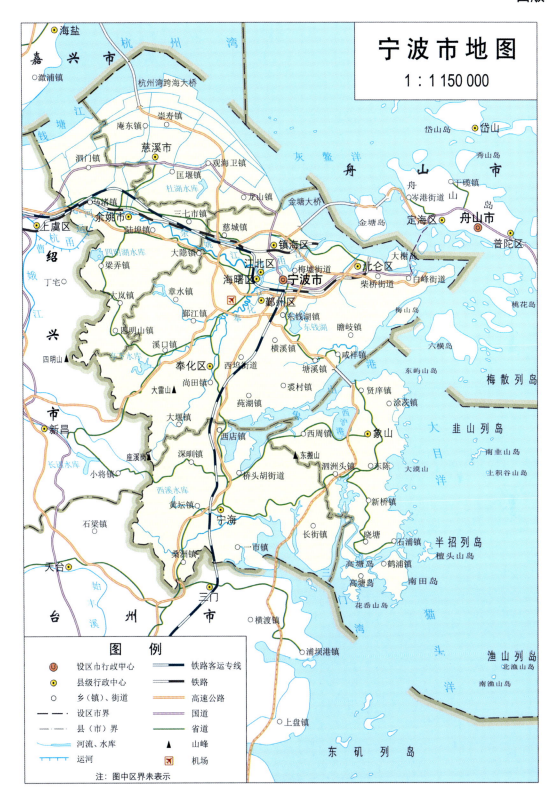

宁波市地图

1 : 1 150 000

宁波市地图上的渔山列岛

图版二

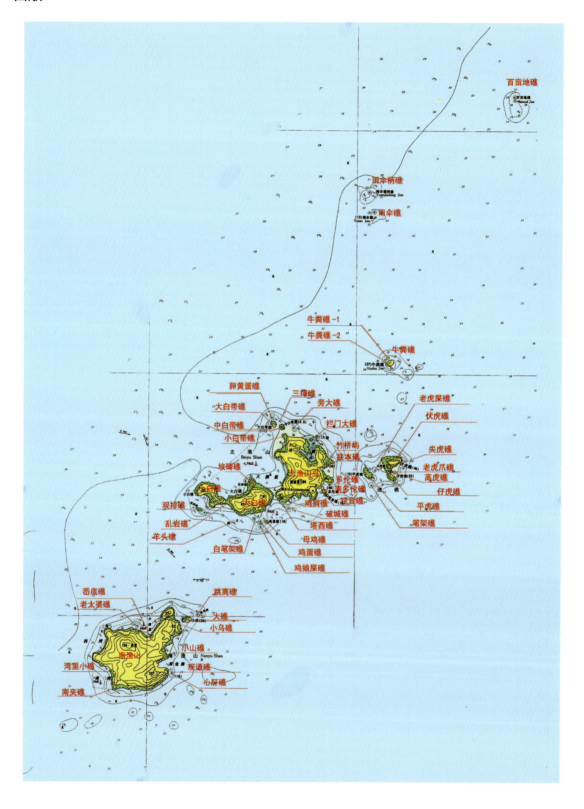

渔山列岛岛礁分布图

1. 渔山列岛海蚀崖

2. 从北渔山眺望五虎礁

海蚀崖、五虎礁

1.北渔山灯塔现状

2.北渔山渔村俯瞰

北渔山灯塔、渔村

北渔山

大白礁

小白礁 I 号

小白礁

"小白礁 I 号"沉船遗址位置示意图

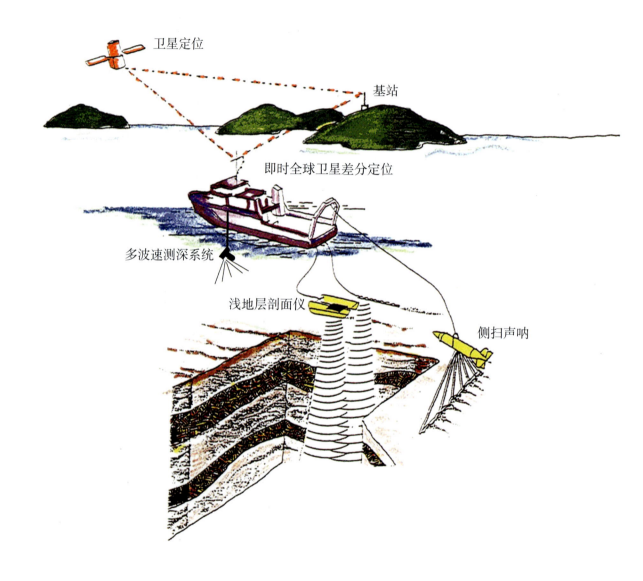

卫星定位

基站

即时全球卫星差分定位

多波速测深系统

浅地层剖面仪

侧扫声呐

水下考古综合物探示意图

1.海床表面的船材

2.海床表面的石板

海床表面的船材、石板

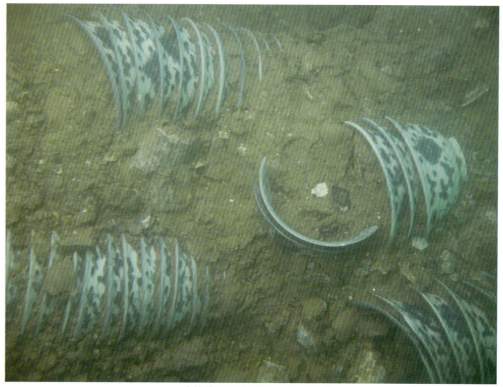

1. 成排成摞整齐码放的青花瓷碗

2. 成框提取出水的青花瓷碗

成排成摞的青花瓷碗

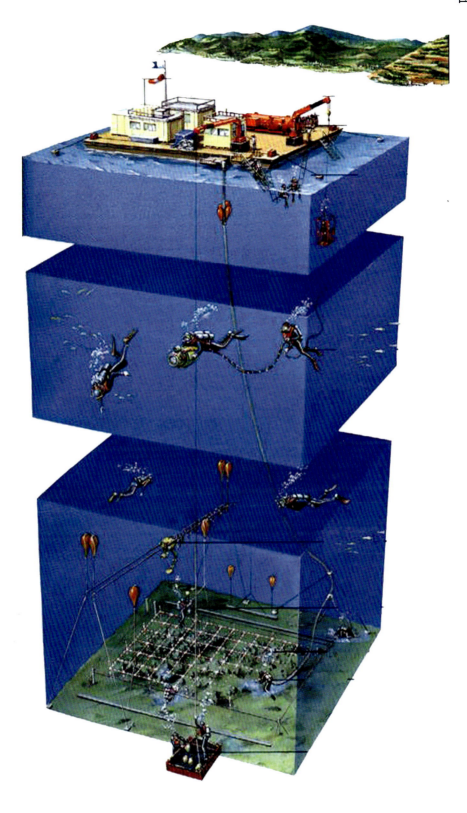

水下考古发掘分层示意图

1.水下气压式抽沙清理

2.水下南北基线局部

3.水下沉积物样品采集

4.平放石板回填覆盖保护

5."水上—水下监控指挥平台"显示终端

6.高氧轻潜设备及其配气设备

2012年度"小白礁Ⅰ号"沉船遗址发掘

1. 起吊石板材

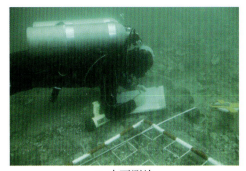

2. 水下测绘

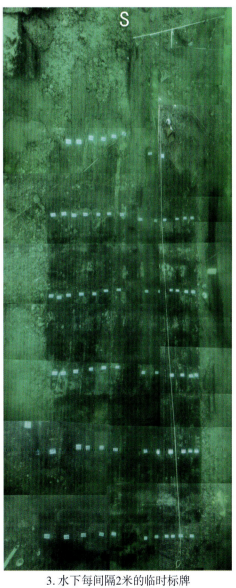

4. 船材起吊出水方式

5. 主龙骨起吊出水方式

3. 水下每间隔2米的临时标牌

2014年度"小白礁Ⅰ号"沉船遗址发掘

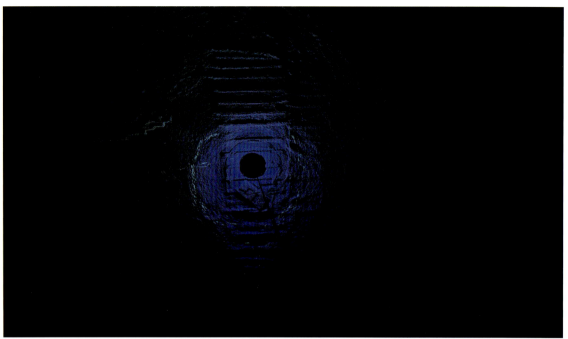

1. "小白礁Ⅰ号"沉船遗址水下三维声呐成像（上南下北）

2. 船体构件三维激光扫描

三维声呐成像、三维激光扫描

工作船锚定在"小白礁Ⅰ号"沉船遗址正上方

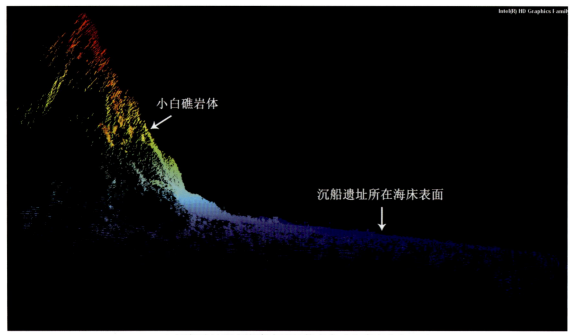

1.沉船遗址所在海床表面地势走向（左南右北）

2.2012XBW1：86上附着的牡蛎

3.2012XBW1：82上附着的藤壶

4.2012XBW1：82上附着的苔藓虫

5.2012XBW1：87上附着的盘管虫

"小白礁Ⅰ号"沉船遗址地势、器物上附着生物

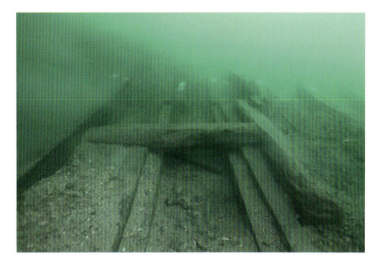

1.隔舱板补强材与顶杠

2.位于船艏的部分船底肋骨（从北向南）

3.桅座及周边船体构件

水下船体构件

1.上表面

2.右侧面

3.底面

艒龙骨

1. 左侧面

2. 上表面

3. 底面

6. 表面的肋骨压痕、钉痕、艌料

5. 尾部

4. 头部

主龙骨

1. 左侧面

2. 上表面

3. 底面

6. 左侧中部方形立槽

5. 中部的凸榫和方形槽

舵杆老胃

4. 后部长企口、钉痕、艌料

1. 前侧面　　2. 上表面　　3. 后侧面　　4. 底面

船底肋骨（肋苐8）

1. 前侧面

2. 上表面

3. 后侧面

4. 底面

船底肋骨（肋东15）

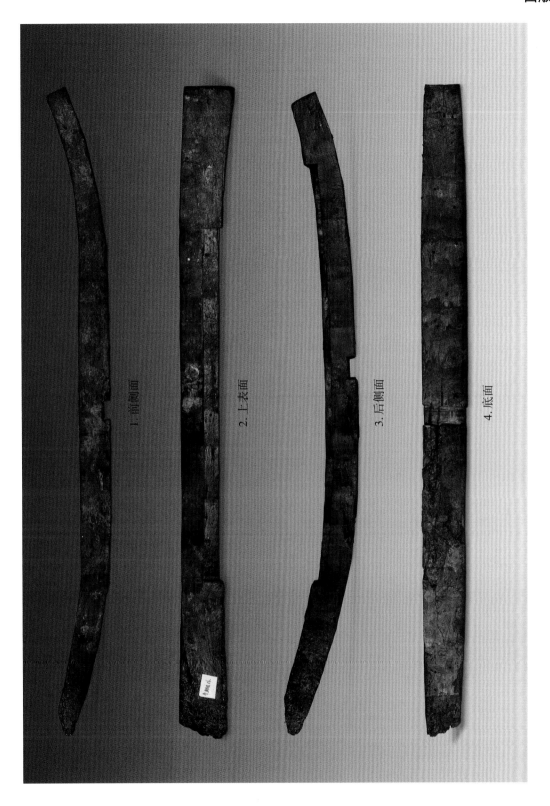

1. 前侧面

2. 上表面

3. 后侧面

4. 底面

船底肋骨（肋东16）

1. 前侧面

2. 上表面

3. 后侧面

4. 底面

船底肋骨（肋东21）

1. 前侧面

2. 上表面

3. 后侧面

4. 底面

船底肋骨（肋东22）

1. 前侧面

2. 上表面

3. 后侧面

4. 底面

舷侧肋骨（肋西13，原编号为肋西11）

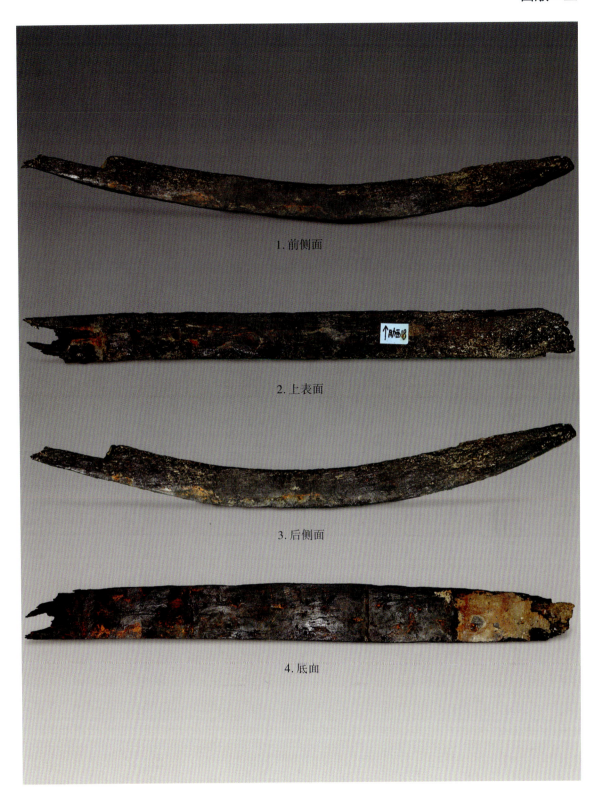

1. 前侧面

2. 上表面

3. 后侧面

4. 底面

舷侧肋骨（肋西20，原编号为肋西18）

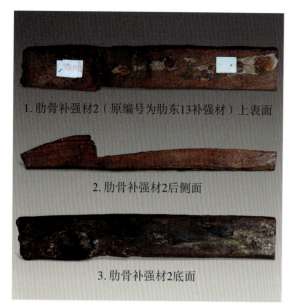

1.肋骨补强材2（原编号为肋东13补强材）上表面

2.肋骨补强材2后侧面

3.肋骨补强材2底面

8.肋西9与壳西3-4/5连接处的小木桩

4.肋骨补强板1（原编号为肋骨连接板1）位于肋东4
与肋东5右侧之间（上右下左）

9.肋骨补强材4与肋东16右侧后部连接情况

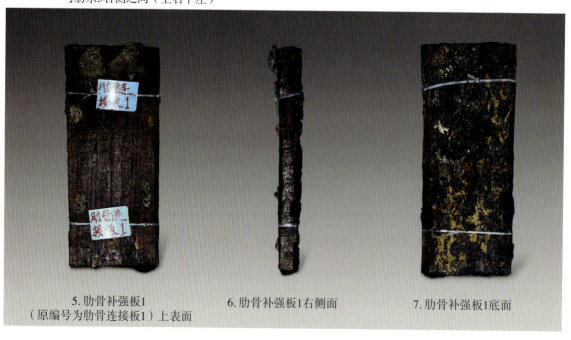

5.肋骨补强板1
（原编号为肋骨连接板1）上表面

6.肋骨补强板1右侧面

7.肋骨补强板1底面

肋骨补强材、肋骨补强板及船体构件连接情况

内层船壳板（壳西4-3/3内嵌于壳西4-2/3）

1. 左侧面

2. 上表面

3. 右侧面

4. 底面

5. 后侧面

6. 前侧面

内层船壳板（壳西4-3/3）

6. 前侧面

1. 左侧面

2. 上表面

3. 右侧面

4. 底面

5. 后侧面

内层船船壳板（壳西8-1/4）

图版三〇

6. 前侧面

1. 左侧面

2. 上表面

3. 右侧面

4. 底面

5. 后侧面

内层船壳板（壳西10-2/4）

1. 左侧面　　2. 上表面　　3. 右侧面　　4. 底面　　5. 后侧面　　6. 前侧面

内层船壳板（壳东2-2/5）

图版三二

1. 左侧面

2. 上表面

3. 右侧面

4. 底面

5. 后侧面

6. 前侧面

外层船壳板（主龙骨下1-1/3）

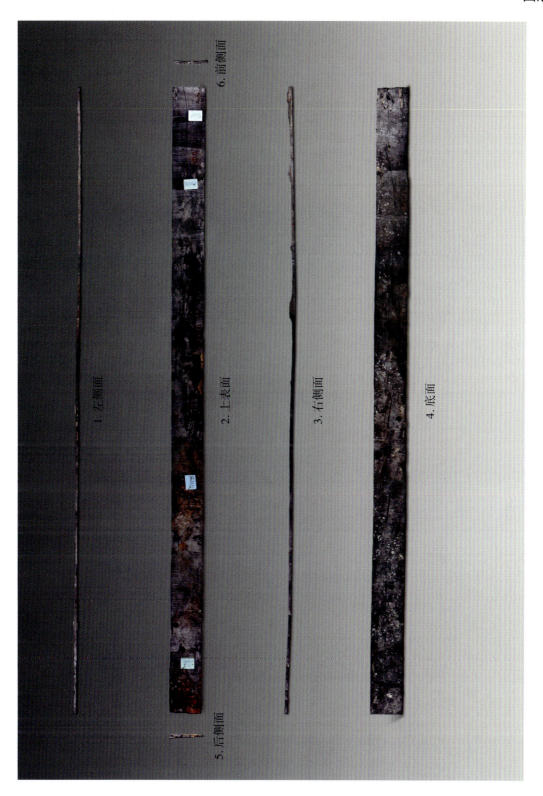

1. 左侧面

2. 上表面

3. 右侧面

4. 底面

5. 后侧面

6. 前侧面

外层船壳板（壳东下7-3/4）

1. 内层船壳板端接缝为滑肩同口及边接缝为
平面对接

2. 内层船壳板端接缝为平面同口及边接缝为
平面对接

3. 内层船壳板侧面的铲钉孔

4. 内层船壳板上表面的铲钉孔

5. 壳东3-1/4右侧缺损处修补

6. 壳西11-1/2后部破损处残留修补痕迹

船壳板连接方式

1. 肋东15、隔1右端在内层船壳板上的钉孔

2. 外层船壳板上表面残留的舱料

3. 外层船壳板之间的端接缝与边接缝

4. 外层船壳板端面接口处钉孔

5. 壳东下5-1/4上表面尾端残留的植物纤维制品

船壳板连接方式

图版三六

1. 上表面

2. 前侧面

3. 后侧面

4. 底面

隔舱板（隔1）

1. 上表面

2. 前侧面

3. 后侧面

4. 底面

隔舱板（隔2）

1. 上表面

2. 前侧面

3. 后侧面

4. 底面

隔舱板（隔3）

1. 铺6上表面

2. 铺6右侧面

3. 铺22上表面

4. 铺22右侧面

5. 铺28上表面

6. 铺28右侧面

铺舱板（铺6、铺22、铺28）

1. 前侧面

2. 上表面

3. 后侧面

4. 底面

5. 左侧面

6. 右侧面

隔舱板补强材

6. 前侧面

1. 左侧面

2. 上表面

3. 右侧面

4. 底面

5. 后侧面

顶杠（原编名为"凸木"）

图版四二

1. 前侧面

2. 上表面

3. 后侧面

4. 底面

5. 左侧面

6. 右侧面

压条（压4，原编号为压5）

1. 前侧面

2. 上表面

3. 后侧面

4. 底面

5. 左侧面

6. 右侧面

压条（压5，原编号为压6）

1. 前侧面

2. 左侧面

3. 上表面

4. 右侧面

5. 后侧面

6. 底面

桅座

1. 2012NXXBW1：54

4. 2012NXXBW1：38

2. 2012NXXBW1：54

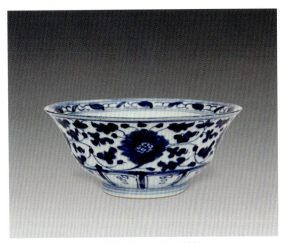

5. 2012NXXBW1：38

3. 2012NXXBW1：54

6. 2012NXXBW1：38

缠枝花卉纹弧腹青花瓷碗（大碗）

1. 2014NXXBW1：62

4. 2012NXXBW1：20

2. 2014NXXBW1：62

5. 2012NXXBW1：20

3. 2014NXXBW1：62

6. 2012NXXBW1：20

缠枝花卉纹弧腹青花瓷碗（中碗）

1. 2009NXXBW1：106

4. 2014NXXBW1：18

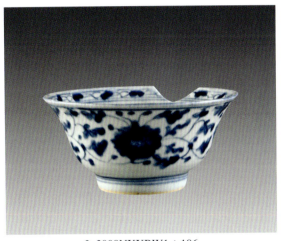

2. 2009NXXBW1：106

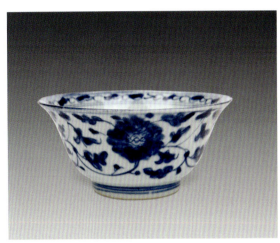

5. 2014NXXBW1：18

3. 2009NXXBW1：106

6. 2014NXXBW1：18

缠枝花卉纹弧腹青花瓷碗（中小碗）

1. 2014NXXBW1：113

4. 2009NXXBW1：277

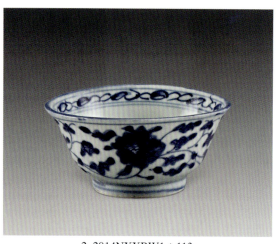

2. 2014NXXBW1：113

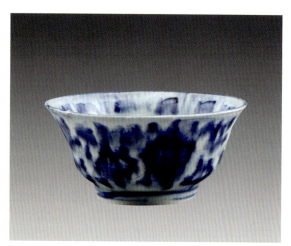

5. 2009NXXBW1：277

3. 2014NXXBW1：113

6. 2009NXXBW1：277

缠枝花卉纹弧腹青花瓷碗（小碗）

1. 2014NXXBW1：61

4. 2014NXXBW1：63

2. 2014NXXBW1：61

5. 2014NXXBW1：63

3. 2014NXXBW1：61

6. 2014NXXBW1：63

灵芝纹弧腹青花瓷碗

1.竖线纹碗（2014NXXBW1：116）

4.折线纹碗（2014NXXBW1：117）

2.竖线纹碗（2014NXXBW1：116）

5.折线纹碗（2014NXXBW1：117）

3.竖线纹碗（2014NXXBW1：116）

6.折线纹碗（2014NXXBW1：117）

斜腹青花瓷碗

1. 灵芝纹弧腹青花瓷碗（2014NXXBW1：57）

4. 灵芝纹弧腹青花瓷碗（2014NXXBW1：75）

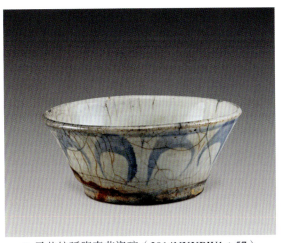

2. 灵芝纹弧腹青花瓷碗（2014NXXBW1：57）

5. 灵芝纹弧腹青花瓷碗（2014NXXBW1：75）

3. 灵芝纹弧腹青花瓷碗（2014NXXBW1：57）

6. 灵芝纹弧腹青花瓷碗（2014NXXBW1：75）

斜腹青花瓷碗

1. 2014NXXBW1：42

4. 2012NXXBW1：76

2. 2014NXXBW1：42

5. 2012NXXBW1：76

3. 2014NXXBW1：42

6. 2012NXXBW1：76

青花瓷豆

1. 菊瓣纹盘（2012NXXBW1：78）

4. 花草纹盘（2008NXXBW1：4）

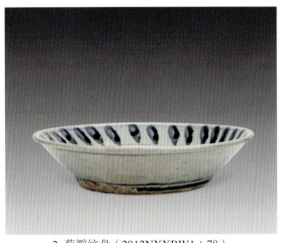

2. 菊瓣纹盘（2012NXXBW1：78）

5. 花草纹盘（2008NXXBW1：4）

3. 菊瓣纹盘（2012NXXBW1：78）

6. 花草纹盘（2008NXXBW1：4）

青花瓷盘

1. 灵芝纹盘（2012NXXBW1：81）

4. 碟（2014NXXBW1：119）

2. 灵芝纹盘（2012NXXBW1：81）

5. 碟（2014NXXBW1：119）

3. 灵芝纹盘（2012NXXBW1：81）

6. 碟（2014NXXBW1：119）

青花瓷盘、碟

1. 2009NXXBW1：79

4. 2014NXXBW1：138

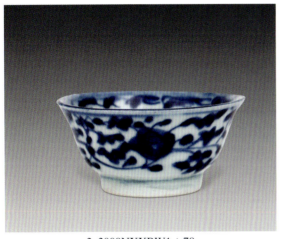

2. 2009NXXBW1：79

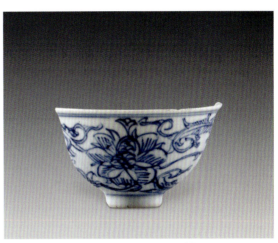

5. 2014NXXBW1：138

3. 2009NXXBW1：79

6. 2014NXXBW1：138

青花瓷杯

1. 勺（2014NXXBW1：101）

4. 盖（2008NXXBW1：12）

2. 勺（2014NXXBW1：101）

5. 盖（2008NXXBW1：12）

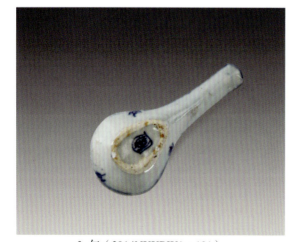

3. 勺（2014NXXBW1：101）

6. 盖（2008NXXBW1：12）

青花瓷勺、盖

1. 青花瓷灯盏（2008NXXBW1：16）

4. 五彩瓷碗（2012NXXBW1：82）

2. 青花瓷灯盏（2008NXXBW1：16）

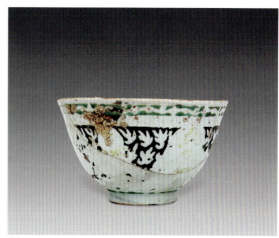

5. 五彩瓷碗（2012NXXBW1：82）

3. 青花瓷灯盏（2008NXXBW1：16）

6. 五彩瓷碗（2012NXXBW1：82）

青花瓷灯盏、五彩瓷碗

1. 大罐（2009NXXBW1：27）

4. 中罐（2009NXXBW1：38）

2. 大罐（2009NXXBW1：27）

5. 中罐（2009NXXBW1：38）

3. 大罐（2009NXXBW1：27）

6. 中罐（2009NXXBW1：38）

五彩瓷罐

1. 小罐（2014NXXBW1：449）

4. 大盖（2009NXXBW1：16）

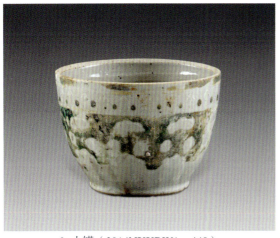

2. 小罐（2014NXXBW1：449）

5. 大盖（2009NXXBW1：16）

3. 小罐（2014NXXBW1：449）

6. 大盖（2009NXXBW1：16）

五彩瓷罐、盖

1. 中大盖（2009NXXBW1：20）

4. 中盖（2009NXXBW1：23）

2. 中大盖（2009NXXBW1：20）

5. 中盖（2009NXXBW1：23）

3. 中大盖（2009NXXBW1：20）

6. 中盖（2009NXXBW1：23）

五彩瓷盖

1. 中小盖（2014NXXBW1：100）

4. 小盖（2009NXXBW1：25）

2. 中小盖（2014NXXBW1：100）

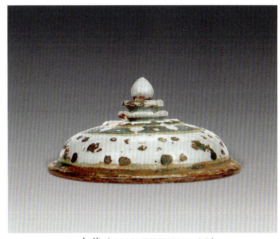

5. 小盖（2009NXXBW1：25）

3. 中小盖（2014NXXBW1：100）

6. 小盖（2009NXXBW1：25）

五彩瓷盖

1. 紫砂壶（2012NXXBW1∶91）

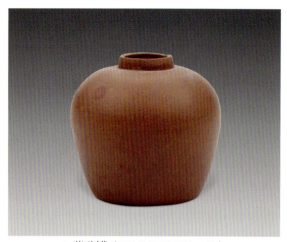

4. 紫砂罐（2014NXXBW1∶60）

2. 紫砂壶（2012NXXBW1∶91）

5. 酱釉壶（2009NXXBW1∶31）

3. 紫砂壶（2012NXXBW1∶91）

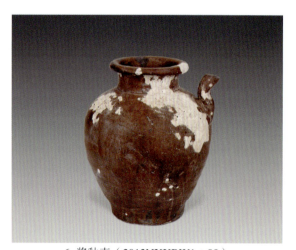

6. 酱釉壶（2012NXXBW1∶90）

陶器

1. 酱釉盖（2012NXXBW1：89）

4. 酱釉罐（2008NXXBW1：10）

2. 酱釉盖（2012NXXBW1：89）

5. 酱釉罐（2014NXXBW1：6）

3. 酱釉罐（2008NXXBW1：9）

6. 酱釉罐（2014NXXBW1：30）

陶器

1.酱釉罐（2014NXXBW1：103）

4.红陶盆（2012NXXBW1：92）

2.酱釉罐（2014NXXBW1：105）

5.红陶盖（2014NXXBW1：56）

3.酱釉缸（2009NXXBW1：28）

6.砖块（2009NXXBW1：33）

陶器

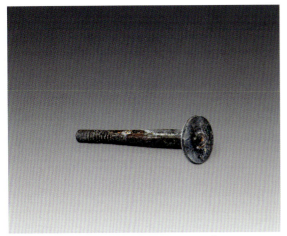

1. 螺栓（2014NXXBW1：67）

4. 构件（2009NXXBW1：35）

2. 盖（2008NXXBW1：14）

5. 构件（2012NXXBW1：93）

3. 盖（2008NXXBW1：14）

6. 构件（2012NXXBW1：93）

铜制品

1. 锡砚（2008NXXBW1：13）

4. 铅锤（2014NXXBW1：65）

2. 锡盒（2014NXXBW1：139）

5. 铅片（2014NXXBW1：130）

3. 锡构件（2009NXXBW1：36）

6. 锌构件（2014NXXBW1：66）

锡、铅、锌制品

1.银币（2008NXXBW1：11）

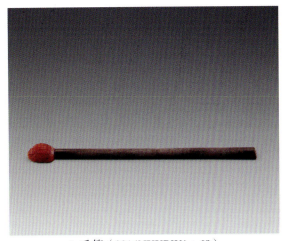

4.毛笔（2014NXXBW1：68）

2.银币（2008NXXBW1：11）

5.砚台底座（2014NXXBW1：1）

3.银饼（2014NXXBW1：450）

6.砚台底座（2014NXXBW1：1）

出水器物

1. 印章（2008NXXBW1：12）

4. 砺石（2009NXXBW1：37）

2. 印章（2008NXXBW1：12）

5. 石板（2014NXXBW1：150）

3. 印章（2008NXXBW1：12）

6. 焦炭

出水器物

1. 浸泡槽

2. 集装箱改造的出水文物临时存放室

3. 用手术刀剔除沉积物

4. 瓷器淡水浸泡脱盐

5. 表面附有大量泥沙和海生物的石板

6. 饱水浸泡石板

现场文物保护

1. 铁钉锈蚀后显现的钉孔及破损严重的船体构件

2. 遭受海底生物严重侵蚀的船体构件

3. 糟朽严重的船体构件

4. 出水船体构件现状评估、登记

5. 微生物样品采集

6. 脆弱船体构件的衬托加固

现场文物保护

1. 喷水保湿

2. 宣纸包裹

3. 喷洒防霉剂

4. 塑料薄膜密封

5. 装箱、标注

6. 覆盖临时避光存放

现场文物保护

1.海水饱水浸泡暂时存放

2.出水船板包装入箱后集中存放、监测、保护

3.沉船修复展示室

4.科技保护实验室

5.扇形水循环脱盐池

6.取样分析病害特征

出水文物保护

1. 宁波基地内开辟"水下考古在中国"专题陈列

2. "小白礁Ⅰ号"发掘场景在"水下考古在中国"专题陈列展出

3. "小白礁Ⅰ号"出水文物在"水下考古在中国"专题陈列展出

"水下考古在中国"专题陈列

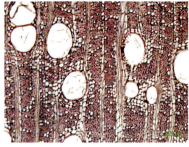  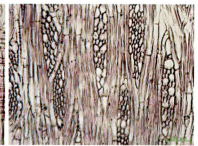

1. 龙脑香科坡垒属芳香（软）坡垒（椇座）
横切面、径切面、弦切面

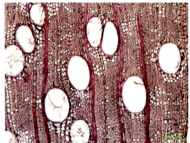 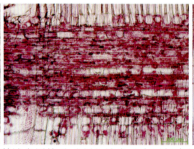 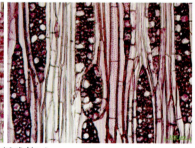

2. 龙脑香科坡垒属俯重（硬）坡垒（内层船壳板残件3）
横切面、径切面、弦切面

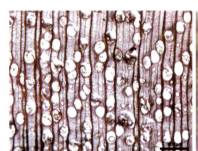 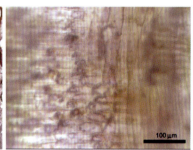 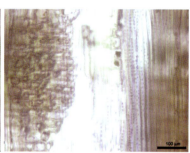

3. 龙脑香科龙脑香属纤细龙脑香（壳西下4-2/4）
横切面、径切面、弦切面

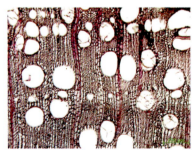  

4. 龙脑香科婆罗双属疏花（深红）婆罗双（壳东5-5/5）
横切面、径切面、弦切面

木材样品解剖特征

1. 马鞭草科石梓属石梓（觟龙骨）
横切面、径切面、弦切面

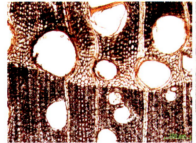

2. 马鞭草科佩龙木属佩龙木（顶杠）
横切面、径切面、弦切面

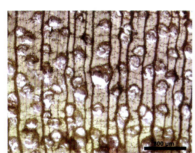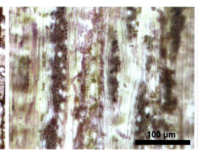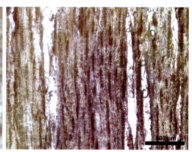

3. 桃金娘科子楝树属五瓣子楝树（肋东19）
横切面、径切面、弦切面

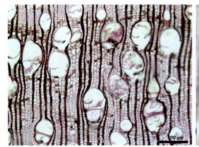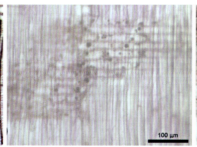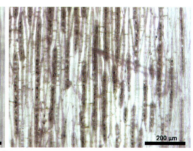

4. 使君子科榄仁树属 *T. pallida*（肋骨补强材7）
横切面、径切面、弦切面

木材样品解剖特征

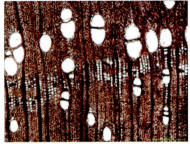  

1. 千屈菜科紫薇属副萼紫薇（铺25）
横切面、径切面、弦切面

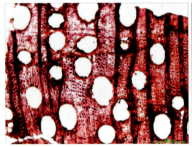 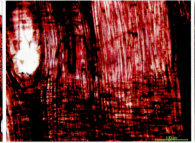 

2. 楝科麻楝属麻楝（肋西16）
横切面、径切面、弦切面

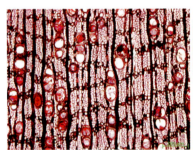  

3. 山榄科铁线子属铁线子（隔舱板扶强材1）
横切面、径切面、弦切面

 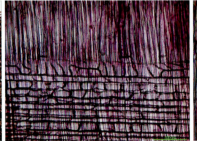 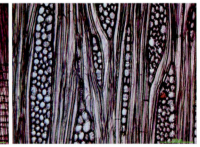

4. 荔枝科依兰属香依兰（肋西19）
横切面、径切面、弦切面